Swami Sivananda

Erfolgreich leben & Gott verwirklichen

Swami Sivananda

Erfolgreich leben & Gott verwirklichen

YOGA VIDYA VERLAG

Originaltitel: „Sure Ways for Success in Life and God-Realisation“

2. Auflage 2023

Deutsche Überarbeitung: Sw. Nirgunananda
Korrektorat: R. Keilbar, I. Anzenberger, K. Schmidt
Satz, Layout, Text- und Bildbearbeitung: D. Pade
Umschlagsgestaltung und -bearbeitung: D. Pade

Printed in Germany
ISBN 978-3-943376-34-0

Yoga Vidya Verlag in der Yoga Vidya GmbH
Yogaweg 1 · 32805 Horn-Bad Meinberg · Deutschland
Tel. 05234/87-2209
shop@yoga-vidya.de · https://shop.yoga-vidya.de

Yogameister Swami Sivananda
(8. September 1887 – 14. Juli 1963)
„Serve, love, give, purify, meditate, realise.“

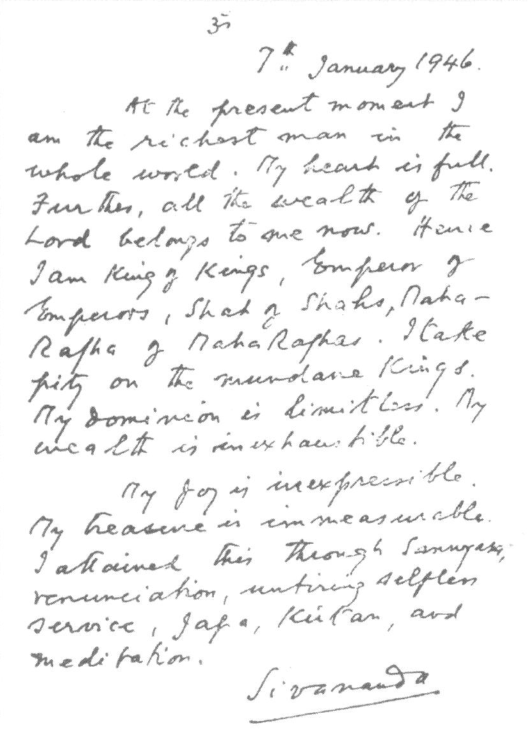

ॐ

7th January 1946.

At the present moment I am the richest man in the whole world. My heart is full. Further, all the wealth of the Lord belongs to me now. Hence I am King of Kings, Emperor of Emperors, Shah of Shahs, Maha-Rajha of MahaRajhas. I take pity on the mundane Kings. My dominion is limitless. My wealth is inexhaustible.

My joy is inexpressible. My treasure is immeasurable. I attained this through Sannyas, renunciation, untiring selfless service, Japa, Kirtan, and meditation.

Sivananda

ॐ

7. Januar 1946

In diesem Augenblick bin ich der reichste Mensch auf der ganzen Welt. Mein Herz ist voll. Auch gehört mir jetzt der gesamte Reichtum des Herrn. Deshalb bin ich der König der Könige, der Kaiser aller Kaiser, Schah aller Schahs, Maharaja aller Maharajas. Ich habe Mitleid mit den weltlichen Königen. Mein Reich ist grenzenlos. Mein Wohlstand ist unerschöpflich.

Meine Freude ist unaussprechlich. Mein Schatz ist unermesslich. Ich habe dies durch Sannyasa erlangt, durch Entsagung, unermüdlichen selbstlosen Dienst, Japa, Kirtan und Meditation.

Sivananda

INHALTSVERZEICHNIS

VORWORT DES DEUTSCHEN HERAUSGEBERS

„Erfolgreich leben & Gott verwirklichen" ist eine Neuübersetzung des Bestsellers von Yogameister Swami Sivananda (1887-1963). In diesem Buch bekommst du ganz praktische Tipps und Übungen für die Schulung des Geistes und für die Kultivierung von Willenskraft, Gedächtnis und Konzentration. Swami Sivananda beschreibt hier den ganzheitlichen Yoga: Die Entwicklung von positiven Eigenschaften wie Selbstvertrauen, Geduld und Ausdauer sowie die Überwindung von negativen Eigenschaften wie Leichtgläubigkeit, Schüchternheit, Ärger und Ängsten verhelfen zu einem erfolgreichen Leben und zur Erfahrung Gottes.

Das Buch besitzt hohe Suggestivkraft: Schon das Lesen eines einzigen Kapitels kann dich beflügeln, dir neues Vertrauen und Enthusiasmus geben. Die beschriebenen geistigen Übungen sind einfach umzusetzen – und wirken sehr schnell. Du kannst die Anleitungen systematisch über ein Jahr durchgehen und ausführen, und danach die Übungen in deinen Alltag integrieren, die für dich am wichtigsten sind.

Dieses Buch kann auch als „Persönlichkeitsentwicklungs-Orakel" dienen: Schlag es einfach wahllos auf, wenn du Anregung brauchst, was du in den nächsten Tagen und Wochen besonders kultivieren kannst.

Danke allen, die an der Herausgabe dieser Neuübersetzung mitgewirkt haben.

Sukadev Bretz

Gründer und Leiter von Yoga Vidya
Bad Meinberg, den 5. Juli 2018

ॐ

All jenen gewidmet,
die sich Erfolg im Leben wünschen,
die ihre Talente entfalten sowie
ihren Wohlstand, ihre Karriere und ihr
Einkommen positiv beeinflussen wollen,
die sich nach einem glücklicheren, umfassenden
Leben sehnen, die Gedächtniskraft, Willen und
Konzentration entwickeln möchten, die positive
Eigenschaften kultivieren und störende
Verhaltensmuster transformieren wollen
und die Sehnsucht nach höchster
Selbstverwirklichung
und Gotteserfahrung haben.
om om om

Einleitung

Liebe Freunde/Freundinnen, Brüder und Schwestern,

was ist Leben? – Ist es nichts anderes als Atmung, Verdauung, Ausscheidung, Umwandlung; nichts anderes als die aufbauenden und abbauenden Vorgänge im physischen Organismus, im menschlichen Körper und im Haushalt der Natur? – Oder ist es Denken, Planen oder Überlegen, um Geld, Namen und Ansehen zu erwerben? – Oder definieren wir Leben als den Zeugungsvorgang, um die Generationen fortzuführen? – Vielleicht auch die Bewegung des Protoplasmas im einzelligen Organismus, in der Amöbe mit ihrem einzigen Zellkern? – Oder ist Leben eine Kombination all dieser Vorgänge?

Wissenschaftler und Biologen haben unterschiedlichste Vorstellungen vom Leben, Philosophen wie Ādi Śaṅkarācārya wieder eine andere.

Es gibt zwei Aspekte, wie wir Leben anschauen können: Einmal das Leben in der Materie, zum anderen das Leben im *ātman* (dem Geist oder reinen Bewusstsein).

Nach Ansicht der Biologen und Physiologen besteht Leben aus Denken, Fühlen, Wissen, Wollen, aus Verdauung, Ausscheidung, aus Kreislauf und Atmung. Dieses Leben aber ist nicht von dauerhaftem Bestand. Es ist verbunden mit Gefahren, mit Schmerz, Angst, Kummer, Unruhe, Sorgen und Erschöpfung, Geburt und Tod und mit dem sie begleitenden Gefolge an Übel wie Alter, Krankheit und so weiter.

Darum erklären Weise und *ṛṣi*-s (Seher), Propheten und Heilige, die durch ein Training des Denkens und körperliche Schulung, durch ein Leben der Selbstbeherrschung und Selbstüberwindung ihr inneres Selbst verwirklicht haben, mit Nachdruck und ohne den geringsten Zweifel, dass allein ein Leben in *ātman*, dem reinen Geist, immerwährenden Frieden, unendliche Seligkeit, höchste Freude, nie endende Befriedigung und Unsterblichkeit bringen kann.

Sie haben uns Übungsdisziplinen für verschiedene Wege überliefert, die – entsprechend dem Temperament, den Fähigkeiten und Neigungen der Einzelnen – zur Selbstverwirklichung führen. Wer unbedingtes Vertrauen in diese Lehren, in die *veda*-s und in die Worte des *guru*, des geistigen Lehrers, legt, geht furchtlos auf dem Weg zu einer höheren Wahrheit voran und erlangt Freiheit, Vollendung, Heil. Dann kommt die Seele nach ihrem Tode nicht wieder auf die Welt zurück, sondern bleibt eins mit dem Absoluten, im reinen *sac-cid-ānanda* (Sein-Bewusstsein-Glückseligkeit). Dies ist das Ziel des menschlichen Seins, die größte Aufgabe, der Zweck des Lebens. Es ist das endgültige Aufhören dieser engen begrenzten körperlichen Existenz und hat verschiedene Bezeichnungen wie *nirvāṇa* (Verlöschen), *parama-gati* (Erreichen des Höchsten; höchste Glückseligkeit), *param-dhām* (höchste Stätte) und *brāhmī-sthiti* (feste ständige Verankerung in *brahman* [dem Absoluten], Erleuchtung, Selbstverwirklichung).

Selbstverwirklichung ist die höchst Pflicht des Menschen. Dies bedeutet aber nicht, dass wir das Leben auf der physischen Ebene der Materie leugnen sollen. Materie ist Ausdruck *brahman*-s, sie ist *līlā* (ein göttliches Spiel). Materie und Geist, Hitze und Feuer, Kälte und Eis, Blume und Duft, *śakti* (kosmische Energie) und *śākta* (Verehrer/innen von Śakti, Göttin der kosmischen Urkraft) sind eins; *brahman* und *māyā* (Gott, das Absolute und die Welterscheinung bzw. Illusion) sind eins und nicht voneinander zu trennen. Ein Leben auf der physischen Ebene ist die Vorbereitung für das ewige Leben in *brahman*. Die Welt ist der beste Lehrmeister des Menschen; die fünf Elemente sind seine *guru*-s. Natur ist die Göttin, die mütterlich führende und beschützende Kraft und Energie. *Prakṛti* (die Urnatur, Materie) ist die stille Meisterin.

Die Welt ist die beste Übungsstätte für die Entwicklung verschiedener göttlicher Qualitäten wie Mitgefühl, Vergebung, Toleranz, überpersönliche Liebe, Freigebigkeit, Würde, Mut, Großzügigkeit, Geduld, Willensstärke usw.

Die Welt ist der Kampfplatz scheinbar widerstreitender Kräfte, um die niedere Natur allmählich zu überwinden, damit die inwendige Göttlichkeit in Erscheinung treten kann. Die Lehre der „Bhagavad-gītā" und des „Yogavāsiṣṭha" ist die Selbstverwirklichung in dieser Welt. „Lebe in der Welt und stehe außerhalb von ihr, halte dich wie das Wasser auf dem Lotosblatt – im Innersten unberührt von äußeren Schwankungen und Veränderungen. Gib die niederen instinktiven Impulse wie Selbstsucht, Ärger, Begierde, Hass und Eifersucht auf. Behaupte deine göttliche

Natur, führe ein Leben der inneren Freiheit durch inneres Loslösen (Entsagung) und ohne selbstbezogene Interessen (Selbst-Aufopferung)."

Wissenschaft und Religion, Politik und Religion sind nicht voneinander zu trennen. Sie gehen Hand in Hand. Die Politik bereitet den Boden für die Aufnahme des geistigen Samens. Wenn es keine Freiheit und keinen Frieden im Land gibt, wie kann dann geistiger Samen in den Boden gesenkt werden? Wie können spirituelle Lehrer ihr Wissen übermitteln, wie können Propheten subtile philosophische Weisheiten dem Bewusstsein der Menschen nahebringen, wenn Chaos im Lande herrscht, wenn die Menschen in ihrem Denken verwirrt sind und nicht genug Essen, Kleidung und Lebensnotwendigkeit haben? Der Mensch kann die Lehre der Weisen nur aufnehmen, wenn er ohne Sorgen und Ängste ist und so die Bedingungen für einen spirituellen Weg vorbereitet sind.

Früher hatten die *ṛṣi*-s (Seher) in ihren *āśrama*-s eigene Kühe, ernteten ihre eigenen Lebensmittel und konnten dadurch geistige Schulung ohne äußere Ablenkung üben. Ohne diese Voraussetzungen ist es heute schwer, sich auf den spirituellen Weg zu konzentrieren.

Eine wertvolle Quelle göttlichen Lebens liegt in *āśrama*-s bzw. Klöstern – Orten, die die Praxis und Weitergabe spirituellen Wissens als Ziel und Philosophie haben. Sie sind sehr notwendig für unsere Zeit. Sie haben nicht nur für ihre Bewohner, sondern auch für Besucher einen ungeheuren Wert – noch mehr als Urlaubsorte, Bäder, Kurorte, wo man auch nach außen gezogen ist, die auch wieder Zeit und Energie kosten und die nicht wirklichen Segen und Frieden bringen können. Wichtig für die Menschen ist, die Augen zu schließen, ihre Sinne und ihr Denken vom Außen abzuziehen und sich tief in die nie versiegenden Quellen des Göttlichen im Inneren zu versenken. Hier findest du dauerhafte Glückseligkeit und höchste Befriedigung.

Man muss kein Leben als Mönch/Nonne oder in einer Höhle oder in der Zurückgezogenheit im Himalaya führen. Es ist völlig ausreichend und auch möglich, wenn du, während du im aktiven Berufs- und Familienleben stehst, einige Grundlagen für ein spirituelles Leben in den Alltag integrierst. In der normalen Lebensführung der meisten Menschen liegen jedoch viele Defizite. Sie sprechen oft nicht die Wahrheit, verletzen die Gefühle anderer, sind gierig, unehrlich, leidenschaftlich und materialistisch. Sie haben keine ethische Schulung und Rückhalt, sondern essen, trinken und leben nur zum Vergnügen. Aus diesem Grund entwickeln sie sich nicht ganzheitlich und zum Geistigen hin.

Wissenschaftler sind im Grunde genommen eigentlich *advaita-vādin*-s (Nichtdualisten). Sie führen alles auf Schwingung und Energie zurück. Energie ist der Gott der Wissenschaftler. Energie ist aber auch der Gott der *śākta*-s (in der tantrischen Philosophie). Die Wissenschaftler haben die physische Welt erforscht. Sie haben Methoden entdeckt, mit denen sie die Naturkräfte verstehen und bis zu einem gewissen Grad beherrschen. Psychologen machen ihre Experimente auf dem seelisch-geistigen Gebiet und versuchen, die Kräfte dort zu beherrschen. Die Psychologie ist ein Zweig des *rāja-yoga*, der das Verständnis des Geistes und die Beherrschung der Gedanken lehrt.

Die eingehende Erforschung und Enthüllung durch die Wissenschaft bringt den Menschen Gott näher. Denn wer gab den Elektronen die Kraft, was liegt ihnen zugrunde? Welches ist die Kraft, die vier Teile Stickstoff mit einem Teil Sauerstoff verbindet? Wer hat die Gesetze der Natur aufgestellt, welche Intelligenz bewegt die Natur? Wer ist das Primum mobile?

Das Studium der physischen Kräfte und Gesetze, das Verständnis der Denkfunktionen und der mentalen Gesetze genügen nicht, um uns vollkommen zu machen. Wir sollten in die tiefere Schicht eindringen, die hinter diesen Namen und Formen und hinter allen physischen und mentalen Erscheinungen liegt. Erst dann werden wir wahrhaft vollkommen sein, Meister, Meisterinnen und voll entwickelte Adepten oder *buddha*-s.

Können uns wissenschaftliche Entdeckungen wirklich glücklich machen – das ist die Frage aller Fragen. Was hat uns die Wissenschaft bisher gegeben? Zweifellos hat sie eine Fülle von Erkenntnissen im physischen Bereich gesammelt. Dieses Wissen aber ist hohl im Vergleich zu der Erkenntnis des Selbst, *brahma-vidyā* (Wissen um das Absolute) oder *para-vidyā* (höchstes Wissen).

Bist du heute wirklich glücklich? Kann der Ventilator, das Flugzeug oder das Radio uns den wirklichen Frieden bringen, nach dem der Geist und die Seele dürsten?

Wir sind der Wissenschaft und den Wissenschaftlern dankbar, die mit ganzem Einsatz arbeiten, um Erfindungen und Entdeckungen zu machen. Sie schenken uns Annehmlichkeiten und erleichtern das Leben auf der physischen Ebene. Die Elektrizität tut viel Gutes. Sie pumpt das Wasser, fährt uns zum obersten Stockwerk, kocht unser Essen, bringt uns nach London oder Paris. Die Wissenschaft hat Reisen und Kommunikationen leicht und schnell gemacht.

Sie hat ihre Vorteile, doch die Nachteile überwiegen. Das Leben ist kostspielig und anspruchsvoll geworden; der Mensch ist voller Unruhe, nicht mehr im Einklang mit den Naturgesetzen, und hat immer mehr Bedürfnisse. Der Lebensstandard ist gewachsen und verschlingt das ganze Geld. Die Menschen haben den Sinn ihres Lebens verloren und gehen in Selbsttäuschung durch die Welt der Sinneswahrnehmungen. Befriedigung der Sinne ist zum Ziel des Lebens geworden. Dies alles ist das Ergebnis des verschwenderischen Lebens, das die wissenschaftlichen Erfindungen der westlichen Zivilisationen ermöglicht haben. Das Ergebnis ist Rastlosigkeit und Ansprüche.

Barmherzigkeit, Zuneigung und Ehrlichkeit sind aus dem Herzen entschwunden. Wenn der Mensch erfüllt ist von Gier, Leidenschaft und Unehrlichkeit, wird das Bewusstsein getrübt.

Gibt es ein Heilmittel, um den gegenwärtigen Zustand zu bessern? Es gibt eines: Wir müssen wieder zur Natur und einem natürlichen Leben zurückfinden, das einfach, arbeitsam, ohne Zerstreuungen ist, in dem die Wünsche geringer gehalten werden und das Tun ehrlich ist.

Beherrsche Sinne und Denken, entwickle edle Eigenschaften, suche die Weisen auf, denke an Gott, fühle Seine Gegenwart, denke aufrichtig, sprich die Wahrheit und handle rechtschaffen. Lerne zu unterscheiden. Suche ein göttliches Leben inmitten der Welt zu führen. Diene der Gemeinschaft mit *ātma-bhāva*, der Überzeugung, dass alles dein Selbst ist. Dann ist die ganze Frage gelöst. Du hast deine Göttlichkeit wieder gewonnen, das verlorene Paradies wieder gefunden. Alles Elend wird enden, und du wirst in jeder Lebenslage und in jedem Unternehmen erfolgreich sein. Behalte diesen Generalschlüssel bei dir und öffne die Gefilde himmlischer Seligkeit.

Es ist wichtig, sich darüber Gedanken zu machen und die Dinge in ihre Perspektive zu rücken.

Wahrheit kann niemanden schmerzen, Wahrheit allein wird triumphieren und echte Freude bringen. Gott ist die Wahrheit, die echte Wirklichkeit. Wir müssen die Wahrheit verwirklichen, indem wir sie aussprechen. Wir sollten in der Wahrheit leben. Du bist eine Verkörperung der Wahrheit. Sie ist dein wirklicher Name. Du stammst aus der Wahrheit. Du lebst in ihr und hast in ihr dein ganzes Sein. Darum erkenne die Wahrheit, lieber Bruder, liebe Schwester, Kind der Freude, Kind des Lichts.

Was ist Erfolg? Materielles Wohlergehen und Dahinleben in dieser Welt mit einer Fülle von Besitz und Beziehungen oder etwas anderes? Es gibt zweierlei Erfolg: weltlichen und geistigen. Wenn du in angenehmen vermögenden Verhältnissen lebst und alles hast, was die Welt dir geben kann, bedeutet dies weltlichen Erfolg. Dieser allein aber genügt nicht, dich dauerhaft glücklich zu machen, da die Welt unvollkommen ist. Strebe daher auf dieser Grundlage gesicherter Lebensumstände danach, auch Erfolg in der geistigen Welt zu haben, Erfolg auf dem Pfad der Selbstverwirklichung. Dann erlangst du vollkommenen, ganzheitlichen Erfolg.

In diesem Buch findest du Hinweise und Wege, die in beiden Welten, in der materiellen wie geistigen, zum Erfolg führen. Lies sie aufmerksam und folge ihnen. Setze sie in die Praxis um. Du kannst Größe und immerwährenden Frieden erlangen.

Es ist leichter, zwanzig Menschen zu predigen, als der eine von den zwanzig zu sein, der die Lehren befolgt. Ein klein wenig praktische Umsetzung und Übung ist tausendmal besser als eine Unmenge von Theorie. Du hast genug Theorien und theoretisches Wissen gehabt. Werde nun ein Übender, ein praktischer *yogī*. Lasse Erfolg auf allen Ebenen in dein Leben einkehren.

Auf diese Weise wirst du Erfolg in allen Unternehmungen haben, Mitmenschen helfen und leiten können, ein glückliches und zufriedenes Leben führen, deine Kräfte erweitern, Ansehen und Bedeutung erlangen, gesund, stark und voller Vitalität sein. Dein tägliches Leben wird friedlich verlaufen und dir die Möglichkeit geben, das ewige Leben, unvergängliche Freude und nie endende göttliche Herrlichkeit zu erfahren.

Mögest du in allem Ernst mit Vorsicht, Eifer, Geduld und Ausdauer die Verwirklichung der Wahrheit anstreben, die hier vorgestellt wird und die du durch regelmäßige tägliche Übung verwirklichen kannst.

Zeit ist kostbar, Zeit flieht dahin. Jeden Moment wirst du älter. Bei jedem Glockenschlag ist eine Stunde deines Lebens abgelaufen. Im Augenblick der Geburt ist der Tod schon nahe. Zellen wachsen und andere vergehen. Diese menschliche und menschenwürdige Geburt ist ein Geschenk. Werde ein erfolgreicher Mensch im Lauf deines Lebens und werde gleichzeitig ein Mensch Gottes – genau jetzt, in dieser Sekunde.

Mögen Herrlichkeit, Glanz und Freude mit dir sein! Verweile in deiner wahren Natur von Sein, Wissen und Glückseligkeit – *sac-cid-ānanda-sva-rūpa.*

Sivananda

Kapitel 1

Schulung des Willens und des Gedächtnisses

Wer ist Gott?

- Gott ist *sac-cid-ānanda* – vollkommenes Sein, vollkommene Erkenntnis, vollkommene Glückseligkeit.
- Gott ist Wahrheit, Gott ist Liebe, Gott ist das Licht der Lichter.
- Gott ist alldurchdringende Intelligenz, Bewusstsein.
- Gott ist die alldurchdringende Kraft, die dieses Weltall regiert und es in vollkommener Ordnung erhält.
- Gott ist *antar-yāmin* – der innere Lenker dieses Körpers und Geistes.
- Gott ist allmächtig, allwissend und allgegenwärtig.
- Gott ist der stille verborgene Herr deines Bewusstseins.
- Gott ist *sūtra-dhāra* – der Fadenzieher bzw. Architekt, der den Fluss deines *prāṇa* (deiner Lebensenergie) hält.
- Gott ist der Schoß dieser Welt und der *veda*-s.
- Das Göttliche wird auch mit folgenden sechs Qualitäten beschrieben: *jñāna* (Intelligenz); *vairāgya* (Gelassenheit); *saundarya* oder *madhurya* (Schönheit/Anmut und Lieblichkeit); *aiśvarya* (Pracht, Glanz, übernatürliche Kräfte [*siddhi*-s]), *śrī* (Glück, Reichtum) und *kīrti* (Ruhm). Daher wird Gott auch *bhagavān* (der Erhabene) genannt.
- Gott existiert in Vergangenheit, Gegenwart und Zukunft.
- Gott ist unwandelbar unter den sich wandelnden Erscheinungen.
- Gott ist bleibend unter den vorübergehenden Dingen dieser Welt.
- Gott ist unvergänglich unter den Vergänglichkeiten dieser Welt.
- Gott hat diese Welt durch die drei *guṇa*-s (Grundeigenschaften der Natur) *sattva*, *rajas* und *tamas* (Reinheit, Bewegung, Trägheit) für Sein eigenes Spiel, *līlā*, geschaffen. Unter Seiner Herrschaft steht *māyā* (die täuschende Welterscheinung).
- Gott ist barmherzig und mitfühlend.
- Durch die Kraft des Göttlichen sehen und hören wir und bewegen uns.
- Alles, was du siehst, ist Gott.
- Alles, was du hörst, ist Gott.
- Gott wirkt durch deine Hände und isst durch deinen Mund.

Aufgrund von *avidyā* (Unwissenheit) und *abhimāna* (begrenztem Ich-Bewusstsein) hast du ihn vergessen.

Selbstverwirklichung, Gottverwirklichung kann das Rad von Geburt und Tod zum Stillstand bringen und alles Negative in ihrem Gefolge beenden. Diese Welt ist ein langer Traum, ein Gaukelspiel der *māyā*. Die fünf Sinne sind nicht verlässlich, sie täuschen dich in jedem Augenblick.

Erwache! Öffne die Augen. Lerne Unterscheidung. Verstehe Gottes Geheimnisse. Fühle überall Seine Gegenwart, fühle Seine Nähe. Er wohnt in den Kammern deines Herzens.

Spirituelle Schulung

Jñāna-yoga

Spirituelle Schulung, geistige Erziehung, ist die Königin aller Bildung. Darum habe ich sie an den Anfang gestellt.

Bildung und Kultur entstehen durch Verfeinerung und Erziehung. „Geistig" bedeutet das, was sich auf das innere Selbst, *ātman* bzw. *brahman* (das Absolute, Gott) bezieht, dessen Natur das vollkommene Sein ist, die vollkommene Erkenntnis und Glückseligkeit.

Über *ātman* (das höchste innerste Selbst) nachzudenken, zu meditieren, von der *vedānta*-Philosophie der Einheit zu hören oder zu lesen (zum Beispiel in den *upaniṣad*-s), sich des *ātman* zu erinnern – all das führt zu spiritueller Entwicklung und Bildung.

Ein erster Schritt für eine/n ernsthafte/n Schüler/in auf dem spirituellen Weg ist es, sich um die Entwicklung der vier Eigenschaften zu bemühen, welche in den Schriften als Voraussetzung für das Verständnis der metaphysischen Wahrheit gelten:

- *viveka* – die Unterscheidung zwischen dem Wirklichen und dem Unwirklichen
- *vairāgya* – Gleichgültigkeit gegenüber äußeren Vergnügungen; Loslassen; Nichtanhaften
- *ṣaṭ-sampad* – die sechs Tugenden: *sama* (Gleichmut), *dama* (Beherrschen der Sinne), *uparati* (Aktivitäten meiden, Zurückziehen der

Sinne), *titikṣa* (Duldungskraft), *śraddhā* (Vertrauen in die Schriften, in die Worte des *guru* und in das eigene Selbst), *samādhāna* (geistige Ruhe/Stille)
- *mumukṣutva* – intensives Verlangen nach Befreiung von Geburt und Tod

Geeignete *mantra*-s für die Meditation im *jñāna-yoga* sind abstrakte *mantra*-s, also zum Beispiel das geistige Wiederholen von *oṃ*, *so'ham* („Ich bin Er"), *aham brahmāsmi* („Ich bin *brahman*") oder *śivo'ham* („Ich bin reines Bewusstsein"). Wenn du noch keinen eigenen *mantra* hast, kannst du aus diesen vier *mantra*-s den auswählen, welcher dir am meisten entspricht und bei dem du in der Meditation das Gefühl „Ich bin das unsterbliche Selbst in allem. Ich bin die lebendige Wahrheit. Ich bin das alles durchdringende Licht, Intelligenz, reines Bewusstsein" entwickeln kannst. Diese Praxis wird dich schließlich zur höchsten Verwirklichung führen.

Bhakti-yoga

Andere spirituelle Entwicklungswege sind *bhakti*- und *rāja-yoga*.

Wenn du eher zum Fühlen und zu Hingabe neigst, kannst du die verschiedenen Arten von *bhakti* entwickeln und dir deinen persönlichen Aspekt des Göttlichen (*iṣṭa-devatā*) wählen, zu dem du dich besonders hingezogen fühlst. Dies kann zum Beispiel Kṛṣṇa oder Rāma, Devī oder Gāyatrī, Śiva oder ein göttlicher Aspekt irgendeiner Religion sein. Meditiere mit dem *mantra* deiner *iṣṭa-devatā* jeden Tag mindestens 20 bis 30 Minuten, wenn du mehr Zeit hast, sind ein bis zwei Stunden *mantra*-Wiederholung und Meditation sehr gut, am besten morgens zwischen vier und sechs Uhr.

Der Kṛṣṇa-*mantra* ist *„oṃ namo bhagavate vāsudevāya"*, der Rāma-*mantra „oṃ śrī-rām jaya rām, jaya jaya rām om"*. Ein *mantra* der Devī ist *„oṃ krīṃ kālikāyai namaḥ"* oder *„oṃ śrī-durgāyai namaḥ"*, der von Śiva *„oṃ namaḥ śivāya"*.

Als spiritueller Aspirant auf dem *bhakti-yoga*-Weg studiere die Epen „Rāmāyaṇa" und „Bhāgavata-purāna" und halte dich eine Zeitlang bei Weisen und Heiligen auf. Als Übungspraxis kannst du Rituale ausführen, *mantra*-s und *kīrtana* singen, *mantra*-s rezitieren.

Meditiere über die Formen und das Herz Śiva-s und denke über Seine Eigenschaften nach – wie Barmherzigkeit, Allmacht und Allgegenwart etc. – und versuche, etwaige negative Eigenschaften wie Lust, Ärger, Gier, Unehrlichkeit, Verletzen und ähnliche zu überwinden. Übe *ahiṃsā* (Gewaltlosigkeit); *satya* (Wahrhaftigkeit); *brahma-carya* (Bewahrung von Energie; Vermeidung sexuellen Fehlverhaltens). So entwickelst du allmählich *bhakti* und ein Gefühl der Verehrung und Hingabe.

Dies ist der Pfad der Hingabe (*bhakti*), der sich für die meisten Menschen eignet.

Rāja-yoga

Es gibt noch einen anderen Weg für spirituelle Entwicklung: das Üben des Nichtdenkens, das Leermachen des Bewusstseins.

Dieser *yoga* hat acht Glieder, darum wird er auch *aṣṭāṅga-yoga* genannt. Das Standardwerk über dieses Thema ist das „Yoga-sūtra" (auch „Yoga-darśana" genannt) von Patañjali Maharṣi.

Die acht Glieder des *rāja-yoga* sind:

- *yama* (ethische Grundprinzipien im Umgang mit anderen)
- *niyama* (eigene Disziplin, Grundprinzipien im Umgang mit sich selbst)
- *āsana* (Stellung, Meditationshaltung)
- *prāṇāyāma* (Atmung)
- *pratyāhāra* (Zurückziehen der Sinneswahrnehmungen nach innen)
- *dhāraṇā* (Konzentration)
- *dhyāna* (Meditation)
- *samādhi* (Zustand des Überbewusstseins)

Um auf dem *rāja-yoga*-Weg Erfolg zu haben, ist es notwendig, die ersten Glieder – *yama* und *niyama* – zu kultivieren und sich gut darin zu verwurzeln.

Yama, die ethischen Prinzipien, bestehen aus:

- *ahiṃsā* (Nichtverletzen, keinen Schaden zufügen in Gedanke, Wort und Tat)
- *satya* (Wahrhaftigkeit in Gedanke, Wort und Tat)
- *asteya* (Nichtstehlen, Nichtaneignen)
- *brahma-carya* (Enthaltsamkeit, Reinheit in Gedanke, Wort und Tat)
- *aparigraha* (Unbestechlichkeit)

Niyama, die eigene Disziplin, besteht aus:

- *śauca* (innerer und äußerer Reinheit)
- *santoṣa* (Zufriedenheit)
- *tapas* (spiritueller Praxis, Disziplin, Askese)
- *svādhyāya* (Studium spiritueller Schriften und Selbstanalyse)
- *īśvara-praṇidhāna* (Hingabe an Gott)

Rāja-yoga kann man studieren und systematisch üben; dann führt er mit wissenschaftlicher Exaktheit zu bestimmten Ergebnissen und letztlich zur Befreiung.

Hinweise für das Üben der wichtigsten Aspekte des rāja-yoga

Beginne mit der **Schulung des Gedächtnisses**. Wähle eine Übung, die dir am meisten liegt und führe sie jeden Tag aus.

Mache parallel dazu jeden Tag Aufzeichnungen über deine Übungspraxis.* Das ist sehr wichtig. Man darf nicht einfach über die Dinge hinweggehen. Wenn du schnellen Erfolg haben und ein wahrhaftiger, selbstbestimmter Mensch werden willst, musst du das Gelernte in die Praxis umsetzen und dir Notizen machen. So kannst du deinen Fortschritt beobachten und etwaige Fehler und Rückfälle verbessern und gezielt an ihnen arbeiten. Schaffe dir dafür ein Tagebuch oder Notizbuch an. Vielleicht hast du einen spirituellen Lehrer oder einen *āśrama* (Aufenthaltsort von Asketen), wo du eine Kopie deiner Übungen eines Monats hinschicken kannst, sodass sie dort überprüft werden und dir

* Siehe auch die Hinweise und Beispiele für das Führen eines spirituellen Tagebuches, S. 182ff.

wertvolle Hinweise für deinen spirituellen Fortschritt gegeben werden können.

Wenn du sehr ernsthaft und aufrichtig übst, kannst du das Gedächtnistraining in drei Monaten abschließen. Ein gutes Mittelmaß sind sechs Monate. Manche werden ein Jahr brauchen.

Nachdem dir die Gedächtnisschulung gut gelungen ist, kannst du mit der **Schulung des Willens** beginnen. Du hast dann durch das Gedächtnistraining schon etwas Erfolg und Kraft bekommen; das ist ein guter Antrieb für das Willenstraining. Du hast mit dem Training begonnen – das allein wirkt schon motivierend und hält dein Interesse und deine Begeisterung aufrecht.

Nimm dir Zeit, das bisher Erreichte sorgfältig zu reflektieren. Überprüfe und ziehe über die Wirkungen deiner bisherigen Bemühungen und etwaige eingeleitete Veränderungen Bilanz.

Lass dich nicht entmutigen. Du wirst gegen deine alten Feinde, die alten *saṃskāra*-s (Eindrücke im Unterbewusstsein) kämpfen müssen. Warte ruhig ab. Versuche Geduld, Aufmerksamkeit, Ausdauer, Gleichgewicht im Denken und Achtsamkeit im Hier und Jetzt zu entwickeln. Diese Eigenschaften sind hilfreich und notwendig zur Stärkung deines Willens. Auch Wachheit ist sehr wichtig.

Allmählich fühlst du deine innere Stärke. Dinge, die dir zuvor schwer gefallen sind, fallen dir jetzt leicht oder zumindest leichter. Du wirst spüren, dass dein Bewusstsein jetzt nicht mehr so unruhig ist. Dinge, die dich früher aufgeregt haben, tun dies nicht mehr. Du kannst sehr aktiv sein und viel leisten, ohne zu ermüden. Dein Gang wird anmutig, deine Rede beeindruckend. Du bist ein ganz anderer Mensch geworden. Auf deinem Gesicht und in deinem Lächeln liegt ein eigener Zauber. Nun bist du imstande, andere zu führen. Deine Freunde werden eine magnetische Aura, eine starke Ausstrahlung um dich spüren.

Die Gedächtnis- und Willensschulung sollte Hand in Hand mit **Konzentrationstraining** gehen. Konzentration ist ein Hilfsmittel für alle Übungen. Konzentration ist eine Grundvoraussetzung für spirituelle Entwicklung. Konzentriere dich jeden Tag, am besten morgens, eine halbe oder ganze Stunde lang.

Für dieses Konzentrationstraining brauchst du einen gewissen geistig-philosophischen Unterbau und einen erhebenden Geistesinhalt für die Übung. Denn du übst Konzentration nicht nur als Mittel, um Gedächtnis und Willenskraft zu entwickeln, sondern vor allem für die Selbstverwirklichung. Du entwickelst das Gedächtnis und den Willen sowohl für Erfolg im Leben als auch für das Erlangen der Seligkeit *brahman*-s – Letzteres ist das Hauptziel. Vergiss dieses Ziel niemals. Das ist der Hauptunterschied zwischen meinem hier gelehrten Übungssystem und den verschiedenen anderen Methoden, z. B. der Psychologie.

Konzentriere dich z. B. auf ein Bildnis von Kṛṣṇa, Rāma, Śiva, Buddha oder Jesus, je nachdem, wer deiner Neigung entspricht.

Der vierte Punkt ist die **Entwicklung von positiven Eigenschaften** und Tugenden: Arbeite vordringlich an der Eigenschaft, die dir bisher am meisten fehlt. Parallel dazu entwickle Mut, Barmherzigkeit, allumfassende Liebe, Würde, Zufriedenheit, Offenheit und Ehrlichkeit.

Suche dir jeden Monat eine Tugend aus und meditiere regelmäßig über sie. Beschäftige dich jeden Tag etwa eine halbe Stunde mit der Entfaltung bestimmter positiver Eigenschaften. Dann werden sie sich in deinem Charakter manifestieren.

Wenn du eine wesentliche Tugend entwickelt hast, werden die anderen nachfolgen. Besitzt du z. B. Demut und Mut, werden alle anderen Tugenden von selbst folgen. Ebenso werden die anderen grundlegenden Tugenden von selbst hinzukommen, wenn du z. B. in Reinheit oder Wahrhaftigkeit fest verwurzelt bist. Versuche eine dieser vier Schlüsseleigenschaften – Demut, Mut, Enthaltsamkeit/Reinheit oder Wahrhaftigkeit – zu entwickeln.

Der fünfte Punkt ist das **Überwinden nichthilfreicher Eigenschaften**. Die Entwicklung positiver Einstellungen räumt letztlich von selbst etwaige negative Eigenschaften aus dem Weg. Aber es ist besser, parallel dazu auch noch aktiv am Überwinden etwaiger negativer Charakterzüge zu arbeiten. Das beschleunigt den Prozess. Es ist ein doppelter Angriff, der den Erfolg gewiss macht.

Wenn du z. B. Gier, Ärger oder Selbstsucht überwinden kannst, werden auch etwaige andere negative Eigenschaften verschwinden. Sie sind Ausprägungen von Egoismus; ist dieser geschwächt, ist also der Befehlshaber überwältigt, dann wird das ganze Gefolge fliehen, weil sie ihren Anführer verloren haben.

Viele Untugenden entspringen dem Ärger. Ist dieser sublimiert, vergehen die anderen von selbst. Darum konzentriere deine Aufmerksamkeit auf das Transformieren von Selbstsucht oder Ärger. Dann ist die ganze Arbeit getan.

Der sechste Punkt ist die **Beherrschung der Sinnesorgane** (*indriya*-s) – ein sehr wichtiger Faktor. Denn wenn sie sehr unruhig sind, fällt es dir schwer, dich zu konzentrieren. Beobachte jedes Sinnesorgan und beherrsche die Sinne allmählich mit geeigneten Methoden – wie z. B. Fasten, sexueller Enthaltsamkeit oder Beschränkung bzw. Vermeiden sexuellen Fehlverhaltens, Verzicht auf bestimmte Dinge, Zurückziehen der Aufmerksamkeit von Außenreizen und der Reaktion darauf. Die Sinne ziehen dich nach außen und lassen die Gedanken wandern und sich zerstreuen. Die Sinne zurückzuhalten bedeutet daher in Wirklichkeit die Beherrschung der Gedanken. Denn die Sinnesorgane sind nicht unabhängig wirksam, sondern nur im Zusammenwirken mit dem Geist, den Gedanken und Emotionen.

Der siebte Punkt ist **körperliche Disziplin**. Effektives geistiges und Persönlichkeits-Training ist schwierig, wenn der Körper nicht gesund ist. Halte den Körper durch tägliche Übungen kräftig und aktiv, schön und ausgeglichen.

Der achte Punkt ist das **Führen eines Tagebuchs**. Für einen schnellen Fortschritt und ein wirkliches Wachstum ist es hilfreich, jeden Tag über deine Übungspraxis, deine Fortschritte, Vorsätze usw. Buch zu führen, und zwar ehrlich dir selbst gegenüber, ohne dir etwas vorzumachen.

Wenn du diesen Weg und die obigen Punkte einhältst und ernsthaft übst, kannst du großen Erfolg im Leben haben, ein *rājā*, ein Herrscher/eine Herrscherin über dein Leben werden. Du wirst dich an Gesundheit, Wohlergehen und spirituellem Segen erfreuen und lange leben.

Die Übungen in diesem Buch sind für Aspiranten/Aspirantinnen mit unterschiedlichen Fähigkeiten und Level gedacht und daher entsprechend abgestuft. So kann jeder/jede die für ihn/sie geeigneten Übungen praktizieren und sich so entfalten und wachsen. Aber üben musst du, wenn du Erfolg haben willst. Wer Hunger hat, muss selbst essen, wer Durst hat, selbst trinken. Die Übungen werden nach einer Weile zu einem integralen Teil deiner Natur werden. Du kannst sie bis zur Vollendung entwickeln und auf jedem Gebiet erfolgreich sein.

Willensschulung

Die Schulung der Willenskraft ist ein wichtiger Aspekt des spirituellen Trainings.

Der Wille ist eine dynamische Seelenkraft. Wenn er rein und unverrückbar geworden ist, kann er Wunder bewirken. Mit einem starken Willen kannst du vieles erreichen, Unmögliches möglich machen.

Die meisten Menschen wissen wenig über Wollen, Denken und Intellekt. Durch alle möglichen Wünsche und Sehnsüchte (*vāsanā*-s) ist die Willenskraft schwach geworden. Die in vielen Aktivitäten und Emotionen gebundene Energie kann durch systematische Schulung in reine Willenskraft transformiert und sublimiert werden. Einem Verlangen oder Wunsch einmal nicht nachzugeben bedeutet, dass die Energie nicht ausgegeben wird, nicht nach außen geht, sondern in Willenskraft umgewandelt wird. Sexualenergie, Muskelkraft, Ärger etc. werden zur Willenskraft, wenn sie beherrscht, transformiert und sublimiert sind. Je weniger nach außen gerichtete Begierden, umso mehr Energie wird bewahrt und transformiert und umso stärker und machtvoller wird dein Wille.

Anleitungen für die Entwicklung von Willenskraft

Stehe morgens früh auf (idealerweise um vier Uhr) und setze dich in *vīrāsana* (Heldenstellung) oder *padmāsana* (Lotossitz). Dann meditiere über folgende Formeln. Wiederhole sie im Geist und empfinde sie gleichzeitig:

- Mein Wille ist stark und unwiderstehlich. *Om om om.*
- Ich kann alles durch meinen Willen bewirken. *Om om om.*
- Ich habe einen unbesiegbaren Willen. *Om om om.*

Auch Meditationen über den unsterblichen *ātman* (das höhere Selbst) entwickeln den Willen. Dies ist die beste Methode. Vergeude deine Übung des Willens nicht mit unnützen Zielen.

Der Wille ist der König, die Königin, aller mentalen Kräfte. Der Wille ist *icchā-śakti* (Willenskraft); *prāṇa* ist *kriyā-śakti* (Handlungsenergie); der Intellekt ist *jñāna-śakti* (Erkenntniskraft). Ist der Wille geschult, stehen alle mentalen Kräfte, wie die Kraft des Urteils, des Gedächtnisses, des Begreifens, der Vernunft, der Entscheidung, der Beeinflussung und der Reflexion, zur Verfügung.

Gebrauch der Willenskraft

Sei nicht unruhig und verzagt, wenn sich die Entwicklung des Willens verzögert. Im Lauf der Zeit wird er alle deine Befehle ausführen.

Du kannst dann manche Schmerzen allein durch deinen Willen heilen. Du musst nur wollen, dass du oder der betreffende Mensch frei von Krankheit wird. Dies wird dann oft tatsächlich geschehen und du wirst erstaunt sein.

Wenn dein Wille erst rein und stark ist, ist er dein gehorsamer, bereitwilliger Diener. Er wird alles bewerkstelligen, was du dir ersehnst. Wünsche dir mit aller Kraft: „Ich muss zu dieser Verabredung kommen", und du wirst es erreichen. Tritt eine Verzögerung ein, dann setze den Willen erneut ein. Wenn du mit aller Kraft willst, dass Herr S. um 8 Uhr zu dir kommt, dann wird er genau zu dieser Zeit vor deiner Tür stehen.

Zu Beginn wirst du es etwas schwierig finden, da die Übung für dich neu ist. Mit der Zeit wirst du aber Erfahrung darin sammeln, wie du den Willen anwenden kannst. Du wirst den Kunstgriff und die Technik verstehen lernen. Dann kannst du den Willen jederzeit einsetzen und der Gegenstand des Willens wird sich unmittelbar manifestieren bzw. das Gewünschte wird eintreten. Je stärker der Wille, umso schneller die Verwirklichung. Die Übung des Willens wird dich vollkommen machen und die Erfahrung wird dein Lehrmeister sein.

Sei im Gebrauch des Willens aber sehr überlegt. Es ist ratsam, die Willenskraft für einen höheren geistigen Erfolg einzusetzen. Weltlicher Erfolg ist nichts, denn dieses Leben ist nur eine Wasserblase. Diese Welt ist ein langer Traum. Weltlicher Erfolg wird dir niemals immerwährenden Frieden und Freude geben. Setze deinen Willen versuchsweise für ein oder zwei weltliche Dinge ein, dann wirst du seine Macht verstehen und erfahren. Danach richte deinen Willen aber auf die Verwirklichung des Selbst. Kümmere dich nicht um weltliche Angelegenheiten. Sie sind wertlos wie Stroh. Werde ein *ātma-jñāni* oder ein *rāja-yogī*. Das allein wird dir vollkommene Befriedigung bringen. Alle kleinen Verlangen werden verschwinden. Du bist ein *jñānī*, dem alle Wünsche gewährt werden.

Entwicklung der Willenskraft

Pflastersteine auf dem langen Weg der Willensschulung sind:

- Aufmerksamkeit
- Ausdauer
- Überwinden aufsteigender Gefühle von Abneigung, Widerwillen und Beunruhigung
- Starksein im Leiden
- Abhärtung
- Fasten
- Geduld
- Beherrschung von Launen
- Nachsicht
- Güte
- Festigkeit in Gefahrensituationen
- Widerstandskraft
- Mut
- Führen eines Tagebuches

Höre anderen geduldig zu, auch wenn dir das, was sie erzählen, nicht interessant oder inspirierend erscheint. Sei dabei nicht innerlich unruhig und ungeduldig. Geduldiges Zuhören entwickelt den Willen und gewinnt die Herzen der Menschen.

Willenskraft wird auch entwickelt, wenn du Aufgaben übernimmst oder zu tun hast, die du ungern machst oder die uninteressant für dich sind. Nach einer Weile wirst du Interesse daran gewinnen, wenn du sie bewusst, achtsam und liebevoll ausführst.

Beklage dich nicht über schlechte äußere Bedingungen und das Verhalten anderer. Schaffe dir deine eigene mentale Welt, wo immer du bist und wohin du auch gehen magst.

Überall gibt es Schwierigkeiten und Nachteile. Wenn dich alles Mögliche stört und irritiert, versuche, die Hindernisse und Schwierigkeiten durch geeignete Mittel zu überwinden. Versuche nicht, von scheinbar ungünstigen Bedingungen wegzulaufen. Gott hat dich dort platziert, damit du dich schnell entwickelst. Wenn du nur Bequemlichkeiten vorfindest, wirst du nicht stark werden. Du wirst dich auch nicht zurechtfinden, wenn du in einer anderen Situation woanders nicht dieselben Annehmlichkeiten hast.

Darum mache den besten Gebrauch aus jeder Umgebung. Beklage dich nicht über deine Umwelt und deine Situation. Lebe in deiner eigenen Geisteswelt, während du das tust, was nötig ist; dann kann dich nichts aus der Ruhe bringen. An keinem Ort der Welt wirst du einen idealen Platz und ideale Umgebung finden: Diese Welt ist eine relative Ebene von Gut und Böse. Vergiss dies niemals. Versuche unter allen Umständen, an jedem Ort glücklich zu leben, und du wirst eine starke, dynamische Persönlichkeit werden.

Konzentrationstraining ist eine große Hilfe für die Stärkung des Willens.

Lerne die Angewohnheiten deines Geistes zu verstehen und zu beobachten, wie deine Gedanken wandern und arbeiten. Dann übe mit einfachen, wirksamen Methoden, das Herumschweifen des Geistes einzuschränken.

Gedankenschulung, Konzentrationsübung und Gedächtnistraining gehören zusammen und sind eine große Hilfe für die Willensschulung. Man kann keine Trennlinie ziehen, wo die Übung von Konzentration oder Gedächtnisschulung aufhört und wo die Übung von Willensschulung beginnt; sie gehen ineinander über und ergänzen sich.

Manche Menschen können durch einen reinen Willensakt sofort einschlafen, sobald sie zu Bett gehen. Mahatma Gandhi gehörte dazu. Genauso können sie am Morgen zu jeder gewünschten Zeit aufwachen. Sie haben ihr Unterbewusstsein so programmiert, dass es zu ihrem gehorsamen Diener wurde, der sie zu jeder gewünschten Zeit aufweckt. Entwickle diese Gewohnheit mit Hilfe des Willens. Viele Menschen wälzen sich stundenlang im Bett hin und her und finden keinen tiefen Schlaf, oft noch nicht einmal eine halbe Stunde. Tiefgreifende Erfrischung und Regeneration bringt vor allem die *Tiefe* des Schlafes, weniger die *Dauer* des Schlafes. Wenige Stunden richtig tiefen Schlafs genügen, um den Körper zu regenerieren und den Geist neu zu beleben.

Entspanne dich, sobald du zu Bett gehst und nimm dir vor: „Ich will jetzt gut schlafen." Denke an nichts. Napoleon besaß diese Fähigkeit – selbst wenn das Jagdhorn geblasen oder auf dem Schlachtfeld die Trommeln geschlagen wurden, blieb er in tiefem Schlaf. Sein Unterbewusstsein weckte ihn dann in genau dem Moment, in dem er aufstehen wollte, und er war sofort vollständig wach und klar.

Trainiere auch, im Zug, Auto (natürlich nur als Beifahrer/in!) und im Flugzeug im Sitzen zu entspannen oder zu schlafen. Das ist besonders hilfreich, wenn du viel unterwegs bist, wenn du z. B. beruflich viel reisen musst. Das Leben ist heute so vielseitig geworden, dass viele Leute geschäftlich unterwegs sind und nicht genügend Schlaf bekommen. Gewöhne dir daher an, zwischendurch – auch wenn es nur ein paar Momente oder Minuten sind – die Augen zu schließen für einen kurzen Schlaf oder eine kurze Entspannung. Das wird dir große Ruhe schenken. Wenn die unter Dauerspannung stehenden Nerven auf diese Weise ab und zu entspannen können, werden sie für weitere Tätigkeiten erfrischt und gestärkt.

Alternativ kannst du deine Zeit im Zug, Auto oder Flugzeug auch nutzen, um etwas zu lesen, zu schreiben oder auszuarbeiten. Wenn du jede Sekunde in bestmöglicher Weise nutzt, wirst du zu einer dynamischen Persönlichkeit mit großer Ausstrahlung werden. Du wirst mehr und mehr mentale, ethische und psychische Kraft gewinnen. Gib unnützes Geschwätz ganz auf. Erkenne den Wert der Zeit. Wenn du deine Energie und Zeit vorteilhaft nutzt, wird der Wille zu einer dynamischen Kraft. Einsatz, Zähigkeit, Interesse, Aufmerksamkeit, Geduld und Ausdauer, Zuversicht und Selbstvertrauen können dich zu einer wunderbaren Persönlichkeit in der Welt machen.

Fähigkeiten und Wille

Setze deinen Willen deinen Fähigkeiten entsprechend ein. Sonst lässt er nach und du wirst frustriert und verlierst den Mut. Dies ist ein wichtiger Punkt.

Erstelle dir ein Programm deiner Arbeit oder täglichen Gewohnheiten, das deinem Leistungsvermögen entspricht und achte darauf, es auch wirklich jeden Tag einzuhalten. Nimm dir nicht zu viel vor. Wenn du mehrere Punkte aus deinem Tagesprogramm nicht schaffst, weil sie dein Leistungsvermögen übersteigen bzw. das Programm unrealistisch ist, wirst du das Interesse verlieren und deine Begeisterung wird allmählich schwinden. Deine Energie wird sich zerstreuen, und du wirst zu Resignation und Depression neigen.

Wenn du aber ein realistisches Programm erstellt hast, dann führe das, was du täglich tun willst und dir vorgenommen hast, auch tatsächlich aus.

Nimbarka Acharya wollte, dass die Sonne nicht an dem Niembaum* vor seinem Haus vorüberzog, und sie blieb genau dort stehen. Nalayani wollte, dass es keinen Tagesanbruch gäbe, und dies geschah. Beide besaßen eine sehr starke Willenskraft. Wenn du etwas Ähnliches willst, aber noch ein Neuling bist, der seinen Willen erst wenig entwickelt hat, dann wirst du keinen Erfolg haben und voller Enttäuschung ganz mit dem Üben aufhören. Fang daher mit kleinen Dingen an!

Zu viel Denken ist ein Hindernis bei der Durchführung eines Willensaktes. Es bringt Verwirrung, mangelndes Zutrauen und Verzögerung, und schwächt und zerstreut dadurch die Energie. Die Willenskraft wird träge und die Gelegenheit geht ungenutzt vorbei, und du wirst die ganze Zeit zögern, etwas in Gang zu setzen. Denke stattdessen im Vorfeld eine Weile gründlich nach. Sobald du dann aber einen Entschluss gefasst hast, musst du es unmittelbar wollen. Lass keinen unnötigen Aufschub oder Verzögerung aufkommen.

---

* *nīm* (Hindi; von Sanskrit *nimba*) Niembaum (Lat. Azadirachta indica). Niem ist in der *āyurveda*-Medizin ein sehr beliebtes und weit verbreitetes Heilmittel.

Manchmal willst du etwas mit deiner ganzen Kraft und hast dennoch keinen Erfolg. Dies ist auf unkoordiniertes Denken und Fühlen zurückzuführen. Denken und Fühlen müssen übereinstimmen. Dann wird der Wille Erfolg haben. Rechtes Fühlen sollte unbedingt das rechte Denken begleiten.

Wunsch und Wille

Der göttliche Wille ist allmächtig. Gott will, und alles tritt im gleichen Augenblick ins Sein.

Wenn der Mensch will, dauert es eine mehr oder minder lange Zeit, ehe etwas erreicht wird, sich manifestiert oder materialisiert, da sein Wille schwach ist. Der Mensch denkt, will, und das Gewünschte manifestiert sich mit Zeitverzögerung. Der Mensch hat aber auch schöpferische Anteile. Wenn sein Wille rein und stark ist, kann er die Dinge ebenfalls in einem Augenblick erreichen.

Bloßes Wünschen ist nicht ausreichend, um auf der materiellen, manifesten Ebene die gewünschten Wirkungen zu erzielen. Man muss auch einen bestimmten Zweck, ein Ziel hinzufügen. Wunsch oder Verlangen sind ein kleines Geriesel auf dem Meer der Gedanken; der Wille aber ist die Kraft, die die Wünsche ausführt. Wille ist Willensentschluss. Er ist die Kraft, zu wählen und festzulegen. Bloßer Wunsch/Verlangen und Wille sind zwei verschiedene Dinge. Verlangen ist die Sehnsucht nach gewissen Gütern, während Wille die Kraft der Entscheidung und Festlegung in eine Richtung ist, ohne etwas genießen zu wollen. *Vāsanā* (Begehren) bezieht sich auf Denken und Fühlen, während *icchā,* der Wille, den universalen Gesetzmäßigkeiten entspricht und charakteristisch für das Selbst, das universale Bewusstsein ist.

Gottes Wille und Gottes Gesetz sind ein und dasselbe. Wenn das Selbst sich zur Tätigkeit entschließt, unbeeinflusst von Anziehungen oder Ablehnungen gegenüber den Dingen der Umwelt, manifestiert sich der Wille – denn dann ist es nicht mehr der begrenzte menschliche, sondern der göttliche Wille. Wenn äußere Vorlieben oder Abneigungen die Tätigkeit bestimmen und der Mensch von seinen begrenzten, ichbezogenen Vorstellungen und Wünschen getrieben wird, taub gegenüber der Stimme des Selbst und sich des inneren Führers nicht bewusst, dann ist dies Verlangen. Ihm fehlt die Kraft des reinen Willens.

Freier Wille

Um wirksame Willenskraft zu entwickeln, muss der Mensch lernen, sich von den Weisen und Mitteln zu distanzieren, mit denen er begehrt, denkt und handelt, damit er sie als Teil des Nichtselbst, als Material außerhalb seiner wahren Essenz sehen kann. Auf diese Weise wird die Energie, die in den unreflektierten Begierden nach außen zu den Gegenständen geht, zu einem höheren Verlangen, das vom Geist geführt wird, und kann in Willen umgewandelt, sublimiert werden.

So wie das niedere Denken in das höhere eingeht und dieses in die Weisheit einströmt, entwickelt sich aus dem Willensaspekt die Kraft des Geistes, die selbstbestimmend, selbstgeführt, in vollkommener Harmonie mit dem höchsten Willen steht und deshalb frei ist. Erst dann sind alle Bande gebrochen, und der Geist ist nicht mehr von irgendeinem Äußeren beschränkt. Erst jetzt, und nur jetzt, kann man von einem freien Willen sprechen. Dieser freie Wille ist stark, rein und unbegrenzt und kann alles bewirken.

Ausgeglichener Gemütszustand

Wenn du deinen Willen wie oben beschrieben stärken und entwickeln möchtest, arbeite auch daran, immer einen kühlen Kopf zu behalten. Dein Gemüt sollte in allen möglichen Umständen ausgeglichen bleiben. Dazu schule deine Gedanken und lerne, sie willentlich zu lenken. Es lohnt sich, das zu üben. Geistige Ausgeglichenheit ist eines der stärksten Merkmale des entwickelten *jñānī* (Weisen) oder *yogī*. Dann hast du Erfolg in all deinen Unternehmungen und bist stets heiter. Verzage nicht, wenn du bis zum fünfzigsten Versuch vielleicht darin versagst; nach dem einundfünfzigsten wirst du Willenskraft erreicht haben. Langsam werden die Gedanken und das Gemüt ausgewogen werden.

Verliere am Anfang nicht den Mut. Wenn eine ernsthafte Katastrophe eintritt, versuche dich nicht übermäßig zu erregen. Behalte einen ruhigen, kühlen Kopf. Bleibe geistesgegenwärtig. Klage nicht über verschüttete Milch. Irgendwie ist es geschehen. Nun schaue der Situation in gefasster, fröhlicher Gemütsverfassung ins Auge und mache das Beste aus den Dingen.

Denke an den Grundsatz: „Was nicht geheilt werden kann, muss ertragen werden.“ Suche nach Möglichkeiten, die Schwierigkeiten zu überwinden. Bleibe ruhig, lasse dich nicht durch übermäßige Gefühle und Erregungen forttragen. Beherrsche diese.

Denke nach, wodurch die Katastrophe oder die Schwierigkeiten entstanden sind. Es gibt immer Möglichkeiten, um eine Krise oder missliche Lage richtig und wirksam zu überwinden. Opfere den Hut, wenn dein Kopf abgeschlagen werden soll. Das ist Weisheit und Klugheit. Entwickle Unterscheidungsvermögen und Voraussicht. Viele Hindernisse und Schwierigkeiten können ganz einfach beseitigt werden.

Brüte nicht über vergangene Irrtümer, Versagen und Fehler. Das schwächt deinen Willen. Lass den Fehler hinter dir zurück. Er wird schnell ausgeräumt, wenn der Wille zunimmt, wenn er immer reiner und stärker wird. Denke nur eine Weile darüber nach, warum ein Versuch oder eine Sache fehlgeschlagen ist, und sei das nächste Mal vorsichtiger. Versuche die Faktoren zu beseitigen, die beim ersten Mal oder in der vorherigen Situation zum Misserfolg geführt haben. Werde stärker. Sei vorsichtig und wachsam. Bleib auf dem Sprung, aktiv und geschmeidig. Sei schnell und gleichzeitig leistungsfähig. Dann machst du normalerweise keine Fehler.

Geistesgegenwart

Wann immer du dich in Schwierigkeiten befindest – verliere nicht den Mut. Verliere nicht das Herz. Sei geschickt und intelligent. Mache kluge Pläne und aktiviere all deine brachliegende Energie und schlafenden Fähigkeiten.

Wie schnell wärst du, wenn dein Haus brennt? Wie umsichtig und genau handelst du in solchen Extremsituationen? Du bist dir nicht bewusst, woher deine Energie und Kraft in solchen Momenten kommen, aber du bist vollkommen konzentriert. Du findest schnell und geschickt

Möglichkeiten, um das Leben der Hausbewohner und deinen Besitz zu retten. Du verrichtest wunderbare Taten. Und wenn die Gefahr vorbei ist und du wieder zur Ruhe kommst, sagst du dir, dass eine geheimnisvolle Gotteskraft durch dich gewirkt hat.

Durchtrenne den gordischen Knoten immer sofort, verliere keine Zeit. Wenn du dir einmal eine bestimmte Handlung vorgenommen hast, dann führe sie geschickt und mit kühler, klarer Überlegung und Beobachtung durch. Nutze die Aktivierungsenergie. Verzögerung ist ein Dieb der Zeit und der Energie. Wer zögert, hat selten Erfolg im Leben.

Zunahme der Willenskraft

Anzeichen für wachsende Willenskraft sind z. B.:

- ein ruhiger Geistes- und Gemütszustand
- Ausgeglichenheit
- Fröhlichkeit
- innere Kraft
- die Fähigkeit, schwierige und komplexe Aufgaben zu meistern
- Erfolg in allen Unternehmungen
- die Macht, Menschen zu führen
- eine dynamische Persönlichkeit
- eine charismatische Ausstrahlung
- strahlende Augen
- ein fester Blick
- eine machtvolle Stimme
- souveränes Auftreten
- Unbeeinflussbarkeit
- Furchtlosigkeit

Erfahrung

Gewinne allmählich Erfahrung und Sicherheit, indem du im Augenblick einer Schwierigkeit einen Weg des Handelns einschlägst, der sicheren und positiven Erfolg bringt. Halte *buddhi*, den Intellekt, als das Werkzeug dafür sehr subtil und scharf. Dies ist eine wichtige Voraussetzung für eine führende Persönlichkeit, wie dies auch Beispiele in der Geschichte zeigen.

Festigkeit und Geduld

Unbeirrbare Festigkeit und Geduld sind notwendig, um kritische Situationen zu überwinden und erfolgreich zu sein. Geistesgegenwart (*dhṛti, dhairya*) und Ausgeglichenheit (*samatā*) entwickeln den Willen beträchtlich.

Lebensziel

Die Mehrzahl der Menschen hat kein bestimmtes, klar umrissenes Lebensziel. Darum werden sie hin- und hergetrieben wie ein Stück Holz im unruhigen Meer. Sie wissen nicht, was sie tun sollen.

Oft fehlt ihnen die Urteilsfähigkeit, einen guten und ihrem Temperament entsprechenden Beruf zu wählen, der ihnen Befriedigung, Wohlstand und Erfolg bringt.

Im Laufe der Zeit verlieren sie ihre Spannkraft. Sie setzen sich keinen neuen Herausforderungen, Unternehmungen und Geschäften aus, die etwas Wagemut oder Abenteuergeist voraussetzen, oder irgendeiner Art von Tätigkeit, die Mut und Geschicklichkeit verlangt. Sie lassen ihre Zeit vielfach ungenutzt verstreichen und versäumen die Gelegenheiten, sich zu entfalten. Sie verlieren sich in Trauer, Verzweiflung und Sorgen. Sie hätten eigentlich genügend Energie und Intelligenz, aber sie haben kein bestimmtes Ziel, keinen Zweck, kein Ideal. Das Programm ihres Lebens ist nicht klar gestaltet; die Richtung fehlt. So wird das Leben zum Versagen.

Der Mensch braucht ein Ideal und muss jeden Moment versuchen, zu diesem hin zu leben.

Werde dir über das Ziel deines Lebens klar. Dann finde eine Vorgehensweise, die dich zu diesem Ziel führt. Setze dich ein und arbeite hart, um dein Ziel zu verwirklichen. Du kannst es jetzt, in diesem Augenblick, erreichen, oder auch erst nach Jahren, strauchelnd und stolpernd. Das spielt keine Rolle.

Ideal und Ziel müssen vorhanden sein; dann kannst du deinen Willen entwickeln.

Wenn du deine Pflichten als Familienvater/-mutter und im Berufsleben erfolgreich beendet hast, wenn deine Kinder selbständig im Leben stehen, dann widme dich während der verbleibenden Jahre deines Lebens geistigen Zielen, dem Studium spiritueller Werke, der Kontemplation und Meditation.

Viele Menschen wissen nicht, was sie in jenem Lebensabschnitt tun sollen. Wenn sie sich vom tätigen Dienst zurückgezogen haben, suchen sie eine andere Beschäftigung. Sie haben noch viele nach außen gerichtete Wünsche. Bis zum Ende ihres Lebens zählen sie Geld und gehen ganz in ihren Enkeln oder Urenkeln auf. Gesegnet ist, wer die Zeit nach seiner aktiven Berufstätigkeit mit Studien und Meditation verbringt.

Östliche und westliche Art geistiger Schulung

Das östliche Geistestraining, z. B. des *yoga* und der alten Weisen (*ṛṣi*-s) und die Motivation westlicher esoterischer und bestimmter psychotherapeutischer Richtungen sind unterschiedlich.

Die westlich geprägten Methoden schulen Willen, Gedächtnis, Geist und Gemüt vor allem für direkte materielle Ziele oder für weltliches Wohlergehen. Sie ignorieren weitgehend die spirituellen Dimensionen.

Die *yogī*-s Indiens entwickeln Willen und Gedächtnis für geistige Zwecke. Ihr übergeordnetes Ziel ist stets die Selbstverwirklichung. Sie stellen manchmal psychische Kräfte zur Schau, um den Schülern zu demonstrieren, dass es ein höheres übersinnliches Leben im *ātman* gibt, das allein wirkliche Seligkeit und Unsterblichkeit ist. Unmissverständlich prägen sie ihren Schülern ein: „Nicht durch Handlungen und Wohlstand, auch nicht durch Nachkommenschaft, sondern durch Entsagung allein kann Unsterblichkeit erlangt werden."

Die wahre Seligkeit liegt in *bhūman*, der Fülle des Unendlichen, nicht im Bedingten. In den vergänglichen Gegenständen liegt keine wahre Freude. Wirklicher, dauerhafter Frieden ist allein im Absoluten. Suche und erkenne dies. Das hören die spirituellen Aspiranten in östlichen Kulturen jeden Tag. Man sollte daher auch als westlich geprägter Mensch die spirituelle Dimension nicht vernachlässigen.

Übe daher zusammen mit der Willensschulung auch ein wenig *tapas* (Disziplin, Askese). Alle wahre Bildung wurzelt in der Schulung des Selbst. Sie ist die Grundlage für wahren Erfolg und wahre Freude. Du brauchst aber nicht, wie es manche östliche Lehrer tun, nur Entsagung zu üben und dabei die materielle Seite des Lebens vollkommen außer Acht lassen. Alle Extreme sind schädlich. Eine gesunde Kombination ist am wünschenswertesten. So lehrt es auch Kṛṣṇa in der „Bhagavad-gītā".

Schlussfolgerung

„Ich kann nicht", „Es ist schwierig", „unmöglich" oder „Schwäche" gibt es für mich nicht.

Wenn du deine Willenskraft entwickeln willst, streiche diese Worte aus deinem Wortschatz. Werde ein Löwe, ein spiritueller Held, eine spirituelle Heldin.

Allein durch den Willen, durch tiefes Vertrauen oder das Tönen von *oṃ* können Berge versetzt werden. Mittels eines starken Willens können Meere zurückweichen und die Wellen sich beruhigen. Jesus vermochte dies; auch du kannst es. Alle können alles erreichen, wenn sie nur wollen, und sich durch intensives Training mit der universalen Schwingung vereinen. Dies ist das große Gesetz der Natur *prakṛti*.

Sprich würdevoll, kraftvoll, edel und mit Nachdruck.

Behalte nie negative Worte oder Vorstellungen im Geist.

Erkenne die Herrlichkeit, den Glanz, die Macht des Selbst, das den Hintergrund deines Denkens, Wollens, Fühlens und deines Gedächtnisses bildet.

Erkenne die Großartigkeit und die unsterbliche Natur dieser verborgenen, alldurchdringenden, in deinem Inneren wohnenden Weisheit.

Wisse, dass dieses Selbst die Vorratskammer aller Erkenntnis, aller Seligkeit, aller Macht, Schönheit und Freude und allen Friedens ist.

Fühle, dass die Sonne, der Mond, die Sterne und das Feuer auf deinen Befehl (aus diesem universalen Selbst heraus, das eins mit allem ist) ihre jeweiligen Funktionen ausüben.

Fühle, dass die Erde sich bewegt, der Regen fällt, das Feuer brennt, die Flüsse fließen, die Sonne scheint, Indra (der König der Engelswesen), Agni (die geistige Wesenheit des Feuers) und Yama (die Wesenheit des Todes) ihr Werk tun und die Sterne glitzern, wenn du sie darum bittest.

Du bist die Herrlichkeit aller Herrlichkeiten, die Sonne der Sonnen, das Licht der Lichter, das Heilige der Heiligen, die Göttlichkeit der Göttlichen, die *devatā* der *devatā*-s (Engelswesen), der Herr der Herren, der Gott/die Göttin der Götter.

Du bist die Wahrheit, du bist *brahman* (das Absolute), du bist der unvergängliche, unzerstörbare unsterbliche *ātman* (das höhere Selbst), der dieses ganze Weltall durchdringt.

Bekenne dich zu deiner Größe, erkenne die Herrlichkeit *brahman*-s in dir.

Erfahre deine Freiheit und deine *sac-cid-ānanda*-Natur (Sein-Bewusstsein-Glückseligkeit), deinen Mittelpunkt, dein Ideal, Ziel und Erbe. Verweile in diesem Meer von Licht, Erkenntnis, Liebe, Frieden, Freude und Seligkeit.

Erfahre die Bedeutung des großartigen Ausspruchs *tattvamasi* („Das bist Du“) der *upaniṣad*-s.

om om om

Ethische Schulung

Weißt du, warum ich dieses Thema, nämlich ethische Vervollkommnung, als drittes gewählt habe, nach der spirituellen Schulung und der Willensschulung?

Ātman, das Selbst, ist die Grundlage von allem. Deshalb habe ich die **geistig-spirituelle Schulung** an den Anfang gestellt.

Zwischen dem *ātman* und dem Willen besteht eine sehr enge Beziehung. Der *ātman* bzw. Gott manifestiert sich als Wille. Darum habe ich mich nach der geistig-spirituellen Schulung mit dem **Willenstraining** beschäftigt.

Es gibt aber keine spirituelle Entwicklung und Willensschulung ohne **ethische Richtlinien**. Darum habe ich diese als drittes wichtiges Thema gewählt.

Ein ethischer Mensch hat mehr Macht als ein intellektueller. Schulung auf ethischem Gebiet weckt verschiedene Arten von Kräften (*siddhi*-s). Wer das „Yoga-sūtra" des Patañjali studiert, findet dort u. a. eine Beschreibung der Kräfte, die sich durch das Praktizieren von *ahiṃsā* (Gewaltfreiheit), *satya* (Wahrhaftigkeit) und *brahma-carya* (Enthaltsamkeit bzw. Bewahrung der Energie) einstellen. Die neun Haupt-*siddhi*-s (übersinnlichen Kräfte) sind einem ethisch entwickelten Menschen zu Diensten.

Ein Philosoph muss nicht unbedingt ein moralischer oder ethischer Mensch sein; ein spiritueller Mensch aber muss notwendigerweise auch ein moralischer sein. Ethik geht mit Geistigkeit zusammen. Moral und Spiritualität müssen miteinander leben.

Die drei Arten von *tapas* (Disziplin) – *tapas* des Körpers, des Wortes und des Geistes –, die im 17. Kapitel der „Bhagavad-gītā" beschrieben werden, das Üben von *yama* (Regeln ethischen Verhaltens) in der Philosophie des *rāja-yoga* und der edle achtfache Pfad des Buddhismus (rechtes Denken, rechtes Streben, rechtes Handeln, rechtes Leben etc.) haben zum Ziel, die Ethik und Moral des Menschen zu verfeinern und zu vervollkommnen, damit er bereit und aufnahmefähig wird für *ātma-jñāna*, die höchste Erkenntnis, die Erfahrung des höchsten *tattva* (reine Wirklichkeit).

Versuche daher, jederzeit wahrhaftig zu sein. Vielleicht verlierst du dadurch am Anfang einiges – vielleicht sogar deine Stellung –, auf die Dauer wirst du aber erfolgreich sein. Du wirst die Bedeutung der Worte der *upaniṣad*-s erkennen: „Die Wahrheit allein triumphiert, nicht die Falschheit." Zu Beginn kostet das manches Opfer.

In vielen Berufen wird von Menschen erwartet, dass sie lügen oder etwas vortäuschen. Stehe trotzdem zu deinem Gewissen und sei wahrhaftig, damit du ein innerlich friedvolles Leben und schließlich einen friedvollen Tod hast. Töte dein Gewissen nicht, um ein angenehmes Leben zu führen oder einem Menschen zu gefallen. Das Leben auf der Erde vergeht wie eine Seifenblase. Strebe nach Göttlichkeit.

Ein bewusstes und ethisches Leben wird geschult durch spirituelle Unterweisungen wie:

- Nichtverletzen, keinen Schaden zufügen
- die Wahrheit sprechen
- rechtschaffen handeln
- anderen so begegnen, wie man es selbst auch von anderen erwartet
- so handeln, wie du selbst behandelt werden willst
- deinen Nächsten wie dich selbst bzw. als dein Selbst lieben

Ethik ist das Fundament für die Verwirklichung der Einheit allen Lebens im *ātman*, die Basis für das Gefühl der Gleichheit in allen Dingen. Die Entwicklung von Ethik und Rechtschaffenheit bereitet dich vor für die Erkenntnis: „Alles ist *brahman;* es gibt in Wirklichkeit keine Verschiedenheit."

Spirituelle Aspiranten/Aspirantinnen begehen einen Fehler, wenn sie meinen, sie könnten *samādhi* oder *dhyāna* (Überbewusstsein bzw. Absorption in der Meditation) mit einem Sprung erreichen, ohne ethische Grundwerte zu kultivieren. Ihr geistiger Zustand bleibt dann der gleiche, auch wenn sie jahrelang Meditation üben. Sie bleiben genauso eifersüchtig, überheblich, neidisch, stolz oder egoistisch wie zuvor. Meditation und ethische Sensibilisierung gehen Hand in Hand. Wenn du dich darin vervollkommnet hast, kommen tiefe Meditation und *samādhi* von allein.

Schulung der Gefühle

bhāva ist ein Sanskrit-Ausdruck, der keine echte Entsprechung in einer anderen Sprache hat.

Er bedeutet „geistige Haltung", „Einstellung" oder „mentale Disposition". *Bhāva* ist ein inneres Gefühl.

Es gibt drei Arten von *bhāva*:

1. sattwigen *bhāva*, 2. rajasigen *bhāva*, 3. tamasigen *bhāva*

Sie richten sich nach der vorherrschenden Eigenschaft im Menschen.

Sattwiger *bhāva* ist göttlicher *bhāva*, eine reine, ungefärbte innere Haltung.

Ebenso wie Denken, Gedächtnis oder Wille geschult und durch Übung entwickelt werden können, ist dies auch bei *bhāva* (Affekten und Gefühlen) der Fall. Eine eher negative innere Einstellung kann man durch bewusstes Arbeiten an sich in eine positive innere Grundhaltung verwandeln.

Bhāva, also die innere Einstellung, von Unfreundlichkeit oder Feindschaft ist eine Gedankenschöpfung. Der Feind oder Freund ist nicht außerhalb von dir. Er ist das innere Gefühl, die inwendige Vorstellung und Einbildung. In einem Augenblick kann ein langjähriger Freund zum Feind werden. Ein hitziges oder scharfes Wort kann im Nu die Situation vollkommen verändern.

Wenn ein freundschaftlicher *bhāva* herrscht, erwartet S., dass sein Freund N. ihn pflegt, wenn er krank ist, dass er ein guter Freund ist, der ihm auch Geld leiht, wenn er in Verlegenheit ist, und dass er ihn gastfreundlich in sein Haus aufnimmt. Wenn aber aus irgendeinem Grund das freundschaftliche Gefühl verloren geht, verändert sich S. gegenüber N. Er hat kein Vertrauen mehr zu seinem alten Freund und Kollegen. Er wendet sich ab, wenn er ihm begegnet, und redet schlecht über ihn. Er ist überzeugt, dass N. ihm Schaden zufügen will. Und das alles nur, weil sich der *bhāva* von Grund auf verändert hat.

Im *vedānta* (Philosophie der Einheit) heißt es: Wenn der Mensch seine Unwissenheit verliert, ist er identisch mit *brahman*, dem absoluten Sein. Der Mensch identifiziert sich irrtümlicherweise mit seinem Körper-Psyche-System und bildet sich fälschlicherweise ein, er sei ein kleiner *jīva* (Individuum), begrenzt auf diesen physischen Körper. Dies ist sein augenblicklicher *bhāva*, der menschliche *bhāva*. Durch Veränderung des Blickwinkels und der Art des Denkens kann man ihn in *brahma-bhāva* verwandeln. Denke, du bist reine und alldurchdringende Intelligenz, Licht und Bewusstsein, allmächtig, allwissend und allgegenwärtig. Denke, du bist unsterblich. Denke, du bist der *sākṣī*, der Zeuge und Beobachter, nicht der Handelnde, nicht der Erfahrende. Identifiziere dich nicht mit diesen relativen Erfahrungen, sondern nimm sie wahr. Durch eine solche Einstellung kannst du den Gedanken, du wärest der Handelnde und Genießende, überwinden und dich von den Fesseln des *karma* befreien. So wirst du den Zustand von *brahman*, der höchsten Glückseligkeit, Erkenntnis und Unsterblichkeit erlangen. Der *vedānta* fügt noch hinzu: „Erblicke und fühle *brahman* überall, und beachte die äußeren Namen und Formen nicht.“ *Vedānta* lehrt dich, *ātmabhāva* (Einstellung des höheren Selbst) durch rechte Unterscheidung, Gedanken und Meditation zu entwickeln.

Wenn ein bestimmter Gedanke oder ein bestimmtes Gefühl überwiegend das Denkorgan beherrscht, entsteht ein mentaler Zustand, ein *bhāva*, der der Natur dieses Gedankens entspricht. Wenn du z. B. eine Weile an einen (tatsächlich oder scheinbar) feindseligen Menschen denkst, entsteht ein feindlicher *bhāva.* Denkst du hingegen an Barmherzigkeit oder allumfassende Liebe, dann wird sich *prema-bhāva* (überpersönliche Liebe) bzw. *karuṇā-bhāva* (Nächstenliebe) manifestieren. Denke an den Dienst für alle und dieser *bhāva* wird eintreten. Denke an Kṛṣṇa und Seine *līlā*-s (Spiele) in Vṛndavāna und Kṛṣṇa-*prema-bhāva* (ein Gefühl der Liebe für Kṛṣṇa bzw. Gott) wird sich manifestieren.

Gefühle begleiten das Denken. Du kannst sie nicht voneinander trennen. Sie sind wie Feuer und Hitze. Beobachte die mentalen Zustände durch sorgfältige, wachsame Innenschau. Erlaube keinem negativen oder unerwünschten *bhāva,* sich zu manifestieren. Verändere einen etwaigen nicht konstruktiven *bhāva*, indem du an das Gegenteil denkst. Das Positive ist immer stärker als das Negative. Ein sattwiger *bhāva* ist ein wertvoller geistiger Aktivposten für dich. Zu Beginn wird der Kampf zwischen den asurischen (dämonischen, destruktiven) und den göttlichen *bhāva*-s schwer sein, da sich erstere immer wieder in die Gedanken einschleichen werden. Am Ende aber, nach unermüdlicher Übung, wird sattwiger *bhāva* den Sieg davontragen.

Die Ernährung hat einen direkten Einfluss auf die innere Befindlichkeit und Einstellung. Z. B. kannst du zwei Wochen lang eine sattwige Diät einhalten, mit viel Gemüse und Obst, um die Natur deines mentalen Zustandes und deines *bhāva* zu erforschen. Die Gedanken werden von einer wunderbaren Ruhe sein und sich im satwigen *bhāva* auf Gott richten. Dann wird die Meditation ohne große Anstrengung von selbst kommen.

Ein Mensch mit Hingabe ist überzeugt, dass Gott alles tut und er ein Werkzeug in Gottes Händen ist. Wenn er/sie einen solchen *bhāva* aufrechterhält, gibt er/sie den Gedanken, selbst Handelnde/r und Genießende/r zu sein, auf und befreit sich auf diese Weise von den Fesseln des *karma*. Er/sie ruht in vollkommenem, ungestörtem Frieden. Wenn sich irgendetwas ereignet, denkt er/sie: „Gott ist alles, Gott tut alles zu meinem Besten. Gott ist gerecht. Sein Wille geschehe. Alles ist Dein, ich bin Dein, o Gott." Durch Üben von diesem *bhāva* wird er/sie unter allen Umständen und in allen Lebenslagen immer glücklich sein.

Der *bhakta* (Gottesverehrer) hält die Dualität zu Gott aufrecht, während sich der Schüler des *vedānta* mit *brahman* identifiziert. Er verehrt und betet an. Zuerst unterscheidet sich die Übungspraxis im *bhakti-yoga* und im *jñāna-yoga*. Am Ende aber begegnen sie sich auf der gleichen Ebene. Ein echter *sannyāsī* (Entsagender) hat den *bhāva* der Ausgeglichenheit, des Einsseins und der Liebe.

Menschen haben entsprechend ihrer Natur und Persönlichkeit unterschiedliche *bhāva-s*.

Durch Spiritualisierung des Alltags entwickelt die Beziehung zwischen Eltern und Kindern, Mann und Frau, Vorgesetzten und Angestellten, Freund und Feind, Bruder und Schwester etc. idealerweise die verschiedenen Grade der Liebe (*prem*) und weitet sie durch Sublimierung der begrenzten Gefühle zur höchsten göttlichen Liebe aus. Dies ist das Ziel. Der begrenzte menschliche *bhāva* ist eine vorbereitende Schulung zur Entwicklung des Göttlichen. Vergiss das nicht!

Analysiere und beobachte deine Gefühle sehr sorgfältig. Wenn ein trauriges bzw. depressives Gefühl hochkommt, trinke eine Tasse Tee, setze dich ruhig hin, schließe die Augen und finde den Grund für deine Niedergeschlagenheit heraus. Anschließend versuche, diese Ursache auszuräumen.

Die einfachste Methode, ein eher destruktives Gefühl zu überwinden, ist der Gedanke an das Gegenteil. Das ist die *pratipakṣ abhavana*-Methode aus dem *rāja-yoga*. Das Positive siegt letztlich immer über das Negative. Dies ist ein großartiges und wirksames Gesetz der Natur.

- Denke z. B. ganz stark an das Gegenteil von Schwermut.
- Denke an Fröhlichkeit und stelle dir die Vorteile des Frohseins vor.
- Fühle dich, als wärst du tatsächlich fröhlich.
- Wiederhole immer wieder in Gedanken: „*Oṃ*, Fröhlichkeit."
- Empfinde das Gefühl von Freude.
- Beginne zu lächeln und ein paar Mal zu lachen.
- Singe ein paar Töne, die dich schnell erheben. Singen ist segensreich bei Schwermut!
- Singe mehrere Male laut *oṃ*.
- Gehe an die frische Luft, dann wird sich die Depression bald legen.

Ein anderer Weg ist, die Schwermut durch Kraft zu vertreiben, durch Wollen und den Befehl: „Geh weg, Schwermut!" Dieser Weg ist der wirksamste, aber auch anstrengend. Er fordert starke Willenskraft. Durchschnittsmenschen fällt es eher schwer, diese Methode erfolgreich anzuwenden. Die Methode, die negativen Gefühle durch die entgegengesetzten positiven abzulösen, ist sehr viel einfacher. Das beschwerende Gefühl verschwindet dadurch sehr schnell.

Probiere es aus. Selbst wenn es dir die ersten Male nicht gelingen sollte – übe weiter. Du wirst Erfolg haben, wenn du dich ein paar Mal hingesetzt und geübt hast.

Auf ähnliche Weise kannst du mit anderen *bhāva*-s umgehen, z. B.:

- Wenn du dich ärgerst, denke an Liebe.
- Wenn dein Herz verschlossen ist, denke an Mitgefühl.
- Kommt sexuelles Verlangen hoch, denke an die Vorteile der Bewahrung von Energie.
- Bist du unehrlich, denke an Ehrlichkeit und Rechtschaffenheit.
- Bist du geizig, dann denke an Großzügigkeit oder an großherzige Menschen.
- Lebst du in *moha* (Täuschung) und möchtest gern da raus, dann denke an Unterscheidung (zwischen dem Wirklichen und Unwirklichen, zwischen dem Dauerhaften und dem Vergänglichen, zwischen dem höheren Selbst und dem relativen Selbst usw.) und dringe in die Natur

des *ātman* ein.

- Herrscht Stolz in dir vor, denke an Demut.
- Bist du ein Heuchler, denke an Offenheit und ihre wertvollen Vorteile.
- Bei Eifersucht denke an Würde und Großherzigkeit.
- Bei Schüchternheit denke an Mut.

Du wirst bald die negativen Einstellungen und Charakterzüge transformieren und der positive Zustand wird immer natürlicher werden, wenn du beharrlich an der Übung dranbleibst.

Sei achtsam in der Auswahl deiner Gesellschaft. Sprich wenig und nur über sinnvolle Dinge.

Schulung der Gedanken

Auch dies ist ein sehr wichtiges Thema. Nur wenige Menschen kennen diese Kunst. Selbst sogenannte „gebildete" Menschen wissen nichts oder eher selten etwas über die großartige Wissenschaft, die Gedanken zu beherrschen und zu lenken.

Die meisten Menschen denken aufs Geratewohl. Alle möglichen oberflächlichen Gedanken kommen und gehen. Es fehlen Ordnung und Harmonie, Rhythmus und Überlegung. Es ist kein abgestimmtes oder organisiertes Denken am Werk, weder System noch Disziplin. In ihrer Gedankenwelt herrschen Chaos und Unordnung. Die Gedanken werden nicht geklärt und die meisten Menschen können nicht systematisch und geordnet auch nur zwei Minuten lang an etwas denken. Mangels Kenntnis und Verständnis der Gesetze des Denkens und des mentalen Bereichs herrscht inwendig ein vollkommenes Durcheinander.

Die verschiedenen Sinnesorgane lösen bestimmte Gedankenmuster aus, die miteinander kämpfen, um in der Denksubstanz die Oberhand zu gewinnen: Das Auge z. B. ringt darum, seine eigenen Eindrücke anzubringen: Es ist schaulustig und verlangt danach, alles Mögliche zu sehen; das Sinnesorgan Ohr will Musik hören; die Nase will angenehme feine Düfte riechen; die Haut will Weiches, Angenehmes tasten; die Zunge will Schmackhaftes essen.

In den meisten Menschen existieren nur instinktive, von den Sinnesorganen hervorgerufene Gedanken, wunschgetriebene Überlegungen, Gedanken von Hass, Eifersucht und Angst etc. Kaum einmal können sie einen Augenblick lang einen edlen göttlichen Gedanken festhalten. Ihr Denken ist so beschaffen, dass die ganze mentale Energie in die außenorientierten, sinnesgesteuerten Kanäle einströmt.

Jeder hat seine eigene mentale Welt, seine eigene Art des Denkens, seine eigenen Wege des Verständnisses und Handelns. Ebenso wie Gesicht und Stimme jedes Menschen sich von anderen unterscheiden, ist auch die Art des Denkens und Verstehens bei jedem Menschen unterschiedlich. Aus diesem Grund entstehen leicht Missverständnisse zwischen Freunden und in der Kommunikation allgemein. Man ist nicht in der Lage, die Ansichten eines anderen richtig aufzunehmen und zu verstehen. So kommt es zu Reibung, Zwistigkeiten und Bruch, selbst zwischen nahen Freunden. Man muss auf die Denkschwingungen und mentalen Bewegungen des anderen Menschen eingestellt sein; nur dann kann man ihn verstehen. Gedanken von Gier, Hass, Eifersucht und Ichbezogenheit rufen verzerrte Bilder im Denken hervor, überschatten das Verständnis, filtern die Kommunikation und führen zu einer Trübung des Intellekts sowie zu Verwirrung.

Jeder Gedanke hat ein Bild, eine Form, eine Dimension, Gewicht, Farbe usw. Der Gedanke ist ebenso Materie, wenngleich auch feinstoffliche Materie, wie die physische Welt. Gedanke ist Kraft und Bewegung. Gedanke ist Dynamik. Er bewegt sich und geht von einem Menschen zum anderen. Das Denken beeinflusst die Menschen. Menschen mit starken Gedanken können Menschen mit schwach ausgeprägtem Denken in der Regel leicht beeinflussen.

Es gibt verschiedene Arten von Gedanken:

- instinktive
- visuelle (Bildgedanken)
- auditive (Wortgedanken)
- emotional bedingte
- symbolische
- abstrakte

Es gibt eine sehr nahe Beziehung zwischen Denken und Atmung, ebenso zwischen Denkorgan und *prāṇa,* der feinstofflichen Lebensenergie: Wenn die Gedanken konzentriert sind, wird die Atmung langsamer. Bei schnellem Denken atmet man auch schneller.

Jeder Gedanke beinhaltet nicht nur Worte, sondern auch ein Bild. Das Wort „Tisch" lässt sofort ein gedankliches Bild entstehen. Was immer du im Außen siehst, hat sein Gegenstück im Mentalen. Sobald einmal ein Eindruck von etwas Bestimmtem entstanden ist, wird der Eindruck im Denkorgan gespeichert und künftig durch ähnliche äußere Eindrücke oder Situationen aktiviert. Das Denkorgan gleicht einer großen Leinwand, auf der alle Bilder der Gegenstände eingetragen sind, die außen wahrgenommen werden.

Wenn du die Gesetze des Denkens kennst, wie das Gesetz der Assoziation, der Relativität und das Gesetz der Berührung, dann kannst du das Denken leicht trainieren.

Wenn du deine Gedankenkraft geschult hast, kannst du mittels Telepathie jemand anders irgendwo auf der Welt Gedanken zukommen lassen. Telepathie ist gewissermaßen das erste bekannte telegraphische oder telefonische System dieser Welt, von dem die *yogī-s* und Okkultisten alter Zeiten wussten.

Starke fokussierte Gedanken von Ärger oder Hass sind wie Pfeile, die bei dem Menschen, auf den sie gerichtet sind, Disharmonie in seiner Gedankenwelt hervorbringen und ihm unter Umständen sogar Schaden zufügen können. Später kommen sie nach dem Naturgesetz von Ursache und Wirkung zum Sender zurück und fügen auch ihm Schaden zu.

Ein guter Mensch kann durch gute Gedanken z. B. einem Freund/einer Freundin helfen, auch wenn er/sie weit entfernt ist.

Wissend, dass Gedanken eine starke Kraft und Wirkung haben, gehe sorgfältig mit deinen Gedanken um. Arbeite daran, ein rein sattwiges (reines) Denken zu entwickeln, z. B. mit folgenden Techniken:

- Disziplin im persönlichen Lebensstil
- sattwige Ernährung
- *mantra*-Wiederholung (*japa*)

- Pflegen guter Gesellschaft
- *satsaṅga* mit Weisen und Heiligen oder mit anderen spirituellen Suchenden
- Studium spiritueller Literatur (*svādhyāya*)
- Meditation
- Atemübungen, Atemlenkung (*prāṇāyāma*)
- Gebete

Gib destruktiven, nicht hilfreichen Gedanken nicht den Weg in deinen mentalen Bereich frei. Beobachte deine Gedanken. Vermeide sinnloses, niederes, voreingenommenes Denken. Bewahre und erhalte all deine Mentalenergie, anstatt sie durch nichtiges Denken zu verschwenden. Beschäftige dich mit sinnvollen, rechtschaffenen Handlungen und dem Studium spiritueller Bücher. Das ist eine große Hilfe, um gute und erhabene Gedanken zu bilden.

Übung: Denke gezielt; lasse das willkürliche Schweifen der Gedanken nicht mehr zu. Nimm einen Gegenstand und denke über seine verschiedenen Aspekte und Erscheinungsformen nach. Lasse währenddessen keinen anderen Gedanken in das Bewusstsein eindringen. Hole die Gedanken immer wieder zum augenblicklichen Thema zurück.

Beginne z. B. mit dem Gedanken an das Leben und die Lehren von Ādi Śaṅkarācārya (Meister und Philosoph des *vedānta*). Denke an seinen Geburtsort, seine Jugend, seinen Charakter, seine Persönlichkeit, seine Tugend, seine Lehren, seine Schriften, seine Philosophie, an die Kräfte, die er gemäß der Überlieferung besaß, an seine vier Schüler, seine vier *maṭha*-s (Klöster), an seine Kommentare zur „Bhagavad-gītā", zu den *upaniṣad*-s und den „Brahma-sūtra-s".

Denke nacheinander an diese Themen und in der richtigen Reihenfolge. Schöpfe sie wieder und wieder aus. Dann nimm ein anderes Thema.

Durch solche Übungen entwickelst du ein geordnetes, systematisches Denken. Die mentalen Bilder gewinnen intensive Stärke und Kraft. Sie werden klar geformt und genau abgegrenzt. Beim untrainierten Durchschnittsmenschen sind sie unklar, nicht fest umgrenzt, schwankend und wechselhaft.

Sei konzentriert bei allem, was du tust: Wenn du an einen Gegenstand denkst, lasse keinen anderen eindringen; wenn du an eine Rose denkst, dann denke nur an die verschiedenen Arten von Rosen, an nichts anderes; denkst du an Barmherzigkeit, tue nur dies und denke nicht auch an Vergebung und Toleranz; während du die „Bhagavad-gītā" studierst, denke nicht an Tee oder Fußball.

Eine hilfreiche Vorstellung kann auch Napoleons Methode sein. Er sagte: „Wenn ich an erfreulichere Dinge denken möchte, schließe ich die Schubladen meiner Gedanken, in denen die weniger erfreulichen Dinge des Lebens liegen und öffne die Schubladen, die erfreulichere Gedanken enthalten. Wenn ich schlafen will, schließe ich alle Schubladen des Denkens."

Setze dich für die Übung in einer Yogastellung hin – im Lotossitz, Schneidersitz oder Fersensitz. Wiederhole zehn Minuten lang deinen persönlichen *mantra* oder einen *mantra* wie *oṃ* oder *rām* oder *hari om*. Dann übe die Schulung der Gedanken, z. B. durch Konzentration auf ein bestimmtes Thema. Wiederhole dasselbe vor dem Einschlafen und wenn du nachts aufwachst.

Das Unbewusste

Der unbewusste Inhalt des Denkens heißt in der *vedānta*-Terminologie *citta*. Vieles im Unterbewusstsein besteht aus versunkenen Erfahrungen, in den Hintergrund verdrängten Erinnerungen, die aber wieder hervorgeholt werden können.

Die mentalen Vorgänge sind nicht auf das Bewusstsein allein beschränkt. Der unbewusste Bereich ist weit größer als der bewusste. Wie ein Blitz dringen Gedanken aus dem Unterbewussten oder Unbewussten in das Bewusstsein. Nur ein kleiner Teil der geistigen Tätigkeit vollzieht sich im Bereich des Bewussten. Der größte Teil bleibt im Unbewussten.

Das Unbewusste ist dein ständiger Begleiter und aufrichtiger Freund.

Wir setzen uns hin und versuchen, ein Problem zu lösen. Aber es gelingt uns nicht. Wir blicken uns um, versuchen und versuchen es wieder, aber es klappt nicht. Plötzlich dämmert uns ein Gedanke und das Problem ist gelöst. Die unbewussten Vorgänge waren am Werk. Manchmal gehst du schlafen mit dem Gedanken: „Ich muss morgen sehr früh aufstehen, um den Zug zu erreichen." Diese Botschaft wird vom Unbewussten aufgenommen und es weckt dich mit Gewissheit zur richtigen Zeit.

Oder ein anderes Beispiel: Am Abend gelingt es dir einfach nicht, ein bestimmtes Problem zu lösen, mag dies eine arithmetische oder geometrische Frage oder etwas ganz anderes sein. Am Morgen hast du beim Erwachen plötzlich die klare Antwort. Sie blitzt plötzlich aus dem Unbewussten auf. Dieses arbeitet sogar im Schlaf ohne Unterlass. Es registriert, ordnet, vergleicht, beachtet alle Tatsachen und Erscheinungen und arbeitet eine richtige, befriedigende Lösung aus.

Mit Hilfe des Unbewussten kannst du auch an deinem Charakter arbeiten. Überlege dir dazu, welche tugendhaften Eigenschaften, die den Gegensatz zu etwaigen unerwünschten bilden, du gern entwickeln möchtest. Willst du z. B. Furcht überwinden, stelle gedanklich jede Vorstellung von Ängstlichkeit ab und richte deine ganze Aufmerksamkeit auf die entgegengesetzte Eigenschaft, auf den Mut. Wenn du Mut entwickelt hast, schwindet die Furcht von allein. Das Positive ist immer stärker als das Negative; dies ist ein unfehlbares Gesetz der Natur.

Mit dieser Technik kannst du sogar Sympathien für unangenehme Aufgaben und Pflichten entwickeln, indem du dich ihnen zuwendest und Interesse an ihnen entwickelst.

Du kannst neue Gewohnheiten, Ideen, Ideale, Neigungen oder einen neuen Charakter im Unbewussten entwickeln, indem du den alten veränderst.

Alle Handlungen, Freuden und Erfahrungen prägen sich in Form von feinstofflichen Eindrücken in das Unbewusste ein. Der Eindruck einer Erfahrung wird im *citta* in dem Augenblick geformt oder entwickelt, in dem das Mentale etwas erfährt. Es gibt keine Kluft und keinen zeitlichen Abstand zwischen der augenblicklichen Erfahrung und der Bildung von einem *saṃskāra* (Eindruck) im Unterbewusstsein. Diese *saṃskāra*-s sind die Wurzeln, aus denen wieder *jāti* (Leben) und Erfahrungen von Freude und Leid (*karma*) hervorgehen. Die Neubelebung der *saṃskāra*-s bewirkt Erinnerung.

Der *yogī*/die *yoginī* taucht tief nach innen und kommt in unmittelbare Berührung mit den *saṃskāra*-s. Er/sie sieht sie in innerer Schau. Durch *saṃyama* (einpünktige Konzentration) über diese *saṃskāra*-s erwirbt er/sie Kenntnis seiner/ihrer früheren Daseinsformen.

Ein erstes Symptom bei der Abnahme des Gedächtnisses als Alterserscheinung ist die Schwierigkeit, sich an Namen und Menschen zu erinnern. Der Grund hierfür ist nicht weit zu suchen: Alle Namen sind willkürlich. Sie gleichen Etiketten. Es verbinden sich keine Assoziationen mit ihnen. Im Allgemeinen arbeitet das Gedächtnis mit Gedankenverbindungen, durch die sich die Eindrücke vertiefen. Daher kannst du dich oft noch im hohen Alter an Begebenheiten von früher erinnern, weil Assoziationen damit verknüpft und gespeichert sind, während du Neues weniger gut aufnehmen oder behalten kannst. Dein Denken verliert die Kraft, neue Gedanken festzuhalten (*dhāraṇā-śakti*).

Nicht nur das Alter, sondern auch chronische Überforderung und ein Übermaß an Sorgen und Ängsten schwächen die Gedächtniskraft.

Wenn du dich an etwas erinnern willst, bedarf es einer psychischen Anstrengung. Das Denkprinzip muss in die Tiefen der verschiedenen unbewussten Ebenen eintauchen und dort das Richtige hervorholen.

Schulung des Gedächtnisses

Wer sein Unbewusstes bewusst gemacht hat und seine Erinnerung lebendig hält, sein Gedächtnis und *citta* beherrscht, ist Herr/Herrin seines Inneren, ist das Selbst, der unsterbliche *ātman*. Ihm/ihr gilt meine Bewunderung und Verehrung.

Die Schulung des Gedächtnisses ist sehr wichtig; sie führt letztlich zur Selbstverwirklichung. Ein vergesslicher Mensch wird in seinem Streben öfter versagen und häufiger Fehler machen. Ein Mensch mit einem starken, beständigen Gedächtnis wird zuverlässigen Erfolg in all seinen Unternehmungen haben, seine beruflichen Aufgaben gut erfüllen und seine Studien erfolgreich beenden.

Intelligenz ist nur ein Zehntel des Gedächtnisses. Das Sanskrit-Wort für Gedächtnis ist *smṛti*. *Smaraṇa* heißt „sich erinnern". Erinnerung ist eine Funktion des Unterbewussten bzw. Unbewussten. Die *saṃskāra*-s des Denkens und Handelns sind tief im *citta* (Unterbewusstsein) eingeprägt, wie auf einem Fotoapparat oder einer Schallplatte. Alle Eindrücke werden unauslöschlich eingeprägt. Wenn du versuchst, dich an vergangene Ereignisse oder Dinge zu erinnern, kommen sie wieder an die Oberfläche des Bewusstseins. So wie ein Schauspieler durch einen Seitenvorhang auf die Bühne tritt, so treten auch vergangene Eindrücke aus der Falltür des Unterbewussten hervor. Sie gleichen großen Gedankenwellen und mentalen Bildern. Wenn man es etwas trainiert hat und achtsam ist, kann man die unterschwelligen mentalen Bewegungen im unterbewussten Werkraum des Mentalen, in seiner unterirdischen Fabrik beobachten.

Das Wort „Gedächtnis“ bzw. „Erinnerung“ hat zweierlei Bedeutungen. Wenn wir z. B. sagen: „Barbara hat ein gutes Gedächtnis“, meinen wir damit, dass ihre Fähigkeit, vergangene Eindrücke aufzuspeichern und wieder abzurufen, gut ausgeprägt ist.

Manchmal sagt man auch: „Ich kann mich nicht mehr daran erinnern.“ Das bedeutet, dass wir ein vergangenes Ereignis nicht mehr in seiner ursprünglichen Form als Erinnerung an die Oberfläche des Bewusstseins bringen können.

Wenn die Erfahrung noch neu ist, wirkt das Gedächtnis wie ein Rückruf. Die Erinnerung kann nur Wiederholungen, keine neuen Erkenntnisse bringen. Nimm an, dein Freund hätte dir ein hübsches Geschenk gemacht. Wenn du es benutzt, erinnert es dich an ihn. Eine Zeitlang denkst du an ihn und das Geschenk ist der Grund deiner Erinnerung.

Die vier charakteristischen Merkmale eines guten Gedächtnisses sind:

- *sugamatā*: Wenn du einmal etwas gelesen oder gehört hast und es fast ohne Fehler wiedergeben kannst, dann ist das charakteristisch für ein gutes Gedächtnis und wird *sugamatā* genannt.
- *avaikalya* („ohne Defekt“): Wenn du dasselbe wörtlich wiedergeben kannst, ohne etwas hinzuzufügen oder wegzulassen, heißt dies *avaikalya*.
- *dhāraṇā* (Konzentration): Wenn du etwas – eine Tatsache, eine Text stelle, oder irgendetwas anderes – lange Zeit behältst, nennt man es

ein konzentriertes Gedächtnis, *dhāraṇā.*

- *upaharaṇa* (Darbringung): Wenn du ein Ereignis sofort ohne Schwierigkeiten wiedergibst, heißt dies *upaharaṇa.*

Weitere Weisen, wie das Gedächtnis funktioniert, sind z. B.:

- *sadṛśatā* (Ähnlichkeit): Wenn dein Bruder ein besonders feinfühliger Mensch ist, wirst du durch einen ähnlich sensiblen Menschen an deinen Bruder erinnert. Ein solches Gedächtnis gründet auf Ähnlichkeit (*sadṛśatā*).
- *viparītatā* (Gegenteil): Nimm an, du hättest einen ganz kleinen, zwergenhaften Menschen in Madras gesehen. Wenn du nun einem besonders großen Menschen begegnest, wirst du vielleicht an diesen Zwerg erinnert. Ein großer Palast erinnert dich an eine Bauernhütte oder an die Grashütte eines *sannyāsī* an den Ufern des Ganges. Diese Erinnerung stammt aus der Ungleichheit der Dinge (*viparītatā*).
- *kārya-kāraṇa-saṃbandha* (Schlussfolgerung von Ursache und Wirkung): Wenn du an einem stürmischen Tag einen umgestürzten Baum siehst, nimmst du an, der Sturm habe ihn umgeworfen. In diesem Fall beruht deine Erinnerung auf der Beziehung von Ursache und Wirkung (*kārya-kāraṇa-saṃbandha*).

Um ein gutes Gedächtnis zu entwickeln, ist es hilfreich zu wissen, wie das unbewusste Denken arbeitet. Lerne die Kunst, aus deinem Unbewussten wirksames Material herauszuholen.

Das Unbewusste bringt die Antwort oft blitzartig am Morgen hervor, wenn du nachts keine Lösung gefunden und dein Gehirn Stunde um Stunde zermartert hast. Denn die unbewussten Schichten arbeiten 24 Stunden lang ohne sich auszuruhen. *Citta* (Unterbewusstsein) analysiert, sortiert, ordnet Fakten und Erscheinungen ein, holt aus den verschiedenen Schubladen des Unbewussten alte Erinnerungen hervor und stellt dann plötzlich am frühen Morgen oder zu einer anderen Tageszeit eine klare Zusammenstellung der Tatsachen aus deiner Einsicht und Rückschau zur Verfügung.

ÜBUNG: Ehe du dich zum Schlafen hinlegst, gib deinem Unterbewusstsein (*citta*) Anweisungen. Am frühen Morgen oder im Laufe des Tages wird es die Antwort bereithalten. Wenn du dich in einer ausweglosen Situation befindest, wenn du am Ende deiner Weisheit und in völliger Verwirrung bist, wenn du nicht weißt, wie du ein Problem lösen sollst, dann stelle deinem *citta* das Problem innerlich deutlich vor und gib ihm die klare Aufgabe, eine Lösung zu finden. Morgens wirst du eine klare Antwort haben. Versuche und übe das.

BEISPIEL: Wenn du dich an vergessene Verse, etwa von Shakespeare, erinnern willst, dann gib deinem Unterbewusstsein einen klaren entsprechenden Befehl, ehe du dich zum Schlafen hinlegst. Du kannst mit deinem Unterbewussten reden wie mit einem Freund/einer Freundin oder wie mit einem Diener. Du kannst ihm z. B. sagen: „Schau mal, liebes Unterbewusstsein, ich habe eine wichtige Stelle aus dem ‚Kaufmann von Venedig' vergessen und eine andere aus ‚Wie es euch gefällt', die ich in meiner Schulzeit gelernt habe. Ruf sie mir ins Gedächtnis zurück. Ich brauche sie morgen früh dringend. Bitte beeile dich." Am nächsten Morgen werden die Stellen wie ein Blitzstrahl auftauchen. Geschieht dies nicht, gib dem Unterbewussten am nächsten Abend nochmals denselben Befehl. Dann bekommst du die Antwort einen Tag später. Manchmal ist das Unterbewusstsein sehr beschäftigt und das Gehirn übermüdet, sodass es unter großer Spannung und starkem Druck steht. Dann warte geduldig und wiederhole den Befehl ein- oder zweimal. Lasse dem Unterbewusstsein genügend Zeit und unterbrich es nicht häufig.

BEISPIEL: Ein Richter oder Anwalt muss oft Schriftstücke verfassen oder einen Prozess oder ein Urteil vorbereiten. Manchmal ist er verwirrt und nicht fähig, von allein sofort zu einer Lösung zu kommen. In solchen Fällen wird das Unterbewusste wunderbare Arbeit für ihn leisten. Es wird die Tatsachen und Menschen ordnen und eine klare Zusammenfassung geben.

Bei Angelegenheiten, die viel Denken und lange, komplexe Überlegungen erfordern, musst du etwas Geduld haben und vielleicht ein paar

Tage warten, ehe das Unterbewusstsein die Antwort gibt. Dann wiederhole deine Bitte am Abend oder in der Nacht und achte darauf, was geschieht. Du brauchst das Unbewusste am Tag nicht zu beunruhigen. Gib ihm nur ein- oder zweimal Befehle. Stelle ihm Tatsachen und Menschen vor und mache ihm klar und verständlich, was du willst.

Eine wunderbare Überzeugung und Stärke wird über dich kommen. Du wirst einen guten Freund im unbewussten bzw. unterbewussten Denken finden. Das Unbewusste ist ein zuverlässiger Diener, wenn du die Technik, es zu handhaben, meisterhaft beherrschst. Ein Mensch mit einem starken, ausdauernden Gedächtnis kann gewaltige Arbeit leisten. Du findest darin dann eine sehr große Hilfe.

Auch *brahma-carya* (Maßhalten mit der sexuellen Energie), Einhalten einer sattwigen Diät und Beherrschung der Sinnesorgane (*indriya*-s) sind hilfreiche Elemente für die Entwicklung des Gedächtnisses. Die Samenenergie hat eine unmittelbare Beziehung zu den Zellen des *citta* und des Gehirns. Die Bewahrung dieses Lebensstroms und das Vermeiden unnötiger Ablenkungen helfen ungemein für ein gutes, konzentriertes Gedächtnis. Das klassische *guru-kula*-System, bei dem die Schüler einige Jahre beim Lehrer lebten und durch direkte Überlieferung lernten, hatte diesbezüglich große Vorteile. Viele Sanskrit-Gelehrte lernten auf diese Weise die ganzen *veda*-s, *upaniṣad*-s, „Brahma-sūtra-s", die „Bhagavad-gītā" und andere Schriften auswendig.

Assoziation

Das Gesetz der Assoziation ist ebenfalls sehr hilfreich. Du kannst z. B. trainieren, dass die Erinnerung an ein Wort, das mit „-heit" endet, andere Worte mit derselben Endsilbe ins Gedächtnis ruft, wie etwa „Dummheit", „Überlegenheit", „Bescheidenheit" etc. Die Assoziation mit einem Wort, das auf „-tisch" endet, wie etwa „romantisch", wird an Worte wie „fantastisch", „asketisch", „pathetisch" etc. erinnern.

Übung: Stelle dir auf diese Weise Wortgruppen im Gehirn zusammen. Verbinde Gegenstände oder Ereignisse gleicher Art miteinander. Dann wird vieles bereitwillig und leicht in dein Gedächtnis zurückkehren.

Gedächtnisübungen

Das Sanskrit-Wort für Gedächtniskraft ist *smṛti-śakti. Dhāraṇā-śakti* ist die Kraft, Gedanken zu behalten.

Hier findest du weitere einfache Übungen für die Schulung des Gedächtnisses:

Visualisierung in Verbindung mit Natur

Setze dich ruhig hin, wenn möglich mit gekreuzten Beinen, im Schneidersitz, Lotossitz oder Fersensitz:

ÜBUNG 1: Schließe die Augen. Stelle dir einen großen Garten vor. In einem Teil wächst Jasmin, in einer anderen Ecke wachsen Rosen, woanders Tulpen und Lilien. Denke zuerst an den Jasmin. Dann wende dich gedanklich den Rosen zu, nach einer Weile den Tulpen und schließlich den Lilien. Danach kehre zum Jasmin zurück, von dort wieder zu den Rosen, den Tulpen, den Lilien. Wiederhole das ein paar Minuten lang.

ÜBUNG 2: Schaue nachts auf das Himmelsgewölbe und zähle die Sterne in einem kleinen, abgegrenzten Bereich. Das ist eine sehr erhebende Übung.

Studiere eine Schrift

ÜBUNG 1: Lies einen Vers der „Bhagavad-gītā". Suche Parallelen im „Rāmāyaṇa", „Bhāgavatam", in den *upaniṣad*-s, dem „Yogavāsishtha" und in der Bibel. Verbinde alle diese Stellen und behalte sie im Gedächtnis.

ÜBUNG 2: Lies eine oder zwei Seiten in einem Buch. Dann schließe es und versuche, dich an die wichtigsten Gedanken zu erinnern und diese ins Bewusstsein zurückzurufen. Gib den Inhalt entweder in eigenen Worten wieder oder schreibe ihn wortwörtlich auf.

Vergleiche diese Stellen mit denen anderer Bücher und stelle etwaige Gegensätze und Übereinstimmungen fest. Ziehe deine eigenen Schlüsse und Folgerungen daraus. Merke die wichtigsten Stellen mit einem Stift an der Seite an und mache dünne Unterstreichungen; wenn du willst, in

verschiedenen Farben. Schreibe Anmerkungen über das Gelesene nieder und lies jede Woche die Notizen über die wichtigsten gelernten Inhalte durch.
Ziehe Wörterbücher und Nachschlagewerke zu Rate, um schwierige bzw. neue Begriffe nachzuschlagen.

Tipp: Lies heilige Schriften und spirituelle Bücher mehrmals. Rekapituliere ihren Inhalt und ihre Empfehlungen und Übungsanleitungen. Auch Bücher über *yoga* und Atemübungen, über Bewusstseinskontrolle und anderes kannst du wiederholte Male lesen, um ihren Inhalt wirklich tief zu verstehen und im Gedächtnis zu bewahren.

Wähle die Übungen aus, die deinem Geschmack, Temperament und deinen Fähigkeiten entsprechen.

Wenn du all das umsetzt, wirst du in kurzer Zeit deinen Horizont erweitern, viel wissen und gebildet sein. Du wirst über einen großen Wortschatz verfügen und ein/e ausgezeichnete/r Redner/in, Journalist/in oder Autor/in werden.

Erfinde Codewörter

Übung 1: Füge deinem Wortschatz ein neues Wort zu, z. B. „V-I-B-G-G-O-R". Es steht in diesem Beispiel für verschiedene Farben. Während du an das Wort denkst, versuche gleichzeitig, die verschiedenen Farben, die du dem Wort zugeordnet hast und für die es steht, im Gedächtnis zu behalten und dir vielleicht sogar visuell vorzustellen: violett, indigo, blau, grün, gelb, orange, rot.

Du kannst dir für eine Reihe von Dingen, die du gern im Gedächtnis behalten willst, ein solches Codewort schaffen und dir das Codewort einprägen. Wenn du dann das Codewort in Erinnerung rufst, wirst du dich an alle damit zusammenhängenden Begriffe mühelos erinnern können.

Codewörter systematisieren

Du kannst die Codewörter auch so zusammenstellen, dass sie mit A, B, C usw. in alphabetischer Reihenfolge beginnen.

Oder du kannst sie so wählen und sortieren, dass die dazugehörigen

Begriffe mit einer gleichen Silbe wie etwa „-reich“ oder „-ung“ enden. Dies kann zu einer ganzen Menge von Verbindungen führen, an die du dich leicht erinnerst.

Yogaübungen

Japa (*mantra*-Wiederholung), Meditation, Gebet, Hingabe, *āsana*-s (Yogastellungen) und *prāṇāyāma*-s (Atemübungen) entwickeln das Gedächtnis auf wunderbare Weise. Der Kopfstand wirkt besonders belebend und vitalisierend auf Nerven und Gehirn.

Meditation

Übung: Meditiere und wiederhole innerlich folgende Affirmationen: „Ich habe ein sehr starkes Gedächtnis. *Om om om.*“ – „Ich kann mich jetzt gut an Dinge erinnern. *Om om om.*“ – „Mein Gedächtnis bessert sich beständig. *Om om om.*“ – „Ich habe ein wundervolles, anhaltendes Gedächtnis. *Om om om.*“

Affirmation und Autosuggestion

Übung: Wiederhole die folgende Formel fünf Mal am Morgen und mehrmals am Tag. Du wirst wunderbare Fortschritte machen: „Tag für Tag werde ich durch die Gnade Gottes in jeder Weise besser und besser.“ – Meditiere über den Sinn dieser Worte und empfinde ihn auch.

Visualisierung

Übung: Nimm ein Päckchen Spielkarten (oder *maṇḍala*-s oder andere bildliche Darstellungen) und ziehe sechs Karten heraus. Sieh sie dir genau an. Dann lege sie weg und visualisiere sie. Halte ihre Beschreibung aus dem Gedächtnis heraus schriftlich fest, in der richtigen Reihenfolge. Übe so lange, bis du alle Details aus dem Gedächtnis beschreiben kannst. Erhöhe die Anzahl der Karten bzw. Bilddarstellungen allmählich auf zehn oder zwölf. Diese Übung wird dein Gedächtnis beträchtlich stärken.

Personengedächtnis schulen

Übung: Setze dich bequem auf einen Stuhl. Denke an eine vertraute Person – Mutter, Vater, einen guten Freund, eine gute Freundin oder jemand anders, den du gut kennst. Schließe dabei die Augen. Versuche mental, die Person so deutlich wie möglich zu beschreiben, anhand charakteristischer Merkmale wie z. B. die Art der Nase, des Haares, der Augen, der Lippen, Ohren etc.

Ähnlich kannst du auch üben, wenn du einen Menschen siehst oder triffst, der dich irgendwie beeindruckt. Versuche die besonderen Eigenschaften und Merkmale zu entdecken, die deine Aufmerksamkeit angezogen haben.

Sinnverwandte Begriffe

Versuche sinnverwandte Begriffe im Gedächtnis zu behalten. Dies wird deinen Wortschatz vermehren, sodass du fähig wirst, schöne Texte zu schreiben und ausgezeichnete Vorträge zu halten.

Übung: Nimm z. B. das Wort „Erbarmen" oder „Großzügigkeit". Versuche für beide sinngemäße Begriffe herauszufinden wie etwa „Barmherzigkeit", „Mitgefühl", „Mitleid" bzw. „Freigiebigkeit", „Mildtätigkeit", „Teilen" o. ä.

Gedanken assoziativ miteinander verbinden

Aufgrund des Gesetzes der Assoziation verbinde einen Gedanken mit mehreren anderen. Dies wird dein Gedächtnis stärken.

Übung: Der Gedanke „Kaffee" wird dich z. B. an die Nilgiri-Hügel erinnern, auf denen er wächst oder an die Firma, die ihn verkauft, und an ihren Gründer. Denke durch das Gesetz der Ähnlichkeit auch an andere Regionen der Welt, in denen Kaffee angebaut wird, oder an die Vorteile oder Nachteile dieses Getränkes. Du wirst gleichzeitig an ähnliche Getränke denken, etwa an Tee. Dabei wird dir vielleicht ein Markenname einfallen und der „Nektar der Unsterblichkeit".

TIPP: Alle diese Gedanken kommen und verschwinden sofort wieder. Darum ist es gut, immer ein kleines Notizbuch dabei zu haben und jedes Mal, wenn du einen guten Gedanken hast, diesen aufzuschreiben.

Eindrücke wahrnehmen und aufschreiben

ÜBUNG: Gehe zügig durch eine Fußgängerzone im Stadtzentrum und beobachte genau. Merke dir, was auf dieser Straße vor sich geht. Sobald du zu Hause bist, schreibe die Namen der Läden und die wichtigsten Gegenstände in den Schaufenstern auf, die Cafés und Restaurants. Am nächsten Tag gehe erneut dort entlang und vergleiche, was du aufgeschrieben hast.

Bewegungsabläufe beobachten und erinnern

ÜBUNG: Entwickle die Fähigkeit, ein Fußball- oder Tennisspiel genau zu beschreiben. Beobachte das Spiel und schreibe zu Hause alles genau auf.

TIPP: Habe immer einen Stift und einen Block bei dir, um sofort niederzuschreiben, was dir wichtig erscheint. Sobald du einen interessanten Gedanken hast, notiere ihn. So wirst du in jeder Weise erfolgreich sein.

Sich an subtilere Sachverhalte erinnern

ÜBUNG: Erinnere dich z. B. an die Namen verschiedener Philosophen des Westens und Ostens wie Plato, Spinoza, Kant, Hegel, Śaṅkarācārya, Rāmakṛṣṇa usw. und an ihre bedeutendsten Werke und Lehren. Vergleiche die westliche mit der östlichen Philosophie. Halte dabei die Augen geschlossen. Dies wird dein Gedächtnis für subtilere Dinge entwickeln.

Du kannst dieselbe Übung auch mit Schriftstellern/Schriftstellerinnen machen, wenn dir das mehr liegt.

ÜBUNG: Nach einer Verhandlung oder Veranstaltung gib die Reden in deinem eigenen Stil wieder. So wirst du in Kürze ein/eine gute/r Journalist/ in und ein/eine vielseitige/r Gesprächspartner/in sein.

Du kannst das auch mit vielen anderen Themen machen, je nachdem, was dich interessiert und dir liegt oder was du erreichen möchtest.

Übung: Schließe die Augen. Setze dich auf einen Stuhl und versuche, dich an z. B. verschiedene Automarken, ihre Merkmale und Preise, die reichsten Menschen der Welt, die größten Flüsse, die bekanntesten Seen etc. zu erinnern.

Du kannst dich auch an die unsterblichen Dichter erinnern, an Philosophen und Wissenschaftler oder an vieles andere, was du im Gedächtnis behalten willst oder was zur Allgemeinbildung gehört.

Erinnerung an grobstoffliche Gegenstände ist einfacher als die Erinnerung an Ereignisse oder abstrakte Ideen. Personennamen sind ebenfalls schwierig zu merken. Bei Ereignissen sind Assoziationen möglich. Namen hingegen sind willkürlich.

Zwischen Gedächtnis, scharfer Beobachtung und genauem Hinhören besteht eine enge Beziehung. Das Bewusstsein denkt über Gesehenes oder Gehörtes nach. Wer die Kraft der Sinneswahrnehmung – Hören, Sehen usw. – entwickelt, wird ein besseres Gedächtnis haben.

Die Sinneswahrnehmungen schulen

Übung für visuelle Wahrnehmung: Stelle dir vor, vor dir liegt ein Papier oder eine Leinwand mit Bildern von neun Tieren. Du kannst natürlich auch Pflanzen oder etwas anderes nehmen, z. B. in der:

1. Zeile: Löwe, Leopard und Kuh
2. Zeile: Pferd, Zebra und Bär
3. Zeile: Elefant, Büffel und Tiger

Wiederhole folgende Übung täglich:

- Versuche dich zuerst an die Tiere der ersten Reihe zu erinnern, dann an jene der zweiten und zuletzt an die dritte Reihe.
- Versuche dich anschließend an die Reihenfolge von oben nach unten zu erinnern, also: Löwe, Pferd, Elefant, Leopard, Zebra, Büffel, Kuh, Bär, Tiger.
- Verändere oder verbinde die Reihenfolge.

Übung für andere Sinneswahrnehmungen: Du kannst Gedächtnisübungen mit gutem Erfolg machen, z. B. mit:

- den Abstufungen verschiedener grobstofflicher und feinstofflicher Töne
- dem Geschmack von Nahrungsmitteln
- dem Tastgefühl unterschiedlicher Dinge und Materialien
- der Vorstellung verschiedener Farbschattierungen

Selbsterforschung

Übe Selbsterforschung etwa zehn Minuten lang vor dem Schlafengehen.

Übung: Setze dich bequem hin und schließe die Augen. Lasse die Ereignisse und Handlungen des Tages noch einmal vorüberziehen. Werde dir positiver bewusst, aber auch etwaiger Fehler, die dir bewusst oder unbewusst unterlaufen sind.

Beim ersten Mal wirst du kaum einen Fehler finden, weil du an diese Selbstanalyse noch nicht gewöhnt bist. Bei täglichem, regelmäßigem und systematischem Üben wirst du die Handlungen und Fehler des Tages bald deutlich erkennen. Das Bewusstsein wird empfindsam und scharf, während du diese Innenschau übst. Es scheidet, analysiert, verbindet, klassifiziert und stellt deine Handlungen in einem Augenblick zusammen. Diese Übung wird dein Gedächtnis entwickeln, die Zahl deiner Fehler vermindern und deine ganze Persönlichkeit entwickeln. So wird eines Tages der Augenblick kommen, an dem du keine Fehler mehr begehst und nur noch Gutes tust.

Mit Theorien allein ist dir nicht gedient. Übe, beobachte und erfreue dich an den praktischen Dingen. Denn es handelt sich um dich und deinen Erfolg in eben diesem Augenblick. Nicht in einer fernen Zukunft möchtest du ein großartiger Mensch mit bewundernswerten Idealen werden, sondern dich jetzt, in diesem Augenblick, entwickeln und das Gelernte erfolgreich umsetzen.

Entwicklung des Gedächtnisses

Ein Arzt erinnert sich gut an Medikamente, da er großes Interesse an der Behandlung von Krankheiten hat. Er wird sich aber kaum an Dinge der Politik erinnern, wenn er sich nicht sonderlich für Politik interessiert. Ebenso kann sich ein Jurist genau an alle möglichen Gesetzestexte und Paragraphen erinnern, aber nicht im Geringsten an ein Fußballspiel, wenn er daran keine Freude hat.

Rufe daher zuerst Interesse an einem bestimmten Thema wach. Dann bleiben dir die entsprechenden Dinge automatisch in Erinnerung.

Es ist gut, eine Sache, die dich besonders interessiert oder die du besonders gut kannst, vollkommen zu beherrschen und von anderen Dingen eine allgemeine Kenntnis zu haben. Ein vielseitiger Mensch ist glaubwürdig, wird anerkannt und ist ein beliebter Gesellschafter. Versuche ein solcher vielseitig begabter Mensch zu werden. Ein starkes und aufnahmefähiges Gedächtnis, ein mächtiger Wille und das tägliche Üben von Konzentration und Meditation machen dich sehr vielseitig.

Gesundheit und Gedächtnis

Gesundheit spielt eine wichtige Rolle bei der Entwicklung des Gedächtnisses. Darum versuche, Gesundheit, Kraft und Vitalität zu bewahren. Hierfür sind u. a. eine sattwige, geeignete Nahrung und Übungen wie z. B. *yoga*, Sport, Atemübungen usw. hilfreich.

Wenn du dein Gedächtnis entwickelst, wirst du viel Segen empfangen und in der Welt erfolgreich sein. Auch den Weg zu Gott, zu einer höheren Wirklichkeit, wirst du finden, da du das Göttliche nicht aus dem Gedächtnis verlierst.

Wahrnehmen und Hören

Organe lassen in ihrer Funktionsfähigkeit und Schärfe nach, wenn man sie nicht genügend und richtig nutzt und trainiert, genauso wie Muskeln atrophieren, wenn man keinen Gebrauch von ihnen macht und sie nicht kräftigt.

Zwischen Sehen und Erinnern besteht eine enge Beziehung; ebenso zwischen Hören und Erinnern. Wer genau hinsieht, scharf wahrnimmt und die Fähigkeit hat zu hören, besitzt auch ein gutes Gedächtnis. Es gibt im Astralkörper Gegenstücke zu diesen äußeren Fähigkeiten – die subtilen, astralen Sinne. Ein *yogī*/eine *yoginī* hört mit astralen Ohren und sieht mit astralen Augen. Dadurch entwickelt er/sie ein feines Gespür im engeren Sinn und Hellsicht und Hellhören im weiteren Sinn. Er/sie kann ferne Klänge wahrnehmen und weit entfernte Dinge sehen.

Im Allgemeinen sind Menschen nicht besonders achtsam. Die meisten haben gar kein Interesse daran, mehr und höhere Dinge zu lernen und einen Wissensschatz zu erwerben.

TIPP: Wenn du Erfolg im Leben haben willst, um ein/e gute/r Artz/Ärztin, Jurist/in, Geschäftsmann/-frau oder was auch immer zu werden, dann:

- Trainiere Auge, Ohr und Sprache so gut wie möglich.
- Sei gewandt und halte deine Augen und Ohren offen.
- Übe, dich an alles zu erinnern, was du gesehen, gehört oder gelesen hast.
- Stärke deine Beobachtungsgabe und sei sehr achtsam und wach.
- Bringe auch die Wissbegier ins Spiel. Sie führt dazu, dass nach einiger Zeit Interesse und Aufmerksamkeit automatisch hinzukommen.
- Höre geduldig zu, wenn jemand mit dir spricht.
- Schreibe es gleich in dein Notizbuch, wenn du etwas Nützliches und Wesentliches gehört hast.
- Lies deine Notizen einmal in der Woche durch.

Übungen zur Entwicklung des Hörens

ÜBUNG: Halte eine Uhr nahe an das Ohr und höre aufmerksam auf den Ton. Am nächsten Tag halte die Uhr etwas weiter entfernt und höre nun auf das Tick-Tack-Geräusch. Vergrößere die Entfernung jeden Tag etwas und schule dich so, den Ton zu hören. Schließe dann die eine Seite des Ohres mit dem Zeigefinger, und schule das andere Ohr.

Weitere Übungen

- Schließe beide Ohren sanft mit den Daumen und versuche die *anāhata*-Töne zu hören, die aus dem Herz-Lotos hervorgehen. Man kann zehn verschiedene Töne hören, u. a. den Ton einer Flöte, einer Muschel, einer Trommel, den Ton von Glocken, von Donner und vom Summen der Bienen. Lasse den Gehörsinn von einem Ton zum anderen schweifen und unterscheide sorgfältig die verschiedenartigen Klänge.

- Du kannst auch zuerst dein Ohr auf einen äußeren Ton konzentrieren. Versuche zuerst die grobstofflichen und anschließend die feinstofflichen Töne zu vernehmen.

- Setze dich ruhig hin, schließe die Augen, konzentriere dich auf verschiedene äußere Töne und versuche sie voneinander zu unterscheiden. Z. B. kannst du versuchen, die Töne verschiedener Vögel, von Kindern, Tieren, Fabriken, Autos, Flugzeugen, Rädern usw. zu unterscheiden; ebenso von Weinen, Schnarchen, Schluchzen, Lachen, Scherzen.

- Bald kannst du schon von weitem die Stimmen einzelner Menschen erkennen. Einige haben gewisse Ähnlichkeit in ihren Stimmen, die du herausfinden kannst. Achte auf die feinen Unterschiede und die Schwingungskraft der jeweiligen Stimmen.

- Bei Lauten einzelner Vogel- und Tierarten achte auf die Unterschiede: Manchmal singen die Vögel, zu anderen Zeiten geben sie Warnrufe, wenn Gefahr droht. Tiere und Vögel haben ihre eigene Sprache. Du kannst lernen, sie zu verstehen. Katzen, Hunde, Pferde, Elefanten und andere sind kluge Tiere und besitzen ein – wenn auch noch undifferenziertes – Bewusstsein. Sie lachen, lächeln und drücken durch bestimmte Töne ihre Gefühle der Freude, der Dankbarkeit oder auch der Trauer aus.

- Versuche auch die Töne des Herzens zu hören und zu verstehen, indem du dein Ohr an die Brust eines anderen Menschen legst.
Durch diese Übungen und durch sorgfältige Beobachtung kannst du eine wunderbare Gabe des Hörens entwickeln. Diese hilft dir auch in deinem Berufsleben. Scharfe Ohren und Augen bringen Gewinn.

Übungen zur Entwicklung des Sehens

ÜBUNG: Wenn du einen Menschen triffst, nimm seine Gestalt von Kopf bis Fuß wahr und merke dir seine besonderen Züge, die Art seiner Augen und Augenbrauen, seine Zähne, Arme etc. Betrachte seine Kleidung, sieh hin, ob er einen Bart trägt oder nicht, wie seine Stimme, sein Verhalten, sein Blick, sein Gang sind, ob er ein freundlicher oder eher unangenehmer Mensch zu sein scheint, ob er intelligent, langweilig, freundlich oder unliebenswürdig wirkt etc.

Viele Menschen sind nicht in der Lage, die Gesichter ihrer Freunde, mit denen sie Jahr um Jahr zusammen sind, zu beschreiben. Offensichtlich haben sie ihre Wahrnehmungsfähigkeit und ihr Gedächtnis nicht entwickelt.

Ohne genaue Beobachtungsgabe kannst du kein/e gewandte/r Wissenschaftler/in werden. Der/die Wissenschaftler/in muss Naturerscheinungen beobachten und daraus Schlussfolgerungen ziehen. Er/sie muss Tatsachen und Erscheinungen im Gedächtnis behalten, um die Gesetze der Natur zu erforschen.

ÜBUNG: Wenn du ein Zimmer betrittst, achte darauf, welche Gegenstände sich darin befinden. Schließe später die Augen und versuche dich genau an das Zimmer, seine Einrichtung etc. zu erinnern. Schreibe deine Wahrnehmungen in dein Notizbuch und prüfe später nach, ob sie stimmen. Es macht nichts, wenn sie am Anfang nicht genau stimmen.

Durch genaue Beobachtung und Achtsamkeit im Alltag bist du auch in der Lage, eine/n Freund/in oder eine/n Bekannte/n an seiner/ihrer Haltung, seinem/ihrem Gang und der Bewegung seiner/ihrer Hände inmitten einer großen Menge herauszufinden.

Nachts kannst du nicht oder nicht viel sehen. Die Sehkraft des menschlichen Auges lässt nachts nach, aber die Kraft des Hörens wird verstärkt. Die Natur kann kompensieren.

Es gibt taube und blinde Menschen, die durch Kompensation des einen Sinnes einen anderen dafür sehr viel feiner entwickeln können. Wenn ein Organ ausfällt oder schwächer ist, entwickelt sich ein anderes umso intensiver. Die Energie des nicht benutzten Organs wird von einem anderen aufgenommen und verstärkt sich.

Die Natur ist voller Mitgefühl und innewohnender Weisheit.

Manche Menschen hören besser, andere sehen besser. Hunde haben eine scharfe Nase, Kobras ein scharfes Gehör. Letztere hören mit ihren Augen und haben keine gesonderten Ohren. Tiger haben einen sehr ausgeprägten Geruchssinn.

In jedem kleinsten Teil der göttlichen Schöpfung herrscht das Spiel der Intelligenz.

Acht Dinge gleichzeitig tun

Aṣṭāvadhāna bedeutet „Multitasking" – wörtlich „acht Dinge auf einmal" tun zu können. Das kannst du auch. Es ist nur eine Frage des Trainings und der Konzentration.

Zuerst übe, zwei Dinge auf einmal zu tun; dann weite deine Aktivität aus. Beantworte Fragen, diktiere einen Brief, spiele Harmonium, rechne dabei etwas aus usw. – alles gleichzeitig bzw. sehr konzentriert in kurzer Abfolge.

Es gibt Geschichten aus früheren Zeiten, wo Menschen fast hundert Dinge konzentriert auf einmal tun konnten. Ihnen wurden hundert Fragen in schneller Abfolge von hundert Menschen gestellt – einige prüften ihr Wortgedächtnis, einige ihre Fähigkeit des Rechnens, andere ihre künstlerische Geschicklichkeit. Dabei gab es keine Zeit, Fragen an das Gedächtnis weiterzugeben und lange zu überlegen.

Die Konzentrationsfähigkeit bezieht sich nicht nur auf den Intellekt, sondern auch auf die Sinneswahrnehmung. So kann man z. B. die verschiedenen Klangqualitäten von Glocken oder Gongs erkennen und feine Unterschiede an Gegenständen und Bildern wahrnehmen, die auf den ersten Blick in Form und Farbe vollkommen identisch zu sein scheinen.

Solche Fähigkeiten des Gedächtnisses, die den alten *avadhāni*-s möglich waren, findet man nicht ohne weiteres. Durch Konzentration und Schulung des Gedächtnisses kannst du aber zu einem Experten/einer Expertin werden. Du kannst üben, zwei beliebige Aktivitäten, je nach deinem Interesse und deinen Vorlieben, parallel zu tun und die Anzahl langsam erhöhen. Erst wenn du eine Stufe vollkommen gemeistert hast, beginne mit der nächsthöheren Übung.

Geistige Entspannung

Ebenso wie man seine Muskeln nach bestimmten Stellungen und physischen Übungen entspannt, kann man die Gedanken nach Konzentration und Meditation, Gedächtnis- und Willenstraining entspannen und zur Ruhe bringen.

Entspannung der Muskeln beruhigt gleichzeitig auch die Gedanken. Geistige Entspannung lässt gleichzeitig auch den Körper ausruhen und regenerieren. Körper und Geist sind eng miteinander verbunden.

Vertreibe Furcht und Ärger. Denke an Mut, Freude, Glückseligkeit und Frieden.

GEISTIGE ENTSPANNUNGSÜBUNG: Setze oder lege dich 15 Minuten lang entspannt und bequem hin. Du kannst dich in einem Lehnstuhl ausruhen oder dich auf eine bequeme Unterlage legen. Schließe die Augen. Ziehe das Denken von der Außenwelt ab. Beruhige die sprudelnden Gedanken. Denke an dein wahres Selbst. Denke daran, dass du der unsterbliche, ewige, unvergängliche *sac-cid-ānanda-ātman* bist, Sein-Bewusstsein-Glückseligkeit. Lasse die Gedanken immer wieder um diese erhabenen Ideen kreisen. Betrachte und fühle dich als ein Meer der Seligkeit und des Friedens. Nach etwa 15 Minuten öffne die Augen.

Du wirst einen ungeheuren geistigen Frieden, Gedankenkraft und Gefühlsstärke empfinden. Deine Gedanken werden ruhig, heiter und still sein.

Übe dies und fühle die göttliche Seligkeit in jedem beliebigen Moment. Wenn du dir Zeit dafür nehmen kannst, wiederhole diese Entspannung und Betrachtung mehrmals am Tag. Deine Gedanken, dein Geist, deine Psyche werden nicht mehr angespannt sein.

GEISTIGE KURZENTSPANNUNG FÜR ZWISCHENDURCH: Schließe die Augen. Denke an etwas Erfreuliches. Denke z. B. an einen beeindruckenden Sonnenuntergang, an die Weite des Meeres oder an den unendlich blauen Himmel oder einen klaren Sternenhimmel. Dies wird deine Gedanken auf eine wunderbare Weise entspannen.

Schulung des Körpers

Körperliches Training ist genauso wichtig wie die Entfaltung des Geistes, des Willens oder des Gedächtnisses. Wenn du deinen Körper möglichst gesund, stark und aktiv hältst, fallen Persönlichkeits- und spirituelle Entwicklung leichter. „Mens sana in corpore sano" („Ein gesunder Geist in einem gesunden Körper") ist ein weiser Ausspruch. Betrachte den Körper als Tempel Gottes und halte ihn immer rein und so gesund wie möglich.

Es gibt eine Vielfalt möglicher körperlicher Aktivitäten. Wähle diejenigen aus, die am besten zu dir, deinen Neigungen und Fähigkeiten passen oder die du am notwendigsten brauchst.

Spaziergänge

Mache regelmäßig einen Spaziergang – länger oder kürzer, schneller oder langsamer, je nach deiner Konstitution. Wenn möglich, gehe allein. Dann kannst du überall die Gegenwart des Göttlichen spüren und in vollkommener Harmonie mit der Natur sein.

Sehr angenehm sind Morgenspaziergänge. Die kühle Morgenluft erfrischt und belebt. Der Duft der Blumen und Pflanzen in der Natur stärkt die Vitalkraft.

Wenn möglich, gehe zügig. Schwitzen ist gesund. Du kannst das auch sehr gut mit Atemübungen verbinden: Sechs Schritte lang einatmen, den Atem sechs Schritte lang anhalten und wieder sechs Schritte lang ausatmen.

Joggen

Ein sehr gutes körperliches Training, das ich sehr empfehle, ist Joggen. Die Lungen weiten sich, das Blut wird gereinigt. Laufe möglichst in der Natur, in frischer Luft. Besonders gut ist das Laufen am Meer. Du kannst deine Lungen mit viel reinem Sauerstoff füllen. Wiederhole dabei in Gedanken *oṃ* oder einen anderen *mantra*. Dies gibt der physischen Übung einen geistigen Aspekt.

Schwimmen

Schwimmen ist eine der sportlichen Aktivitäten. Es streckt die Rückenmuskeln und ist gut bei Rheuma. Verbinde das Schwimmen auch mit Atemübungen und geistiger *mantra*-Wiederholung.

Tennis

Auch Tennis ist gut und gesund. Man bewegt sich auf nicht zu anstrengende Weise und ermüdet nicht schnell. Die Fußgelenke und Finger werden gestärkt.

Gymnastik

Wer kräftig Brust, Arme, Schultern und andere Muskeln entwickeln will, sollte Gymnastik treiben. Yogaübungen sind besonders gut, um alle Teile des Körpers gleichmäßig zu trainieren. Man kann sie ohne Aufwand überall machen und ihre Wirkung hält an.

Yoga

Yogastellungen (*āsana*-s) und Atemübungen (*prāṇāyāma*-s) wirken bei körperlichen Schwächen erfolgreich ausgleichend. *Āsana*-s haben auch eine geistige und energetische Wirkung. Sie können die *kuṇḍalinī-śakti*, die Schlangenkraft, die latente Energie im Menschen, erwecken. *Āsana*-s sind mehr als eine physische Übung. Sie bewirken eine Massage der inneren Organe und heilen oder beugen dadurch Krankheiten vor, was durch andere Übungen kaum erreicht wird.

Viele *āsana*-s sind auch ausgezeichnet, um die Wirbelsäule elastisch zu halten. Dies beugt einer Verknöcherung und Degeneration des Rückgrats vor. So bleibt man beweglich und hält sich jung. *Kriyā-yoga*, die yogischen Reinigungsübungen, helfen bei Krankheiten des Magens und stärken die Verdauung. Sie sind sehr machtvoll und wirksam.

- Bei jeder Art von Bewegung, für die du dich entscheidest, solltest du alle Glieder bewegen und trainieren: Arme und Beine kräftigen; die Wirbelsäule nach vorn, nach hinten und seitwärts beugen; Brust, Hals und Bauch bewegen.
- Mache die Übungen regelmäßig. Wenn du intensiv körperlich übst, ernähre dich auch entsprechend substantiell und nimm u. a. auch Nüsse zu dir.
- Nach den Übungen iss etwas Leichtes.
- Wiege dich einmal im Monat und schreibe dein Gewicht auf.
- Du kannst morgens und/oder abends üben. Gut ist, wenn du dich vorher ausruhst oder eine Tiefenentspannung machst. Empfehlenswert ist, wenn du morgens *yoga* übst und andere Bewegung oder Sport am Abend. Nach den *āsana*-s ruhe dich 15 Minuten aus und entspanne dich. Übe die *āsana*-s nach Möglichkeit an einem offenen, luftigen Ort. Gehe dabei nicht ins Extrem. Während der *āsana*-s oder auch anderer körperlicher Aktivitäten und danach sollte das Gefühl von Heiterkeit und Freude überwiegen und nicht das Gefühl von Depression oder Müdigkeit. Sonst hast du deine Fähigkeit überschritten und dich überfordert.
- Stärke deinen Körper und gehe den geistigen Weg.
- Behandle deinen vergänglichen Körper gut und betrachte ihn als Diener und Werkzeug. Er besteht aus den fünf Elementen, die der Veränderung und Vergänglichkeit unterworfen sind, während du in deinem Wesen die unvergängliche Wirklichkeit, der alles durchdringende, unvergängliche *ātman* bist. Ebenso wie das Haus, in dem du lebst, von dir verschieden ist, so ist auch dieser Körper, in dem du dich dank deiner Unwissenheit für einige Zeit aufhältst, nicht dein wahres Wesen. Identifikation mit diesem Körper ist der Grund für deine Bindung und Unzufriedenheit und die menschlichen Leiden und Sorgen. Werde nicht der Sklave deines Körpers. Kümmere dich in angemessener Weise um ihn, sodass er dir dient und nicht umgekehrt. Sei bereit, diesen Körper jederzeit aufzugeben, wenn die Zeit dafür gekommen ist, und setze ihn für gerechte, edle Zwecke ein. Übe Selbstlosigkeit, Nichtidentifikation und Opferbereitschaft.

Zum Abschluss, o Kinder des Lichts und der Unsterblichkeit

Haltet euren Körper durch regelmäßige körperliche Aktivität stark, gesund und aktiv. Führt ein glückliches, zufriedenes Leben. Nutzt dieses Körperfahrzeug, um eure Bestimmung, *brahma-nir-vāṇa* (Eingehen in *brahman*) zu erreichen. Nutzt diesen Körper als ein Boot, mit dem ihr den Strom des Lebens überquert zum anderen Ufer der Unsterblichkeit und Furchtlosigkeit hin.

Kapitel 2

Rāja-yoga

(der königliche yoga)

Yoga (Verbindung)

Das Wort „*yoga*" stammt von einer Sanskrit-Wurzel, die „verbinden" bedeutet.

Durch Yogaübungen harmonisieren sich die verschiedenen Aspekte des Menschen, der Persönlichkeit, und der *jīva* (die individuelle Seele) verbindet sich mit dem höchsten Wesen, mit Gott. So bezeichnet *yoga* letztlich die Vereinigung mit Gott. Diese ist Ziel und Bestreben des menschlichen Lebens. Sie sollte alles und das höchste Ziel unserer ganzen Existenz sein, Summum bonum, das höchste Gut.

Auf diese Weise überwindet *yoga* Leid, Verzweiflung und Verwirrung. Er befreit aus dem *saṃsāra* (Kreislauf von Geburt und Tod). Werde ein/e *yogī/yoginī* und trinke das Elixier, den Nektar der Unsterblichkeit.

Yoga lehrt uns, die nach außen gehenden Tendenzen der Gedanken zu zügeln und den reinen Zustand der Glückseligkeit zu erreichen, indem wir über den mentalen, geistigen und psychischen Zustand hinausgehen. Er lehrt auch, wie wir uns allmählich transformieren und Göttlichkeit erlangen können.

Rāja-yoga

Methode und Ziel des *rāja-yoga* ist das Zur-Ruhe-Bringen der Gedankenwellen, der mentalen Veränderungen. Darum wird er der „Königliche *yoga*" genannt.

Üblicherweise identifizieren sich Menschen mit dem Körper, den Gedanken und den *vṛtti*-s (Gedankenschwingungen des Gemüts und Intellekts). Gedanken und Körper sind nur Werkzeuge. Der wahre Mensch steht hinter ihnen. Wenn du nichts anderes als Denken, Körper und *vṛtti*-s bist, wirst du in Leiden verstrickt und dich nie wirklich vorbehaltlos glücklich fühlen.

Das ganze Weltall besteht aus nichts anderem als Schwingung, Kräften, Energie. Wenn die mentalen Wellen nachlassen, die ebenfalls nichts als Schwingung sind, kannst du den absoluten Zustand erreichen, den Zustand der höchsten Seligkeit und des vollkommenen Friedens. Ebenso wie du die Tiefen eines Sees erkennen kannst, wenn die Bewegungen und Wellen auf der Oberfläche ruhig werden, kannst du dein wahres Selbst erkennen, wenn die *vṛtti*-s (Gedankenwellen), die das Denkorgan in Bewegung bringen, aufhören.

Wie Seife den Körper reinigt, so reinigen *japa* (*mantra*-Wiederholung), *dhyāna* (Meditation) und *kīrtana* (*mantra*-Singen) zusammen mit dem Üben von *yama* (ethischen Grundregeln) und *niyama* (Prinzipien der Selbstdisziplin) das Denken und die Psyche von all ihren Unreinheiten.

So wie du den Körper mit Nahrung erhältst, kannst du den Gedanken gute Nahrung geben und die Seele geistig-spirituell nähren. Dank innerer Freude kannst du dich auch ohne äußere Güter glücklich und angeregt fühlen. Etwaige Fehlschläge, eine unerfreuliche Nachricht oder ein schwerer Schicksalsschlag werden dich nicht so stark aus dem Gleichgewicht bringen.

Macht berauscht den Menschen. Wer Macht hat, missbraucht sie oft. Er will befehlen und über andere herrschen. Es ist sehr schwierig, auf Stellung und Macht zu verzichten. Das ist der Grund, warum die Philosophie des *rāja-yoga* die spirituellen Aspiranten und Aspirantinnen ethisches Verhalten und das Arbeiten an sich selbst lehrt. Wer hierin gefestigt ist, wird seine Kräfte nicht missbrauchen. Er wird anderen nicht befehlen, sondern in Demut dienen und Opfer bringen.

Mache dir ein Programm deines Tagesablaufs, an das du dich systematisch und regelmäßig hältst. Verschwende nicht eine einzige Minute. Das Leben ist kurz, die Zeit flieht. Es gibt kein „Morgen", nur ein „Jetzt oder nie". Stehe mit dem festen Entschluss auf, noch in diesem Leben, in diesem Augenblick ein/e *yogī*/*yoginī* – also jemand, der die Einheit mit der höchsten Seele verwirklicht – zu werden. Übe diszipliniert *yoga*. Wenn du es mit deinem Üben wirklich ernst meinst und du ruhig, bestimmt und mit ganzem Einsatz nach der Befreiung verlangst, wirst du das Ziel der Vollkommenheit zweifellos bald erreichen.

Das Denkorgan und Gedankenwellen

Citta ist die Denksubstanz, die verschiedene Formen annimmt. Diese bringen die Gedanken in Bewegung (*vṛtti*-s). Die Denksubstanz wird in Gedankenwellen, in Strudel von *vṛtti*-s umgewandelt und verändert sich ständig. Wenn du an eine Mango denkst, entsteht im selben Moment die *vṛtti* von „Mango" im Meer des *citta*. Die Gedankenschwingungen vergehen wieder und andere steigen auf, z. B. der Gedanke an Tee. Diese Schwingungen verursachen die ständige Bewegung und Unruhe der Gedanken.

Warum entstehen *vṛtti*-s im *citta*? Der Grund dafür ist der Kreislauf von Geburt und Tod und die Eindrücke bzw. Prägungen und Wünsche (*vāsanā*-s) von Handlungen und Erfahrungen im Bewussten und Unterbewusstsein. Schwinden die *vāsanā*-s bzw. Wünsche im Bewusstsein und im Unterbewusstsein, dann hören alle *vṛtti*-s von allein auf.

Eine Gedankenschwingung hinterlässt einen bestimmten Eindruck (*saṃskāra*). Die Gesamtsumme der *saṃskāra*-s heißt „*karmāśaya*" (Gefäß der Handlungen, der *karma*-s). Wenn ein Mensch beim Tod seinen physischen Körper verlässt, nimmt er seinen astralen Körper mit den siebzehn *tattva*-s (feinstofflichen Essenzen seiner Anlagen, Erfahrungen etc.) und seinen *karmāśaya* mit auf die feinstoffliche Ebene. Der *karma*-Speicher wird vollkommen geleert, „verbrannt", durch Erlangen der höchsten Erkenntnis im überbewussten Zustand (*asamprajnāta-samādhi*).

Konzentration und Meditation

Ein Ort, an dem man die Gedanken leicht konzentrieren kann, ist für Meditation und Yogaübungen geeignet. Während der Konzentration sammle die verstreuten Gedankenschwingungen, die ständig aus dem Meer des *citta* aufsteigen. Beruhige die Gedankenwellen schon bei ihrem Hochkommen, damit das Denkorgan heiter und still wird. Dann empfindest du Frieden und Glückseligkeit.

Die Freude liegt in dir. Du kannst sie durch Gedankenbeherrschung erfahren und gewinnen, nicht durch Geld, Vergnügen, Ruhm, Stellung oder Macht. Führe die Gedanken immer wieder zurück, wenn sie abschweifen, und konzentriere sie auf einen Punkt. Sobald sie zu wandern beginnen, bemühe dich, sie auf diesen Punkt zurückzubringen. Das ist *abhyāsa* (geistige Übung), die Praxis von *rāja-yoga*. Indem du dies regelmäßig über längere Zeit übst und gleichzeitig Nichtanhaften kultivierst, hältst du das ständige Sich-Gedanken-Machen und Gefühlschaos im Bann. Dann wird das Denkorgan ruhig und leicht zu beherrschen.

Reinheit der Gedanken führt zum vollkommenen *yoga*, zur Einheitserfahrung.

Beherrsche deine Haltung und Einstellung auch, wenn du mit anderen umgehst. Habe keine Gefühle von Eifersucht oder Hass. Sei voller Mitgefühl und freundlich zu allen. Verneige dich innerlich vor jedem. Sei höflich gegenüber Älteren und Respektspersonen.

Kultiviere die Sehnsucht nach Befreiung und sei dabei ernsthaft und heiter. Intensive, regelmäßige Meditation ist notwendig, um in *samādhi*, den überbewussten Zustand, einzugehen. Durch Enthaltsamkeit, Hingabe an den *guru* und das Praktizieren der Übungstradition, für die du dich entschieden hast, wirst du Erfolg im *yoga* haben. Wenn du dich dieser Praxis mit ganzem Einsatz und ganzer Kraft widmest, wirst du *yoga* schnell erlangen.

Als Suchende/r auf dem spirituellen Weg sei geduldig und ausdauernd. Überstürze nichts. Wer den Pfad der Entsagung (*nivṛtti-mārga*) unvorbereitet einschlägt und sich ganz in die Einsamkeit zurückzieht, um zu praktizieren, wird nach einiger Zeit oft träge, da er nicht weiß, wie er seine mentale Energie nutzen und den Anweisungen folgen soll. Er/sie hat noch keine Erfahrung auf dem geistigen Weg und wird daher auch keine wirklichen Erfolge erzielen.

Wenn jemand regelmäßig meditiert und trotzdem traurig oder depressiv wird oder schwach ist, stimmt etwas nicht. Dann liegt vielleicht irgendwo in seiner Praxis ein Fehler vor. Echte Meditation macht einen Menschen stark, fröhlich und gesund. Ein fröhliches, lächelndes Auftreten ist ein sicheres Zeichen für wahre Geistigkeit und ein inneres göttliches Leben.

Es gibt im *yoga* viele Stufen, die bewältigt werden müssen, bevor man den glückseligen Zustand des *asamprajñāta-samādhi* (Aufgehen des Bewusstseins in der Einheit) erreichen kann.

Einige hochentwickelte Seelen sind schon von Geburt an im Zustand des *samādhi* oder gelangen recht schnell dorthin. Sie erreichen dies nicht durch Anstrengung in diesem Leben, sondern weil sie ihren Pfad in früheren Geburten schon weitgehend vollendet haben. In ganz besonderen Fällen kann man die höheren Stufen des *yoga* durch Gottes Gnade schon zu Beginn des Lebens erlangen. Jñanadeva von Alandi erreichte die höheren Stufen des *yoga* schon frühzeitig im Kindesalter. Als kleiner Junge berührte er einen Büffel und dieser rezitierte daraufhin die Veden. Auch Ramalinga Swami aus Vadalur in Südindien, der berühmte Autor des „Arutpa", erreichte die höheren Stufen des *yoga* zu Beginn seines Lebens. Aber solche Fälle sind sehr selten. Die meisten Suchenden müssen Stufe für Stufe, Zustand für Zustand erarbeiten.

Beherrsche jede Stufe des *yoga*, und gehe sie nacheinander mit Mut und Fröhlichkeit an. Versuche nicht, auf eine höhere Stufe zu gehen, ehe du die vorhergehende vollendet hast. Dies ist der rechte königliche Weg zu wahrer Meditation und *samādhi*.

Das gesamte weltliche Wissen ist nichts im Vergleich zu dem geistigen Wissen, das durch wahre Selbstverwirklichung gewonnen wird. Weltliche Erkenntnis ist relativ. Wenn der/die Yogaschüler/in *dharma-megha-samādhi* („die Wolke der Tugend") erlangt hat, braucht er/sie nicht mehr zu fürchten, dass er/sie wieder zurückfällt. Nichts kann ihn/sie mehr versuchen. Dieser Zustand kann aber nur eintreten, wenn er/sie rigoros alle Kräfte und Macht, die sich im Laufe der spirituellen Entwicklung zeigen mögen, zurückweist.

Diese Erleuchtung schenkt dem *yogī*, dem spirituellen Aspiranten/der Aspirantin Frieden, Reinheit, Zufriedenheit und innere Wonne. Wie Feuer trockene Blätter oder Heu verbrennt, so verbrennt das Feuer des *yoga* alle *karma*-s und der *yogī*/die *yoginī* erreicht *kaivalya* (vollkommene Freiheit). *samādhi* schenkt ihm/ihr Intuition, sodass wahre Erkenntnis unmittelbar in ihm aufblitzt. Nun existiert für ihn/sie nur die Gegenwart. Vergangenheit und Zukunft schwinden.

Eine Analogie für yoga im Sinn von Einheit

Eine gute Analogie für den *yoga* ist eine Radiostation oder die drahtlose Kommunikation wie Telegrafie, Telefon usw.*, die die Welt miteinander verbinden und die Kommunikation sehr erleichtern. Sie zeugen von der Einheit des Lebens, der Einheit der Energie und des Bewusstseins. Sie bestätigen die Worte der *upaniṣad*-s und die Erfahrungen der östlichen Weisen: „Das Eine ohne ein Zweites". Menschen auf der ganzen Welt können gleichzeitig die Stimme eines Sprechers oder Sängers hören. Das ist quasi wie das subtile Hellhören. Alle haben über das Radio Anteil an der Begabung eines Menschen und sind darin vereint. Das Mikrofon vergrößert und verstärkt die Klangwellen, und sendet sie mit einer ungeheuren Schnelligkeit durch das Medium des Äthers in die ganze Welt. So ist das Radio wie ein äußeres Symbol des *vedānta* oder von *brahman*.

In ähnlicher Weise kannst du an allgemeine Liebe und Dienstbereitschaft denken und alle Gedanken der Gesondertheit, Verschiedenheit, Zweiheit und Teilung auslöschen. Die Botschaft der *upaniṣad*-s von der Einheit und Vereinigung, von der Gleichheit, Gleichartigkeit und Identität erklingt.

Das Yogamodell des menschlichen Geistes

Das menschliche Denkprinzip wird im Sanskrit *antaḥ-karaṇa* genannt. *Antaḥ-karaṇa*, das innere Werkzeug, ist ein Überbegriff für das Modell des menschlichen Geistes. Er umfasst *manas* (einfaches Denkprinzip), *buddhi* (Intellekt), *citta* (Erinnerung) und *ahaṅkāra* (Ich-Identifikation). Dies sind aber nur verschiedene Bezeichnungen für die verschiedenen Funktionen des einen *antaḥ-karaṇa*.

Antaḥ-karaṇa heißt „inneres (*antar*) Instrument (*karaṇa*)", „inneres Funktionsgefüge der Psyche", „inneres Organ"; „Bereich der inneren Wahrnehmung des Menschen". Es ermöglicht dem Menschen zu denken, zu empfinden, zu unterscheiden und sich zu erinnern.

* Heute natürlich v. a. auch das Internet.

Das *antaḥ-karaṇa* besteht aus:

- *manas*: Denkprinzip, Worte, Bilder, Gefühle, Wünsche, Eindrücke.
- *buddhi*: Vernunft, Intellekt, Wille; analysiert und bestimmt.
- *citta*: Unterbewusstsein, Gedächtnis; vergleicht mit gespeicherten Erfahrungen.
- *ahaṅkāra*: Ich-Bewusstsein, Ego, Ich-Gedanke; identifiziert.

Darüber, dies alles transzendierend und doch das Bewusstsein hinter allem, ist *ātman*, das Selbst.

Als Manifestation der Urnatur *prakṛti* ist *antaḥ-karaṇa* an sich leblos. Weil das Bewusstsein des Selbst (*ātman*) sich in ihm reflektiert, erscheint es als aktiv und tätig. *Ahaṅkāra* ist das Ego, der Ich-Gedanke. *Buddhi* ist verantwortlich für das Fällen von Entscheidungen. Dazu werden Intellekt, Vernunft und Wille benötigt, die ebenfalls ein Teil von *buddhi* sind. *Manas*, das Denkprinzip, sorgt für eine gewisse Unentschlossenheit, die durch die Wechselwirkung von einfachem Denken, Wahrnehmung und Gefühlen entsteht. *Citta* hilft, uns zu erinnern. Dabei spielen unser Unterbewusstsein, Gedächtnis, unsere Fähigkeiten und Ängste eine wichtige Rolle.

Im *vedānta* ist *citta* nur ein Bestandteil des Geistes, nämlich das Unterbewusstsein und Gedächtnisspeicher. In der *sāṅkhya*-Philosophie steht der Begriff *citta* aber gleichzeitig auch für den ganzen Geist, also das gesamte *antaḥ-karaṇa*. Der Begriff Geist (*citta*) umfasst in diesem Kontext alle psychologischen Phänomene wie Gefühle, Wahrnehmungen, Denken, Urteilen, Unterscheiden, Vorstellen und ebenso alle Aktivitäten des Unterbewussten. *Citta* in der *sāṅkhya*-Definition umfasst also *manas* (Wahrnehmung), *buddhi* (Unterscheidung), *ahaṅkāra* (Ego) und das Unterbewusstsein.

Modell des menschlichen Geistes

- *ātman:* das Selbst, das reine Bewusstsein hinter allem. In der *sāṅkhya-Philosophie* wird hierfür auch der Begriff *puruṣa* (Bewusstsein) verwendet.
- *antaḥ-karaṇa:* das „innere Instrument", Denkprinzip, Denkorgan, einschließlich aller Funktionen der Psyche, des Intellekts, des Bewussten und Unter- und Unbewussten. In der *sāṅkhya*-Philosophie auch mit *citta* (Geist) bezeichnet.
- *ahaṅ-kāra:* „Ich-Macher", Ich-Identifikation, Ego.
- *buddhi:* Intellekt, Urteilsvermögen, Willens-, Entscheidungskraft, rationales Denken.
- *manas:* das einfache, quasi automatisch-instinktive Denken; Wahrnehmung; Gefühle; hier kommen die Sinneseindrücke an und werden bewusst wahrgenommen.
- *citta:* Unterbewusstsein, Erinnerung, Gedächtnis.

Die Werkstatt des Mentalen

Jeder hat eine eigene Werkstatt seines Mentalen und seiner Gedanken. Ihr liegt das Selbst zugrunde, der innere, unsterbliche Herrscher, der diese Werkstatt erleuchtet. Ebenso wie sich ein Stück Eisen in der unmittelbaren Nähe eines Magneten bewegt, so arbeitet und bewegt sich das Mentale in Gegenwart des inneren Herrschers. Wer dies nicht erkennt und weiß, ist ruhelos und tappt im Dunkeln.

Die Schwingung des feinstofflichen *prāṇa* (Lebensenergie) bewirkt die Gedanken im Denkorgan. So wie ein Henry Ford ganz in seine Arbeit vertieft nur an die Herstellung von Autos dachte, so muss der/die spirituelle Aspirant/in seine/ihre mentale Energie ganz auf Gott, auf die höhere Wirklichkeit, richten und sich vollkommen darauf konzentrieren.

Die mentale Werkstatt ist dir sehr nah und sie ist das Wunder der Wunder. Selbst ein krasser Materialist würde bekehrt, wenn er einen Augenblick seine Augen schließen und ernsthaft über die Arbeit dieser erstaunlichen Werkstatt nachdenken würde.

Zu Beginn der „Kena-upaniṣad" heißt es: „Wer ist der Lenker des Mentalen? Wer gibt diesem Denkprinzip Licht und Kraft?" Dann fährt sie fort: „*Brahman* (das Absolute) ist der Geist alles Geistigen, ist der *prāṇa* der *prāṇa*-s, das Auge der Augen, das Ohr der Ohren."

Welch kühne Philosophie, die den Menschen zu den höchsten Höhen erhebt. Wer sie erfasst hat, lacht über den eitlen Glanz, den leeren Ruhm und das augenscheinliche Wohlleben, über Reichtum und Berühmtheit.

Es gibt also einen Lenker dieser Werkstatt, und die unmittelbare Wahrnehmung dieses Führers, die durch Reinigung des Gemüts, des Denkens und der Psyche, durch Konzentration und Meditation ermöglicht wird, bringt Selbstverwirklichung, Freiheit, Vollkommenheit und Unsterblichkeit.

Ich kann die Wichtigkeit der Selbstverwirklichung nicht eindrücklich genug betonen. Sie allein kann dir anhaltende, von äußeren Umständen unabhängige Glückseligkeit bringen.

Dazu ist eine wichtige Voraussetzung, sich der Existenz Gottes, des *ātman,* des höheren Selbst, bewusst zu sein, der Quelle deiner Gedanken, deines Willens, deiner Erinnerung, der diesem kleinen Denkorgan Licht und Macht gibt. Vergiss das nicht.

Augen und Ohren sind die Torwächter dieser wunderbaren Werkstatt. Sie sind der Weg, der hineinführt. Der Mund führt hinaus. Augen und Ohren bringen über Licht- und Klangschwingungen Stoff zur Verarbeitung in die Werkstatt des Denkorgans und des Gemüts. Zuerst werden diese Schwingungen von *manas* (instinktivem Denken, Wahrnehmung) wahrgenommen. Dann werden sie dem Intellekt (*buddhi*) zugetragen. Dieser setzt sie in Begriffe um, die der äußere Torhüter – das Sprechorgan (*vāg-indriya*) – zum Ausdruck bringt.

Die nach außen orientierten physischen Augen und Ohren sind nichts anderes als Werkzeuge. Die wirklichen Zentren des Sehens und Hörens liegen im Gehirn und im Astralkörper. Sie sind die wahren Sinnesorgane (*indriya*-s). Der Intellekt, *buddhi*, empfängt den Stoff vom „Registrierprinzip" (*manas*) und bringt ihn dem *puruṣa* (Bewusstsein) bzw. *ātman* (Selbst), welcher im Hintergrund bleibt.

Buddhi ist der Premierminister. Er ist als solcher dem *puruṣa* (Bewusstsein, hier dem *ātman* gleichgesetzt) näher als das einfache Denken (*manas*). Das einfache Denkprinzip (*manas*) ist der oberste Angestellte der Werkstatt des Mentalen. Es hat zehn Angestellte, die fünf *jñānendriya*-s (Sinnesorgane), um Neuigkeiten und Tatsachen von außen aufzunehmen, und die fünf *karmendriya*-s (Handlungsorgane), um seine Aufträge auszuführen und in der Welt zu agieren und auf die äußeren Eindrücke zu reagieren.

Buddhi empfängt die Botschaft vom *manas*, wägt ab, entscheidet und beschließt und gibt die Entscheidungen an das *manas* zur Ausführung weiter. Die fünf *karmendriya*-s (Mund, Hände, Füße, Genitalien und After) führen dann die entsprechenden Handlungen aus.

Beispiel: Angenommen, du spazierst durch einen Mangohain mit wunderschönen alten Mangobäumen voller Früchte. *Manas* wird jetzt von verschiedenen Wahrnehmungen und Gedankenmodifikationen bewegt: Zum einen ist da der Wunsch nach einer Mango. Zum anderen das Überlegen, ob eine bestimmte Mango reif und gut ist oder nicht. *Buddhi* kommt zu Hilfe und bestimmt, dass die Frucht gut ist und überlegt, was geschehen müsste, um die Mango zu bekommen. *Buddhi* kann überlegen: Man könnte auf den Baum klettern oder ihn schütteln oder den Gärtner fragen. Inzwischen ist das Ich (*ahaṅkāra*) so involviert, dass es unter allen Umständen eine Mango essen will. Nun gibt *buddhi* dem *manas* und *manas* dem zuständigen *karmendriya* – den Füßen – den Befehl zur Ausführung. Diese tragen dich dann zum Gärtner. *Ahaṅkāra* erwirbt die Mango und isst sie.

Die Eindrücke der Mango bleiben im Denkorgan (im *manas* und im *citta*) und es entsteht eine *vāsanā* (Eindruck). Später kommt der Gedanke des Genusses und des Wohlgeschmacks durch die Erinnerung als feinstofflicher Eindruck hinzu, ruft Gedanken (*saṅkalpa*) hervor und beunruhigt den Menschen so lange, bis er sich wieder eine Mango beschafft.

Dieser Kreislauf von Wunsch, Gedanke und Handlung geht endlos weiter und bindet den Menschen. Wenn ein Eindruck mehrere Male wiederholt und dadurch verstärkt wird, äußert er sich als stärkeres Verlangen. Wenn dieser Eindruck sehr stark geworden ist, kann der Mensch seine diesbezüglichen Impulse nicht mehr beherrschen und wird zu ihrem Sklaven. Das Vergnügen, das aus dem Genuss von irgendetwas gewonnen wird, schafft durch diesen geschilderten Mechanismus Bindung und damit *moha* (Täuschung) – nämlich die täuschende Vorstellung, dass die Befriedigung dieses Wunsches einen glücklich machen wird. Dadurch entsteht Bindung an das jeweilige Objekt und schließlich Frustration und Enttäuschung, weil man immer wieder feststellen wird, dass die Erfüllung des Wunsches zwar vielleicht vorübergehend, aber nicht dauerhaft glücklich macht. Durch die erneute Erfüllung wird der Eindruck im Unterbewusstsein jedoch verstärkt.

Diese Verknotungen kannst du durch Innenschau und die Erkenntnis des wahren Leiters der mentalen Werkstatt auflösen. Wenn du achtsam nach innen gehst und die innere Werkstatt des Mentalen beobachtest, wirst du bestürzt sein, was dort in kürzester Zeit alles abläuft. In der stillen Innenschau kannst du die Eindrücke im Unterbewusstsein erkennen, in denen die verschiedenen Dinge, Erfahrungen, Ereignisse usw. aufgezeichnet sind.

Es gibt verschiedene Bereiche von Gefühlen, Empfindungen, Trieben und Impulsen. Es gibt Hochebenen und Niederungen im Bewusstsein. Neben dem psychisch-emotionalen Bereich sind die Ebenen des Instinkts und des Intellekts, des Bewussten und des Unbewussten vorhanden.

Ein Eindruck erhebt sich als Gedankenwelle und kommt an die Oberfläche des Bewusstseins, um den Menschen zur Tätigkeit zu animieren. Dann tritt der Wille ins Spiel, um einen bestimmten starken Wunsch, der aufgestiegen ist, auszuführen. Hinter ihm stehen die verschiedenen anderen Funktionen wie Erinnerung und *dhāraṇā-śakti* (Konzentration, Urteilskraft und Überlegung). Nachdem der Wille eine Entscheidung getroffen und einen Befehl gegeben hat, tritt die rationale Überlegung auf, um konkrete Entwürfe für das Vorgehen und das Umsetzen des Befehls zu machen. All das kannst du in stiller Innenschau wahrnehmen, wenn der Geist durch Übung und Selbsterforschung schon etwas gereinigt und durchlässig ist. Du kannst auch wahrnehmen, wie die verschiedenen *vṛtti*-s (Gedankenwellen) schnell hintereinander auftauchen wie Akteure auf einer Bühne, wieder abtreten, anderen die Bühne überlassen usw.

Vergiss nicht den Lenker dieser Werkstatt, dein inneres Selbst. Es ist wach und bewusst, selbst wenn die Werkstatt vorübergehend um Mitternacht geschlossen ist. Versuche ihm zu begegnen, indem du deine Gedanken reinigst und regelmäßig Konzentration übst. Entwickle alle deine Potentiale und Denkfähigkeiten und sei erfolgreich im Leben. Der innere Lenker der Werkstatt wird dich führen, sodass du ganz in ihn einzugehen vermagst.

Überlege dir ernsthaft und erkenne, geliebter Freund, geliebte Freundin, wer der glücklichste Mensch auf dieser Erde sein mag – ein reicher Gutsbesitzer oder ein meditierender *yogī*?

Vāsanās (Eindrücke)

Das Summum bonum (höchstes Gut/Ziel) des Lebens ist das Erlangen der Selbsterkenntnis, die Erfahrung des einen Selbst in allem. Selbstverwirklichung ist nicht möglich ohne Aufgeben der *vāsanā*-s. Das Aufhören aller *vāsanā*-s ist Befreiung.

Der feinstoffliche Zustand des Verlangens, der Wünsche, Sehnsüchte usw. wird *vāsanā* genannt. Manche Philosophen bezeichnen mit *vāsanā* ein Bestreben oder eine Neigung. Andere definieren *vāsanā* als „das blinde Hängen an Sinnesobjekten durch intensives Verlangen oder Begehren ohne Überlegung bzw. Nachdenken".

Es gibt zwei Arten von *vāsanā*-s: die reinen (*śubha-vāsanā*-s; *śubha* – recht, gut, erfreulich, wohltuend) und die unreinen (*aśubha-vāsanā*-s).

Die reinen, nicht ego- und wunschgetriebenen *śubha-vāsanā*-s befreien von Wiedergeburten, die unreinen, ego- und reflexgetriebenen *aśubha-vāsanā*-s schaffen Bindung. Sie lassen die Gedanken umherschweifen und bringen im Denkorgan Bewegung, Unruhe und ein Verlangen nach äußeren Objekten hervor.

Die *vāsanā*-s (Wünsche), die in früheren Leben entstanden sind, bleiben auch in zukünftigen Leben latent vorhanden und werden je nach Lebenssituation aktiviert. Wenn reine *vāsanā*-s dem Menschen anhängen, wird er leicht Selbsterkenntnis (*brahma-jñāna*) und Befreiung (*mokṣa*) erlangen. Solange dem Menschen aber zu viele unreine *vāsanā*-s anhaften, bleibt er in dem ewigen Kreislauf gefangen, da sich die *vāsanā*-s nach dem Gesetz von Ursache und Wirkung, Anziehung und Energieausgleich verwirklichen müssen.

Erwacht der Wunsch, mit Weisen zusammen zu sein, sich dem spirituellen Leben und einem höheren Sinn zuzuwenden oder der Wunsch, anderen zu helfen, dann sind dies reine *vāsanā*-s. Barmherzigkeit, Mitgefühl, Liebe, Duldsamkeit, Großzügigkeit, Enthaltsamkeit, Wahrhaftigkeit, Vergebung und Mut sind Beispiele für reine *vāsanā*-s.

Ärger, Lust, Gier, Stolz, Selbstsucht, Heuchelei, Täuschung, Eifersucht und Hass sind Beispiele für unreine, egozentrierte *vāsanā*-s. Oder auch die ständige Sehnsucht nach äußeren Ablenkungen und Vergnügen, danach, sich mit unlauteren Mitteln Besitz anzueignen, zu enge persönliche Anhaftung an einen Menschen u. ä.

Zu den *aśubha-vāsanā-s* zählen auch der Wunsch nach Namen und Ruhm, nach Ehre und Achtung, Macht und Stellung *(loka-vāsanā)*, der Wunsch, mit seiner Gelehrsamkeit und Kenntnis der Schriften zu brillieren und als berühmter Schriftgelehrter zu gelten *(śāstra-vāsanā)* und die starke Fixierung auf den Wunsch, schön und stark zu sein, lange zu leben und gut zu essen *(deha-vāsanā)*.

In ihren unzähligen Ausprägungen binden all diese den Menschen an *saṃsāra* (Kreislauf von Tod und Wiedergeburt) und bringen ihn immer wieder von neuem in die relative Existenz zurück. Ist eine *vāsanā* sehr übermächtig, so wird sie sich nach dem natürlichen Gesetz von Anziehung und Abstoßung, von Ursache und Wirkung früher oder später manifestieren, in diesem oder einem späteren Leben. *Vāsanā* und der Strom des *prāṇa* (Lebensenergie) sind die beiden Samen des Mentalen. Ein kleiner Same bringt einen großen Baum hervor und der Baum erzeugt wieder Samen. Auf die gleiche Weise entsteht die Schwingung des *prāṇa* durch *vāsanā*, und *vāsanā* wirkt durch die Bewegung des *prāṇa*. Wenn eines von beiden aufhört, vergehen beide kurz darauf.

Die *vāsanā*-s sind von sehr feinstofflicher Art. Ebenso wie Keim und Blüte im Samen vorhanden sind, liegen auch die *vāsanā*-s schlafend, latent im Herzen. Sie bringen die *saṃskāra*-s in Bewegung. Hieraus entsteht die Erinnerung an Vergnügen und bestimmte Erfahrungen. Durch diese Erinnerung erwacht das Verlangen, das die Sinne zusammen mit ihrem Führer, dem Denkorgan, in Tätigkeit setzt. Der Mensch unternimmt Anstrengungen, um die gewünschten Gegenstände zu bekommen und sie zu genießen. All dies läuft in kürzester Zeit ab.

Die *vāsanā*-s als Ursache äußerer Erfahrungen hören für einen Moment auf, wenn ein Wunsch befriedigt ist. Wenn *vāsanā*-s dauerhaft enden, vergeht auch der Gedanke daran und alles andere, was mit dieser Kette zusammenhängt. Daher überwinde, transformiere und sublimiere die *vāsanā*-s, die der Selbsterkenntnis (*ātma-jñāna*) und Unsterblichkeit entgegenstehen. Dabei ist es auch hilfreich, die Relativität der *vāsanā*-s zu erkennen: Etwas, was du jetzt als angenehm empfindest, ruft in einer anderen Situation oder zu einem anderen Zeitpunkt das Gegenteil hervor oder ist dir gleichgültig. Dinge, nach denen man sich sehnt, erscheinen dem Geist als erfreulich. Verspürt man keinen Wunsch danach, empfindet man sie als bitter.

Unter dem Einfluss der *vāsanā*-s kann man nicht zwischen dem Wirklichen und Unwirklichen, dem wirklich Wichtigen, Unvergänglichen, und dem sich ständig verändernden Strom der Gedankenwellen unterscheiden. Das Verständnis ist überschattet und man sehnt sich wahllos nach sinnlichen Gegenständen. Der Mensch vergisst unter dem übermächtigen Einfluss der *vāsanā*-s alle möglichen Folgen und lässt sich immer wieder von ihnen fortreißen. Seine Vorsätze und seine Erinnerung lassen ihn im Stich und er wiederholt die gleichen sinnlichen Handlungen immer und immer wieder. Im Griff der *vāsanā*-s kann der Intellekt nicht richtig arbeiten und das klare Denken und die Unterscheidungskraft gehen verloren. Die *vāsanā*-s werden immer dichter und stärker, wenn man äußere Vergnügungen wiederholt. Dadurch nehmen die Täuschung und Verblendung zu.

Wer ohne Reflexion ganz den *vāsanā*-s unterworfen ist, begeht unreine Handlungen, ist selbstsüchtig und stolz. Irregeleitete, schädliche Entschlüsse wachsen in seinem Kopf; sinnliche Vergnügungen sind sein einziges Lebensziel. Solche Menschen versuchen z. B. mit unlauteren Mitteln reich zu werden, um ihre Wünsche zu befriedigen, und sind in einem Netz zahlloser Hoffnungen und Erwartungen verstrickt. Sie sind oft gierig und reizbar. Sie neigen zu Heuchelei, Ärger, Betrug und Unehrlichkeit und suchen Anerkennung in der Welt. All das endet in endloser Enttäuschung und Frustration.

Niemand kann der ganzen Welt gefallen. Einige werden dich loben, andere werden dich verurteilen. Darum sei ausgeglichen und sowohl über Anerkennung als auch Kritik erhaben. Nur wenn du den Zustand des *nir-vāṇa* erlangt hast, wirst du wirklich und dauerhaft voller Frieden und Freude sein. Die Menschen reden selbst über die Gottheiten Böses. Wenn sie etwas Derartiges tun, was kann man dann von ihnen in Bezug auf ihre Behandlung anderer Menschen erwarten? Ein Weißer lehnt einen Dunkelhäutigen ab und umgekehrt. Ein Protestant mag keinen Katholiken und umgekehrt. Dem Menschen ist das Bestreben eingeboren, seinen eigenen Geburtsort, sein eigenes Land, seine Familie, Verwandten, Religion und Sprache zu loben und die anderen zu kritisieren. Dies ist eine Engstirnigkeit, die der Unwissenheit entstammt. Wenn sich das Herz durch spirituelle Entwicklung weitet, wenn man mehr Selbsterkenntnis gewinnt, vergehen diese unreflektierten, engstirnigen *vāsanā*-s.

Auch zu genaues Wörtlich-Nehmen heiliger Schriften kann zu einem unreinen *vāsanā* werden. Denn *ātman* und Gott sind nicht in Büchern zu finden. Um sie zu verwirklichen, muss man einen praktischen spirituellen Weg gehen. Das Leben ist kurz, die spirituellen Bücher sind endlos lang. Nimm das Wesentliche daraus, das zu dir passt, und verwirkliche es. Wenn man *ātman*, Gott, verwirklicht hat, sind die Veden und andere Schriften nicht mehr notwendig und nicht mehr von Nutzen. Man kann sie aber jahrzehntelang und viele Leben lang studieren, ohne den *ātman* zu verwirklichen. Übertriebener Gelehrtenstolz ist eine unreine *vāsanā*, die dem Erlangen der Erkenntnis im Weg steht. Sie versteift die Selbstbezogenheit und verdichtet den Schleier der Unwissenheit.

Die *vāsanā*-s üben einen ungeheuren Einfluss auf die Gedanken des Menschen aus. Sie überwältigen ihn und machen ihn zu einem hilflosen Opfer und Sklaven. Sie sind stärkere Rauschmittel als Alkohol und Opium, deren Wirkung nur einige Stunden lang anhält, während die Wirkung der *vāsanā*-s zahllose Jahre und Leben dauert. Sie werden von Geburt zu Geburt getragen und bleiben so lange bestehen, bis Selbsterkenntnis gewonnen ist.

Die Gedanken bringen Bindung oder Freiheit hervor. Ein Denken, das mit unreinen *vāsanā*-s erfüllt ist, schafft Fesseln, weil es an Wünsche etc. bindet, während ein Denken ohne *vāsanā*-s Freiheit bringt. Wenn die *vāsanā*-s ganz aufhören, hören auch die Gedankenwellen auf. Wenn du frei von Gedanken bist, erwacht die Intuition und Weisheit. Dann genießt du unbeschreiblichen Frieden. Das Denken gleicht einem Leinentuch: Färbst du es mit gelber Farbe, erscheint es gelb; färbst du es mit roter Farbe, erscheint es rot. Sattwige, reine *vāsanā*-s geben dem Denken eine weiße Farbe, rajasige *vāsanā*-s eine rote und tamasige eine dunkle. Wie die *vāsanā*-s, so das Denken.

Solange die Gedanken nicht durch Meditation über das Selbst zur Ruhe gekommen sind, werden dich die *vāsanā*-s nicht verlassen. Sie kommen immer wieder von neuem auf und führen eine Art Guerillakrieg in dir. Manchmal kommen sie durch die Vordertür als direkte Sinneseindrücke, manchmal durch die Hintertür als *saṃskāra*-s (Eindrücke im Unterbewusstsein) und ein anderes Mal durch die Fenster der Augen. Sei wachsam, nimm ihre Gegenwart wahr und die Weise, durch die sie eintreten.

Wenn deine Gedanken frei sind von unreinen *vāsanā*-s, wirst du trotz vieler Hindernisse und widriger Umstände ausgeglichen sein. Die Gedanken werden ruhig und heiter, wenn die *vāsanā*-s ausgedünnt sind. Sie vergehen durch Nichtanhaften, Unterscheidung, Beherrschung der Sinne, die grundlegende existenzielle Frage „Wer bin ich?" und durch Meditation.

Die unreinen *vāsanā*-s dauern an und leisten Widerstand. Sie verstecken sich auf geheimnisvolle Weise in den Ecken des Denkorgans und ändern ihre Form wie ein Chamäleon. Unter dem Druck von Yogaübungen und spiritueller Disziplin werden sie eine Zeitlang beherrscht und scheinen verschwunden zu sein. Wenn deine Meditation aber nicht regelmäßig ist und deine Aufmerksamkeit abnimmt, setzt die Gegenreaktion ein und sie melden sich mit doppelter Kraft zurück.

Schärfe deinen Intellekt und deine Wahrnehmung, sodass du ihre Gegenwart bemerkst. Diese nach außen orientierten *vāsanā*-s sind durch Erfahrung in vielen tausend Lebensformen entstanden. Darum haben sie eine große Kraft. Durch beständige, regelmäßige spirituelle Praxis wie *japa*, *kīrtana*, Meditation, Selbsterforschung, Unterscheidung, Enthaltsamkeit, Beherrschung der Gedanken und Atemübungen werden sie allmählich schwächer, werden transformiert und sublimiert oder lösen sich auf.

Zu Beginn der spirituellen Praxis herrscht ein Kampf zwischen den reinen und unreinen *vāsanā*-s. Die Natur der Gedanken hängt von der Art der *vāsanā*-s ab. Entstehen negative, destruktive Gedanken in dir, dann befinden sich gerade unreine *vāsanā*-s an der Oberfläche. Sind die reinen *vāsanā*-s mächtiger, werden *sie* den Sieg davontragen. Darum richte deine Anstrengungen zu Anfang darauf, die reinen *vāsanā*-s mit allen Mitteln zu stärken. Wenn sich Schüler beklagen, dass sie schon jahrelang meditieren, ohne gute Konzentration oder Frieden erlangt zu haben, dann haben sie diejenigen *vāsanā*-s nicht sublimiert, die Feinde von Frieden und Meditation sind.

Bei einem *sādhaka* – einem Aspiranten/einer Aspirantin, der/die auf dem spirituellen Weg gefestigt und regelmäßig ist – steigen nur gelegentlich etwaige unreine *vāsanā*-s auf. Durch die Macht der spirituellen Praxis und die starke Willenskraft werden sie abgeschwächt und ausgedünnt. Bei einem *jīvan-mukta* (in diesem Körper Befreiten) sind sie in einem verdorrten Zustand.

Eine Unterdrückung der *vāsanā*-s ist nicht hilfreich. Sie müssen insgesamt transformiert und sublimiert und so gänzlich zum Verschwinden gebracht werden, ähnlich wie man die giftigen Zähne der Kobra ausreißen muss, um sie harmlos zu machen. Es ist nicht einfach, die *vāsanā*-s unschädlich zu machen. Mit dynamischer Bestimmtheit und starkem Willen kannst du sie aber schnell transformieren. Wandle die unreinen *vāsanā*-s durch andauerndes Bemühen, Hinterfragen und Unterscheidungskraft in reine um. Ändere den Strom der unreinen *vāsanā-s*, sodass sie im Kanal der reinen *vāsanā*-s weiterfließen.

Aber selbst wenn du viele reine *vāsanā*-s hast, sind auch diese letztendlich goldene Fesseln. So wie man einen Dorn mit Hilfe eines anderen herausziehen kann und anschließend beide wegwirft, so wandelt man zuerst die unreinen *vāsanā*-s mit Hilfe der reinen um. Dann arbeitet man daran, auch die reinen *vāsanā*-s auszudünnen und aufzugeben. Selbst der reinste Wunsch – der Wunsch nach Befreiung (*mokṣa vasana)* – muss am Ende vergehen. Erst dann hört die Dualität auf und du wirst „Das".

Wessen Herz von allen *vāsanā*-s frei ist, ist der glücklichste Mensch in dieser Welt. Er ist ein *jīvan-mukta.* Im *jīvan-mukta* (im Leben Befreiten) existieren die reinen *vāsanā*-s wie verdorrte Samenkörner. Sie können keine Wiedergeburten mehr bewirken. So wie *vāsanā*-s während des Tiefschlafs in einem Samenzustand bestehen, sind einige reine *vāsanā*-s, verbunden mit der sattwigen Erkenntnis aus reiner Meditation über das Selbst, weiter im *jīvan-mukta* vorhanden. Ein Rest bleibt latent vorhanden, solange der Körper besteht. Allmählich schwinden auch die reinen *vāsanā*-s, mit denen der Befreite die Gegenstände dieser Welt wahrnimmt.

In *brahman* und dem Selbst gibt es keine *vāsanā*-s. Das Selbst ist immer rein, ohne Geschlecht, ohne Leidenschaft, ohne Körper und Gedanken. Auch ohne Sinne und ohne *prāṇa*. Durch beständige Meditation über dieses *brahman* vergehen alle *vāsanā*-s. Unreinheit kann vor Reinheit nicht bestehen. Das Positive besiegt das Negative. Das ist das unveränderliche Gesetz der Natur.

Überwinde das relative, ichzentrierte Denken, indem du die *vāsanā*-s auslöschst und bleibe unbeirrt auf *sac-cid-ānanda-brahman* konzentriert. Erlange und genieße das unvergängliche Absolute von höchstem Frieden, nie endender Freude und ewiger Glückseligkeit.

Von allen Werkstätten der Welt ist der Körper die wunderbarste, denn er ist die Werkstatt Gottes und nicht von Menschen gemacht. In dieser erstaunlichsten Werkstatt werden *vāsanā*-s in Wünsche verwandelt, werden unreine *vāsanā*-s transformiert, reine *vāsanā*-s bewirkt und Gedanken erzeugt. Am Ende wird der kostbarste Artikel (*vastu*) von unschätzbarem Wert – der „Nektar" der *brahman*-Erkenntnis – gewonnen.

Beherrschung der Gedanken

Lerne die Gewohnheiten und Art und Weise deiner Gedanken kennen; dann wirst du sie mit Leichtigkeit beherrschen und Willen, Gedächtnis und Denken entwickeln. Eine der wesentlichsten Angewohnheiten der Gedanken ist ihr Herumwandern. Sie können nicht an einem Punkt bleiben. Darin gleichen sie der Luft. Das Denken ist voller Unruhe. Es ist ungestüm, stark und schwer zu bändigen.

caṃcalaṃ hi manaḥ kṛṣṇa pramāthi balavad dṛḍham ।
tasyāhaṃ nigrahaṃ manye vāyoriva suduṣkaram ॥

„Der Geist ist wahrlich ruhelos, ungestüm, stark und unnachgiebig, o Kṛṣṇa, ihn zu kontrollieren erscheint mir ebenso schwierig, wie den Wind zu kontrollieren.“ [BhG 6.34]

Śrī-kṛṣṇa beschreibt in der „Bhagavad-gītā“ mit symbolischen, doppelsinnigen Begriffen, wie die Gewohnheit der wandernden Gedanken gezügelt werden kann. Sublimierung von Begierden und Beherrschung der *indriya*-s (Sinnesorgane) sind die ersten wesentlichen Stufen der Gedankenkontrolle. Das Begehren – alle möglichen Wünsche und Vorstellungen davon, was man braucht oder möchte – macht die Gedanken ruhelos. Die *indriya*-s laufen den Gegenständen nach und das Denken folgt den *indriya*-s wie der Hund seinem Herrchen oder Frauchen.

Die Gedankenschwingungen zerstreuen sich in die Objekte. Normalerweise richten sich alle mentalen Strahlen auf Erwerb, Besitz und Genuss von äußeren Vergnügen. Der kleine Mensch (*jīva*) fällt in die Maschen und Netze der Gedanken und der trügerischen *indriya*-s. So gibt er allen Einflüsterungen und Gedanken nach, die ihm erfreuliche Empfindungen suggerieren, sei es Genuss für die Zunge oder sexuelle Befriedigung oder etwas anderes. Wenn du dieses Herumwandern der Gedanken einstellen willst, entsage dem Verlangen und beherrsche die *indriya*-s. Dann wirst du in Konzentration und Meditation, in der Willens-, Gedächtnis- und Gedankenschulung erfolgreich sein. Rechte Meditation stellt sich nach der inneren Reinigung ein.

Lasse innerlich die verschiedensten Wünsche dieser Welt los und halte die Gedanken im Zaum. Ohne diese parallele Gedankenarbeit ist Meditation schwierig, etwa so, als wolle man einen wilden Elefanten mit einem Seidenfaden anbinden.

Kṛṣṇa lehrte, dass alles Verlangen, das vom Denken aus der Phantasie geholt wird, ohne Einschränkung aufgegeben und sämtliche Sinneswahrnehmungen gezügelt werden sollen.

Mit Hilfe einer standhaften Vernunft wird dein Sinnenleben immer ruhiger, die Gedanken werden immer weniger nach außen zu den Gegenständen gezogen.

Wenn dein Denken im Selbst ruht, sollte es sich mit nichts anderem beschäftigen. Wenn die Gedanken anfangen zu schweifen und zu wandern, zügele sie und bringe sie zurück zum Konzentrationspunkt und zum inneren Selbst. Die Früchte, die aus dieser Übung hervorgehen, sind höchste Freude und Frieden.

Auch bei ernsthaften *sādhaka*-s (Übenden auf dem spirituellen Weg) verstecken sich gewisse Wünsche weiterhin im Denkorgan. Wenn die Achtsamkeit nachlässt oder die äußeren Umstände günstig sind, kommen sie an die Oberfläche.

Die „Bhagavad-gītā" sagt, dass das Verlangen von jeder Seite gezügelt werden soll. Beherrschung von einem *indriya* allein genügt nicht. Arbeite daran, alle *indriya*-s von jeder Seite her zu beherrschen. Auch dies ist ein wichtiger Punkt. Diese Übung ist am Anfang und eine ganze Weile lang schwierig und mühsam. Lasse dich nicht entmutigen, sondern warte geduldig auf die Ergebnisse. Sie werden sich bei beständigem Üben einstellen.

Konzentration und Meditation

Manche Menschen üben stoßweise, z. B. drei Monate lang sechs Stunden am Tag. Wenn sie feststellen, dass sie keine greifbaren Erfolge in Form von Kräften (*siddhi*-s) erlangt haben, geben sie das Üben auf. Das ist nicht richtig. Deshalb sagt Śrī-kṛṣṇa: „Übe nach und nach und bleibe im Üben standhaft."

Abhyāsa (Übung) bedeutet, dass man die Gedanken immer wieder zu dem einen Punkt zurückbringt, auf den sie fixiert und konzentriert sind. *Dhāraṇā* ist Konzentration der Gedanken auf einen Punkt. Wenn du dies erreicht hast, ist der Zustand der Einpünktigkeit, der vollkommenen Fokussierung (*ekāgratā*) erlangt. Dann ist nur noch ein einziger Gedanke vorhanden.

Für den Anfänger ist das Thema der Konzentration unerfreulich und ermüdend. Dennoch ist es das wichtigste und segensreichste der Welt. Wenn du in der Konzentration vorankommst, dich wirklich dafür interessierst und erste positive Erfahrungen und Wohltaten erfahren hast, willst du die Übung nicht mehr aufgeben. Nicht einmal einen Tag lang kannst und willst du dann ohne Konzentration bzw. Meditation bleiben; du bist unruhig, bis du dich hinsetzt und meditierst.

Konzentration bringt höchste Freude, innere geistige Kraft, nie endende Glückseligkeit und ewigen Frieden. Sie führt zu tiefer Erkenntnis und Innenschau, zu Intuition und Vereinigung mit Gott. Dies ist ein wunderbares Wissen, unvergleichlich in den drei Welten.

BEISPIEL: Konzentration auf einen Stuhl bedeutet, dass man den Stuhl, seine verschiedenen Teile, das Holz, aus dem er hergestellt ist, seine Verarbeitung, seine Haltbarkeit, seine Kosten, die Bequemlichkeit beim Sitzen usw. genau kennenlernt und sich gedanklich nur damit beschäftigt. Bei dieser Konzentration richten sich alle Gedanken auf den Stuhl.

Meist aber wandert das Denken willkürlich von einem Gegenstand zum nächsten, zum dritten und so fort, gleich einem Affen. Immer arbeitet das Gesetz der Assoziation. Du magst an ein bestimmtes Buch denken, dann fällt dir das Bücherregal in der Bibliothek ein, von dem du es genommen hast, dann der Freund, den du auf dem Rückweg von der Bibliothek getroffen hast. Nun denkst du an die Bahn, mit der du gefahren bist, dann weiter an Reisen, die Alpen, an Pinien usw. All dies geschieht in einem einzigen Augenblick. Die Gedanken arbeiten und bewegen sich mit unvorstellbarer Schnelle. Sie fangen einen Gegenstand, stellen etwas fest, verlassen dann diesen Gegenstand und springen zum nächsten über. Es mag auch hierin eine Art von Konzentration liegen, wenn diese auch keine Kontinuität besitzt.

Wirkliche Konzentration herrscht erst, wenn die Gedanken in einem Strom unaufhörlich zu einem einzigen Thema fließen, wie Öl von einem Gefäß zum anderen oder der anhaltende Klang einer Kirchenglocke. Der/die Übende sollte seine Gedanken zurückholen, sobald sie ausweichen, und wieder in den gleichen Strom, in den gleichen Denkvorgang bringen, der sich mit einem einzigen Subjekt und einer einzigen Idee beschäftigt. Dies ist der Übungsweg der Konzentration und Meditation.

Der Erfolg darin führt zu *samādhi*, dem Zustand des Überbewusstseins, der vierten Dimension, *turīyā*.

Zunächst ist das Hauptziel, die Bewegungen der Gedanken zu begrenzen und sie immer und immer wieder auf einen Punkt, einen Gegenstand zu lenken. Wenn dann auch dieser eine Gedanke vergeht, ist *samādhi* erreicht. Das Mentale ist dann rein, leer, unbewegt. Über diesen Zustand der Gedankenlosigkeit muss man sich dann noch erheben und sich mit dem höchsten *puruṣa* oder *brahman* identifizieren. Es ist der schweigsame Zeuge des Mentalen, das diesem Kraft und Liebe gibt. Erst dann erlangst du das höchste Ziel des Lebens. Nun hören alle relativen Schwankungen und Empfindungen der Psyche und des Denkens auf.

Das Mentale ist nicht selbstleuchtend wie der *ātman* oder der höchste Geist, aus dem das Selbst hervorgeht. Es erscheint in geborgten Federn. Es gleicht einem Glühwurm in der Regenzeit. Der *ātman* ist aus sich selbst heraus strahlend, die Sonne der Sonnen, das Licht der Lichter. Er ist das höchste Licht, das ewige Licht, der Glanz aus eigener Quelle.

Noch einmal zurück zur Konzentration: Wenn du an einen Gegenstand denkst, beziehe alles ein, was mit ihm in Verbindung steht, nicht aber andere Objekte. Zuerst kannst du jeden Gegenstand zur Konzentration nehmen, der dir angenehm ist. Später kannst du auch einmal zur Übung einen unerfreulichen Gegenstand nehmen und immer und immer wieder Interesse für diesen wachrufen.

Vergiss niemals den Grundsatz: „Ein Ding zu seiner Zeit und dieses gut getan" ist eine wichtige Regel. Sei an jeder Arbeit, die du beginnst, mit ganzem Herzen, mit ganzem Denken und ganzer Seele beteiligt. Verrichte sie mit vollkommener Konzentration. Wofür andere sechs Stunden brauchen, kannst du dann in einer halben Stunde erledigen. Mit ernsthaftem, nicht nachlassendem Bemühen wirst du dorthin kommen. Verliere nicht den Mut. Es ist nur eine Frage der Zeit, aber setze die Übung keinen einzigen Tag aus, auch nicht dann, wenn du krank bist. In deinem Versagen liegt das Geheimnis deines Erfolges, in deiner Schwäche das Geheimnis deiner Stärke. Gehe weiter, sei kühn, voller Mut und heiter. Eine herrliche Zukunft erwartet dich.

Yoga der Selbstdisziplin

Für einen Weisen ist es natürlich, die Sinne zurückzuhalten. Er braucht nicht mehr zu üben, sein Bewusstsein von den Sinneswahrnehmungen zu abstrahieren, da er ganz automatisch und natürlich als reiner Beobachter im Bewusstsein verankert ist.

Nur ein/e Schüler/in muss am Anfang üben, die Sinne unter Kontrolle zu halten. Da die Sinne an sich nichts unabhängig vom Geist ausführen können, ist die Beherrschung der Gedanken notwendig, wenn du Erfolg in der Disziplin der Sinne erlangen willst – also bis zu dem Punkt, wo du die Gedanken willentlich von den Sinnen zurückziehen kannst.

Du kannst die Sinne auch ohne tiefergehende Kenntnis von den Gegenständen abziehen, wenn du sie beobachtest und nicht sofort instinktiv auf jeden Reiz reagierst. Du kannst das Beobachten z. B. üben, wenn du krank bist und deine Sinne ohnehin geschwächt sind.

Die Sinne können selbst die Gedanken eines Weisen gewaltsam fortziehen, auch wenn er Unterscheidungsfähigkeit besitzt und in der Selbstdisziplin schon weit vorangeschritten ist. Die subtilen Samen der Neigungen bleiben lange fortbestehen und können durch entsprechende Reize oder Situationen wieder aktiviert werden, selbst wenn man sie überwunden glaubt.

Beispiele und Analogien

- Obgleich der Weise Viśvāmitra strengste Enthaltsamkeit übte, wurde er von seinen stürmischen Sinnen fortgetragen, als er der von Indra gesandten himmlischen Nymphe begegnete.

- Ein König genießt Frieden, wenn er zuerst die äußeren Tore seines Palastes und dann die inneren schließt. Nun können ihm Diebe oder Angriffe keinen Schaden und keine Sorgen mehr zufügen.

Auf gleiche Weise schließt der *yogī*/ die *yoginī* die äußeren Tore des Körperpalastes, indem er/sie sich von den Außeneindrücken abwendet. Dann schließt er das innere Tor, das instinktive Denken, das mit vielfältigen Eindrücken von Aktivitäten und Erinnerungen erfüllt ist. Das „Verschließen" geschieht durch Gelassenheit und Verzicht, durch Nichtanhaften und Loslassen. Nun ruht er/sie in seinem/ihrem eigenen seligen, unsterblichen Selbst und genießt den höchsten Frieden.

- Wie ein Kind im Schoß der Mutter vollkommene Geborgenheit und Frieden empfindet, so kann auch der/die Schüler/in bleibenden Frieden und vollkommene Herrschaft über seine/ihre Sinne finden, wenn er/sie sich ganz Gott anvertraut. Daher sagt Śrī-kṛṣṇa in der „Bhagavad-gītā“ zu Arjuna: „Beim Zurückhalten der Sinne sollte der Mensch standhaft auf Mich, Gott, gerichtet sein. Ein festes, ausgeglichenes Wissen hat, wer seine Sinne beherrscht.“ [BhG 2.61]

- Die Sinne haben nach außen gehende Neigungen. Darum drängen sie den Unwissenden zu den äußeren Dingen. Der Schüler aber, der über Unterscheidung und Leidenschaftslosigkeit verfügt, zügelt dieses Bestreben, holt die stürmischen Sinne wieder zurück und gelangt zum Ort der Unsterblichkeit. So gleicht er dem Wagenlenker, der seine wilden Pferde zügelt und seine Bestimmung sicher erreicht. Wenn er/sie seine/ihre Sinne vollkommen von den Objekten der Sinneswahrnehmung zurücknimmt – so wie die Schildkröte ihre Glieder von allen Seiten zurückzieht –, wird seine/ihre Erkenntnis fest gegründet und sein/ihr Wissen ausgerichtet und ausgeglichen.

- Der ausschließliche Gedanke an oberflächliche, vergängliche Vergnügen ist die Quelle von latenter Unzufriedenheit und Getriebenheit des Menschen. Die Beherrschung der Sinne hingegen führt zu Frieden und Glück.

Konzentrationsübungen

ÜBUNG 1: Richte die Gedanken fest auf ein äußeres oder inneres Objekt. Halte sie dort einige Zeit lang unbeweglich. Dies ist Konzentration; übe sie täglich.

ÜBUNG 2: Zuerst reinige dein Denken durch rechtes Verhalten, dann beginne mit der Konzentration. Ohne einen gewissen Grad an Reinheit des Mentalen ist Konzentration schwierig bzw. oft nicht zielführend. Es gibt Menschen, die eine starke Konzentration, aber keinen guten Charakter besitzen. Dies ist der Grund dafür, warum sie im spirituellen Leben nicht vorwärtskommen.

Wer eine feste Haltung einnimmt, wer Körper und Energiesystem durch regelmäßige Atemübungen gereinigt hat, wird sich leicht konzentrieren können. Die Konzentration wird verstärkt, wenn man alle Zerstreuungen weitgehend ausräumt. Ein enthaltsamer Mensch, der seine Energie bewahrt, besitzt wunderbare Konzentration. Manche Schüler versuchen Konzentration zu üben, ohne parallel an ihrer Ethik, ihrem Verhalten zu arbeiten. Dies ist ein ernsthafter Fehler. Ideal ist es, wenn die Arbeit am eigenen Verhalten mit dem Üben von Konzentration und Meditation einhergeht. Dann ergänzen sich beide und bringen dich in deiner spirituellen Entwicklung schnell voran.

Achtsamkeit und wache Aufmerksamkeit spielen dabei eine sehr große Rolle. Wer die Fähigkeit der Aufmerksamkeit entwickelt hat, wird sich gut konzentrieren können. Wer von Leidenschaften und allen Arten von Fantasiewünschen erfüllt ist, kann sich kaum auch nur für einen Augenblick auf einen Gegenstand oder Menschen konzentrieren. Seine Gedanken springen wie ein Affe umher.

Beispiel: Ein Wissenschaftler entdeckt durch Konzentration seiner Gedanken viel Neues. Er öffnet die Tore des Denkens und dringt in die höheren Ebenen des Mentalen ein. Hier erlangt er tiefere Erkenntnis. Er konzentriert seine ganze geistige Energie auf einen Brennpunkt, auf das, was er gerade erforscht oder analysieren will. Parallel zur wissenschaftlichen Beschäftigung mit der Sache findet er durch intensive Konzentration intuitiv ihr Geheimnis.

Vorschläge für Konzentrationsübungen

- Übe, einen Gegenstand klar zu visualisieren, auch wenn du ihn physisch nicht vor Augen hast. Trainiere so lange, bis du das mentale Bild jederzeit aufrufen kannst. Dies wird dir bei guter Konzentration ohne Schwierigkeit gelingen.

- Im Anfangsstadium kannst du dich auf das Ticken einer Uhr, auf das Licht einer Kerze oder auf jeden anderen Gegenstand konzentrieren, der für dich angenehm ist. Zu Beginn ist die Konzentration auf einen Gegenstand, den du magst, leichter als auf einen, den du nicht magst.

- Setze dich wenn möglich in *padmāsana* (Lotossitz) oder eine andere Sitzhaltung mit gekreuzten Beinen. Richte den Blick bei geschlossenen oder halb geschlossenen Augen fest auf die Nasenspitze. Mache keine gewaltsamen Anstrengungen, sondern gehe sanft vor und übe am Anfang nur eine Minute lang. Verlängere die Zeit allmählich auf eine halbe Stunde oder mehr. Diese Übung festigt die Gedanken und entwickelt die Kraft der Konzentration. Du kannst sie auch im Gehen ausführen.

- Setze dich in den Lotossitz und übe, deinen Geist auf die Stelle zwischen den Augenbrauen zu fixieren. Konzentriere dich sanft, ohne Gewalt, etwa eine halbe Stunde lang, vielleicht sogar länger. Auch diese Übung beseitigt die Unruhe der Gedanken und entwickelt die Konzentration. Man nennt sie den „frontalen Blick". Du kannst zwischen dem nasalen und dem frontalen Blick wählen, je nachdem, was sich besser für dich anfühlt und dir leichter fällt.

- Wenn du deine Konzentrationskraft verstärken willst, versuche, deine weltlichen Aktivitäten etwas zu verringern. Du kannst überlegen, womit du unnütz Zeit verbringst, die du für Konzentration und Meditation verwenden kannst. Es wäre gut, wenn du jeden Tag zwei Stunden oder länger schweigen kannst.

- Übe Konzentration, bis die Gedanken ganz fest auf den Gegenstand der Konzentration gerichtet sind. Wenn sie davonlaufen, bringe sie wieder zurück, immer und immer wieder. Ist die Konzentration tief und intensiv, dann können alle anderen Sinne ganz von selbst nicht arbeiten. Wer täglich drei Stunden lang Konzentration übt, wird ungeheure psychische Kräfte erwecken und eine starke Willenskraft entwickeln.

Es gibt Geschichten in den indischen Schriften, wo jemand so konzentriert bei seiner Arbeit war, dass er eine große Gesellschaft nicht bemerkte, die direkt vor seinem Laden vorbeizog. So tief muss die Konzentration sein, wenn die Gedanken auf Gott gerichtet sind. Dann darf es nur den Gedanken an Gott und an Gott allein geben.

Zweifellos braucht es einige Zeit und manchen Kampf, bis die Konzentration auf einen einzigen Gedanken erreicht ist. Ärgere dich nicht, wenn die Gedanken während der Übung woanders hinwandern, sondern bringe sie langsam zur Konzentration zurück. Mit wiederholter Übung werden sie schließlich in deinem Herzen, deinem Selbst, ihren Brennpunkt finden. Anfangs werden die Gedanken sich vielleicht sehr häufig zerstreuen – nimm an achtzig Mal. Innerhalb von sechs Monaten werden es vielleicht siebzig Mal, nach einem Jahr fünfzig Mal, nach zwei Jahren dreißig Mal sein. Nach fünf Jahren werden sie vollkommen fixiert sein auf das göttliche Bewusstsein. Dann werden sie immer konzentriert sein. Der Geist ist wie ein Büffel, der gewohnt ist, Gras von den Wiesen verschiedener Bauern zu fressen. Wenn man ihn einmal auf einer Weide einzäunt, zähmt man ihn allmählich und irgendwann kaut er an seinem Platz ruhig Gras und Heu.

Trāṭaka (einpünktiges Fixieren eines Punktes)

Das feste Fixieren eines bestimmten Punktes oder Gegenstandes, ohne dabei zu blinzeln, wird *trāṭaka* genannt. *Trāṭaka* ist zwar auch eine der sechs Reinigungsübungen des *yoga*, entwickelt aber vor allem die Konzentration und Zielgerichtetheit der Gedanken. *Trāṭaka* ist eine sehr wirksame Methode, um die Gedanken zu beherrschen.

Śrī-ramaṇa Maharṣī, der bekannte *jñānī* aus Tiruvanamalai, pflegte jeden Tag lange fest auf eine Wand zu starren oder von der Veranda aus unbeweglich die Hügel oder den Himmel zu fixieren. Auf diese Weise hielt er seine Gedanken stets im Gleichgewicht, ohne jemals zerstreut zu sein, auch wenn direkt neben ihm gesprochen wurde.

Visualisierungs- und Augenübungen

Von den folgenden *trāṭaka*-Übungen kannst du diejenige auswählen, die dir am geeignetsten erscheint. Um ihre positiven Wirkungen zu erfahren, musst du sie regelmäßig ausführen.

1. Stelle ein Bild vor dich hin – am besten das Bild eines/einer Heiligen oder Weisen. Blicke beständig darauf, ohne zu blinzeln. Schau zuerst den Kopf an, dann den Körper, die Arme und die Beine. Wiederhole das ganze mehrmals. Sobald sich deine Gedanken beruhigen, blicke nur noch auf einen einzelnen Punkt. Bewege dich nicht und blinzle nicht, bis die

Augen leicht zu tränen beginnen. Dann schließe die Augen und stelle dir das Bild in Gedanken vor.

2. Fixiere einen schwarzen Fleck an einer weißen Wand. Oder male ein schwarzes Zeichen auf ein weißes Blatt Papier und hefte es an die Wand. Blicke eine Zeitlang unverwandt auf diesen schwarzen Punkt.

3. Zeichne ॐ (*oṃ*) auf ein Blatt Papier und halte es vor dich. Übe damit *trāṭaka* wie oben beschrieben.

4. Setze oder lege dich auf eine offene Terrasse und blicke fest auf einen hellen Stern oder den Vollmond. Nach einiger Zeit wirst du verschiedene Lichtfarben sehen. Noch etwas später wirst du nur noch ein bestimmtes Licht sehen, werden alle anderen Sterne im Umkreis schwinden. Wenn du starr auf den Mond blickst, wirst du nur den hellen Mond auf einem dunklen Hintergrund sehen. Zeitweilig wirst du vielleicht eine ungeheure Menge Licht um dich herum wahrnehmen. Wird dein Blick noch fester, kannst du zwei oder drei Monde von gleicher Größe sehen. Manchmal wirst du überhaupt keinen Mond sehen, obwohl deine Augen weiterhin weit offen und auf den Mond fixiert sind.

5. Suche dir nach Belieben irgendeinen Punkt im Freien und blicke starr darauf. Du wirst neue Einfälle haben.

6. Blicke in einem Spiegel ganz fest auf die Pupille deines Auges.

7. Manche üben *trāṭaka* auf den Punkt zwischen den Augenbrauen oder auf die Nasenspitze. *Trāṭaka* auf die Nasenspitze kann man selbst beim Gehen üben.

8. Fortgeschrittene Schüler können *trāṭaka* auf die inneren *cakra*-s (Energiezentren) in Form von *padma*-s (Lotosblüten) lenken, d. h. die Symbole für die *cakra*-s vor dem inneren Auge visualisieren. *Mūlādhāra* (Wurzel, Steißbein), *anāhata* (Herz, Brustwirbelsäule), *ājñā* (Punkt zwischen den Augenbrauen bis Mitte der Stirn/des Kopfes) und *sahasrāra* (Scheitel) sind die wichtigen Zentren für *trāṭaka*.

9. Stelle eine Öllampe oder Kerze vor dich hin und blicke auf die Flamme. Du wirst Auren und Astralwesenheiten wahrnehmen können.

10. In den Schriften wird auch *trāṭaka* auf die Sonne beschrieben. Dazu braucht man einen erfahrenen Lehrer zur Seite. Man beginnt damit, den Blick auf die aufsteigende Sonne zu konzentrieren. Nach stufenweiser Übung kann man sogar in die helle Mittagssonne schauen und *trāṭaka* auf die Sonne üben. Dies führt zu besonderen, außergewöhnlichen Kräften (*siddhi*-s). Versuche dies auf gar keinen Fall ohne einen erfahrenen Lehrer! Du schädigst sonst deine Augen.

Zusätzliche Hinweise

Übe *trāṭaka* zu Beginn nur zwei Minuten. Allmählich kannst du vorsichtig die Zeit verlängern.

Sei nicht ungeduldig. Längeres, regelmäßiges Üben ist die Voraussetzung für anhaltende Fortschritte und Erfolge. Das äußere Fixieren allein reicht nicht, wenn die Gedanken dabei zerstreut sind und wandern. Auch dein Denken muss auf diesen einen Punkt, dieses eine Visualisierungsobjekt, konzentriert sein. Dann machst du Fortschritte und verschiedene geistige Kräfte stellen sich ein.

Beunruhige und ärgere dich nicht, wenn es dir nicht gelingt, trotz mehrerer Versuche fest auf etwas zu blicken. Du kannst dann ausprobieren, die Augen zu schließen und innerlich auf einen vorgestellten Punkt zwischen den Augenbrauen zu blicken. Für Menschen mit schwachen Augenkapillaren ist es empfehlenswert, *trāṭaka* mit geschlossenen Augen auf einen inneren oder äußeren Punkt zu üben, mit geistiger Visualisierung und Konzentration. Überfordere die Augen nicht. Wenn du merkst, dass die Augen angestrengt und ermüdet sind, schließe die Augen und halte deine Gedanken weiter auf dem Gegenstand des *trāṭaka*.

Wenn du sitzend *trāṭaka* übst, halte den Körper bewegungslos, sodass er nicht schwankt.

Trāṭaka verstärkt das Augenlicht. Viele Menschen mit Augenbeschwerden haben diese Wirkung schon wohltuend erfahren. Das Üben von *trāṭaka* kann Augenbeschwerden lindern oder heilen und die Sehkraft stärken, sodass man bei regelmäßigem Üben keine Brille mehr braucht.

Trāṭaka entwickelt in einem wunderbaren Ausmaß die Willenskraft und festigt die Gedanken. *Vikṣepa* (Zerstreutheit des Geistes) vergeht.

Trāṭaka fördert Hellsehen, Gedankenlesen und andere Kräfte.

Schätze diese Übung nicht gering ein, auch wenn sie in erster Linie zum *haṭha-yoga* gehört, also auf die Gesundheit der Augen und die Sehkraft wirkt. Alle Formen von *yoga* vertragen sich miteinander und ergänzen sich. *Trāṭaka* ist ohne Zweifel eine gute Vorbereitung für den kommenden Zustand des *samādhi*. Übe *yoga* Stufe für Stufe und versuche nicht, gleich mit den höheren Stufen zu beginnen.

Hinweise für die Meditation

Konzentration ist das Fixieren der Gedanken auf einen Punkt. In der Yogaphilosophie heißt dies *dhāraṇā*. Konzentration ist Sammlung der Gedanken. Der Zustand, der die Kraft hat, die Denkfähigkeiten auf einen einzigen Gegenstand zu lenken, ohne dass sie umherwandern und schweifen, heißt Konzentration.

Die Meditation folgt auf die Konzentration. In der Meditation ist nur ein einziger Gedanke in ständigem Fluss vorhanden.

Meditiere regelmäßig und setze dich jeden Morgen und Abend um dieselbe Zeit zur Meditation hin. So entsteht eine Gewohnheit im Geist und die meditative Stimmung, der sattwige *bhāva* (Gemütszustand) stellt sich von selbst ein, ohne dass du dich besonders anstrengen musst, um den Geist zur Ruhe zu bringen. Meditiere immer am gleichen Ort, im gleichen Zimmer, zur selben Zeit. Regelmäßigkeit ist eines der wichtigsten Prinzipien der Meditation. Sie kann zu schnellem Fortschritt und großem Erfolg führen.

Aber auch wenn du keinen greifbaren Erfolg siehst, fahre ernsthaft, geduldig und ausdauernd mit der Meditationspraxis fort. Nach einiger Zeit wird dein Bemühen von Erfolg gekrönt sein. Darüber gibt es keinen Zweifel.

Unterbrich die Praxis nicht, nicht einmal für einen Tag, auch nicht bei Krankheit. Meditation ist das beste Stärkungsmittel. Die Meditationswellen schwemmen alle Arten von Krankheiten weg und flößen geistige Kraft, neue Lebensenergie und Vitalität ein. Meditation erneuert und regeneriert den Organismus und die körperliche Beschaffenheit. Sie bringt Körper und Geist in wahre Ruhe.

Wenn sich eine meditative Stimmung bemerkbar macht, unterbrich deine momentane Tätigkeit wenn möglich und setze dich hin, um ernsthaft zu meditieren.

Stolz, Selbstgenügsamkeit, Hochmut, Selbstsicherheit, Leidenschaft, Unruhe, Neugier für die Angelegenheiten anderer und Heuchelei sind Hindernisse bei der Meditation. Feinstoffliche Formen dieser *vṛtti*-s (Gedankenwellen) lauern im Denken und arbeiten unterschwellig. Der Druck von *yoga* und Meditation presst all diese Unreinheiten aus den Gedanken heraus, so wie die Unreinheiten in einem Zimmer durch sorgfältiges Wischen beseitigt werden. Daher beobachte achtsam deine Gedanken und mache dich durch wirksame Methoden von den hinderlichen Gedanken frei.

Stolz ist fest verwurzelt. Seine Zweige breiten sich im Menschen nach allen Richtungen aus. Immer wieder tritt er zutage, auch wenn die Wellen zeitweilig geglättet scheinen. Es braucht nur eine Gelegenheit zu kommen, dann treten sie wieder hervor.

Wenn du dich leicht durch Kleinigkeiten verletzt fühlst, behindert dies deinen Fortschritt in der Meditation. Entwickle ein freundliches, liebevolles, mitfühlendes Wesen und passe dich an. Dann wird diese hinderliche Angewohnheit des Egos, sich sofort gekränkt zu fühlen, schwinden.

Manche Schüler/innen sind schnell beleidigt und aufgebracht, wenn sie auf ihre unguten Eigenschaften und Schwächen stoßen oder darauf aufmerksam gemacht werden. Sie meinen, dass derjenige, der ihnen ihre Schwächen aufzeigt, dies aus Eifersucht oder Abneigung tut. Ändere deine Einstellung dazu, denn andere können unsere Fehler viel leichter herausfinden, als wir selbst und uns dadurch helfen, uns zu reinigen und zu entwickeln. Wer keine Einsicht hat, wessen Gedanken nur nach außen gehen, wer selbstgefällig ist, kann seine eigenen Fehler nicht erkennen. Wenn du Fortschritte machen willst, musst du deine Fehler zugeben – zumindest dir selbst gegenüber –, wenn dich jemand auf sie aufmerksam macht. Versuche dein Bestes, um sie zu überwinden und sei demjenigen Menschen dankbar, der dich auf sie aufmerksam gemacht hat. So kannst du dich gut in deiner Spiritualität und Meditation entwickeln.

Anmaßung zu eliminieren ist eine schwierige Aufgabe. Jeder hat seit undenklichen Zeiten (im *yoga* geht man davon aus, über viele Leben) seine individuelle Persönlichkeit ausgebildet. Diese individuelle Persönlichkeit ist nun sehr stark geworden. Es ist schwierig, sie zu beugen und sie beweglich und geschmeidig zu machen. Ein anmaßender Mensch will andere beherrschen. Er will ihre Meinung und Argumente nicht hören, auch wenn sie logisch und offensichtlich richtig sind. Er ist der festen Überzeugung, dass alles, was er sagt und tut, richtig ist, während die anderen sich täuschen. Er sieht seine Fehler niemals ein und tut alles Mögliche, um seine absonderlichen Meinungen durch fadenscheinige Argumente und Urteile aufrechtzuhalten. Wenn er sich mit Worten nicht durchsetzen kann, geht er zu Angriffen über. Wenn er nicht geachtet und geehrt wird, wird er wütend. Für Schmeicheleien ist er äußerst empfänglich. Er scheut sich oft auch nicht, Lügen zu erfinden, um sich und seine Haltung zu rechtfertigen.

Lasse dir von Anerkennung und Ehrung nicht schmeicheln und sieh Kritik und Abwertung als wertvollen Schmuck an.

Selbstgerechtigkeit geht mit Anmaßung einher und ist eine gefährliche Gewohnheit. Ein Mensch, der anmaßend und selbstgerecht ist, kann keinen Fortschritt in Meditation und Geistigkeit machen. Wenn du also dazu neigst, ändere deine Einstellung und entwickle die Gewohnheit, die Dinge auch vom Standpunkt anderer aus zu sehen. Gewinne eine neue Sichtweise für das Rechte und für Wahrhaftigkeit.

Es ist schwierig, sich der Art und den Gewohnheiten anderer anzugleichen. Die Gedanken sind oft von Vorurteilen der sozialen Schicht, des Glaubens, der Erziehung usw. geprägt. Der Mensch ist unduldsam in der Annahme, dass allein *seine* Ansichten, Meinungen und Lebensart richtig und die anderer falsch sind. Stets ist er auf dem Sprung, Fehler anderer Menschen zu finden. Durch seine von Vorurteilen verdunkelte Sicht kann er das Gute in anderen nicht sehen, die verdienstvollen Handlungen anderer nicht schätzen und prahlt nur mit seinen eigenen Fähigkeiten und Taten. Darum sind seine Gedanken nicht in Frieden und darum kann er keine Freundschaft über längere Zeit aufrechthalten, sondern ist immer in Opposition zu anderen.

Wenn du diese Schwächen an dir feststellst, arbeite an ihnen, indem du Toleranz, reine Liebe und andere sattwige Eigenschaften entwickelst.

Wenn Hindernisse, z. B. in Form obiger Vorstellungen und Eigenschaften da sind, ist es schwierig und unerfreulich, die Übung der Konzentration und Meditation fortzuführen. Die Suchenden, die solche Widerstände nicht kennen, haben es leichter.

Hindernisse kann man durch ernsthaftes Gebet, durch Singen von *oṃ* oder eines anderen *mantra*, durch göttliche Gnade oder die Hilfe von einem *guru* ausräumen. Wenn ein/e Schüler/in – auch über eine weite geographische oder zeitliche Entfernung hinweg – über seinen/ihren *guru* oder geistigen Führer meditiert, wird ein festes Band zwischen ihm/ihr und dem Lehrer geknüpft. Der *guru* strahlt als Antwort auf die Gedanken des Schülers Kraft, Frieden, Freude und Seligkeit zu ihm hin, und dieser ist eingetaucht in die mächtige Kraft der Anziehung. Der Strom geistiger Elektrizität fließt ohne Unterbrechung vom Lehrer zum Schüler. Der Schüler kann nach dem Maß seines Vertrauens zum Lehrer Kräfte und Erkenntnis von ihm abziehen und sich aneignen. Je größer das Vertrauen, umso mehr nimmt er auf. Sobald der Schüler ernsthaft über seinen Lehrer meditiert, fühlt dieser den Strom des Gebetes, der Gedanken, die von dem Schüler ausgehen und das Herz des *guru* berühren. Wer das innere astrale Licht besitzt, kann deutlich einen Lichtstrahl zwischen Schüler und Meister sehen, der durch die Bewegung der sattwigen, reinen Gedankenschwingungen im Meer des *citta* (der mentalen Substanz) entsteht.

Wenn du aus dem höheren geistigen Bereich auf die Erde blickst, wirst du die ganze Welt deutlich sehen. In diesem höchsten kosmischen Bewusstsein wirst du das ganze Universum erkennen.

Diese Vision ist ergreifend und furchterregend zugleich – ähnlich dem, was Arjuna in der „Bhagavad-gītā" erlebt, als Kṛṣṇa ihm die kosmische Vision schenkt:

yathā pradīptaṃ jvalanaṃ pataṅgā viśanti nāśāya samṛddhavegāḥ |
tathaiva nāśāya viśanti lokāḥ tavāpi vaktrāṇi samṛddhavegāḥ ||

lelihyase grasamānaḥ samantāt lokānsamagrānvadanairjvaladbhiḥ I
tejobhirāpūrya jagatsamagraṃ bhāsastavogrāḥ pratapanti viṣṇo II

„Wie Motten eilends auf das lodernde Feuer zu und somit ihrem Untergang entgegenfliegen, so eilen auch diese Geschöpfe voller Hast Deinen Mündern, ihrem Untergang, entgegen." – „Du züngelst hoch und verschlingst zu allen Seiten alle Welten mit Deinen flammenden Mündern. Dein unbändiges Strahlen, das die Welt mit Glanz erfüllt, versengt, o Vishnu!" [BhG 11.29-30]

So wie Insekten oder kleine Fische sich in Tümpeln tummeln oder Ameisen auf einer Hauswand klettern, so bewegen sich diese kleinen menschlichen Wesen im kosmischen Körper Gottes hin und her. Aus einem höheren Bewusstsein heraus siehst du Millionen unentwickelter Seelen mit zahllosen selbstsüchtigen Wünschen herumlaufen, ähnlich Leukozyten und roten Blutkörperchen unter dem Mikroskop betrachtet. Unter dieser Menge unwissender menschlicher Wesen siehst du in verschiedenen Teilen der Welt einige wenige vollkommen entwickelte *jīvanmukta*-s und Weise, die wie große, heilige Flammen oder Lichter herausragen, um die unwissenden Babyseelen und Schüler zu leiten. Du siehst auch einige ernsthafte, teilweise entwickelte Schüler und Schülerinnen auf dem Weg des Fortschritts, die eine kleine göttliche Flamme ausstrahlen. Sie glitzern wie die Sterne in einer Neumondnacht.

Kapitel 3
Entwicklung positiver Eigenschaften

Bildung der Persönlichkeit

Im allgemeinen, oberflächlichen Sprachgebrauch versteht man unter einer „auffallenden Persönlichkeit“ eine beeindruckende, große Gestalt mit gutem Aussehen, einer gut geschnittenen Nase, strahlenden Augen, einer breiten Brust, einem muskulösen Körper, symmetrischen Gliedmaßen, lockigem Haar usw. In Wirklichkeit aber ist die Persönlichkeit, die einen Menschen vom anderen unterscheidet, mehr als das. Sie umfasst Charakter, Intelligenz, edle Eigenschaften, Benehmen, gewisse herausragende Fähigkeiten, besondere Züge oder charakteristische Merkmale usw. Eine Persönlichkeit besteht aus all dem, nicht nur aus körperlichen Qualitäten.

Wenn jemand in der Lage ist, andere zu beeinflussen, sprechen wir von einer charismatischen Persönlichkeit. Ein vollkommen entwickelter *yogī*, ein *jñānī*, ist eine sehr starke Persönlichkeit auf Erden. Er mag klein sein, nicht schön aussehen, einfach oder in Lumpen gekleidet sein – dennoch ist er eine mächtige Persönlichkeit, ein großer *mahātmā* (große Seele). Er zieht viele Menschen an und wird verehrt.

Auch jemand, der ethische Vollkommenheit durch Vervollkommnung ethischer Prinzipien und Selbstdisziplin (*yama* und *niyama*) erlangt hat, ist eine magnetische Persönlichkeit. Er kann großen Einfluss auf viele Menschen ausüben, aber er ist einem *jñānī* oder *yogī* unterlegen, denn dieser hat vollkommene Selbsterkenntnis, Selbstverwirklichung erreicht.

Auch Menschen mit großer Intelligenz, mitfühlende, ehrliche, ernsthafte, wahrhaftige, freundliche oder weitherzige Menschen sind Persönlichkeiten und gebieten Achtung und Einfluss.

Auch reiche Menschen sind dank ihrer Geldmacht einflussreiche Persönlichkeiten, aber sie können gleichzeitig auch lasterhaft sein. Geld beeinflusst die Bildung der Persönlichkeit. Es gibt dem Menschen eine gewisse Färbung. Sattwige Tugenden aber machen den Menschen heilig.

Wer die Wahrheit spricht und Enthaltsamkeit übt, wird eine große und dynamische Persönlichkeit. In jedem seiner Worte liegt Kraft und die Menschen werden davon inspiriert und energetisiert.

Du kannst deine Persönlichkeit entwickeln, indem du positive Eigenschaften und Tugenden übst und kultivierst. Lerne, auf welche Weise du anderen am besten begegnest, mit ihnen sprichst und dich ihnen gegenüber benimmst.

Eine starke Persönlichkeit braucht Menschen nicht herbeizuholen, sondern zieht sie an wie die Blüte die Bienen.

Das Gesetz „Gleiches zieht Gleiches an" wirkt auf der physischen und mentalen Ebene.

Versuche stets fröhlich zu sein. Ein finsterer, unfroher Mensch kann keine Menschen anziehen und beeinflussen. Er verbreitet Düsternis. Eine machtvolle Stimme, breites Wissen auf vielen Gebieten, gutes Benehmen, Anpassung und freundliche Worte machen großen Eindruck. Sei freundlich, höflich und umgänglich, und behandle andere mit Achtung und Rücksicht. Demut ist eine Tugend, die von selbst zu Achtung zwingt und wie ein starker Magnet wirkt.

Ein hochmütiger, eigensinniger und eigenwilliger Mensch kann keine starke, anziehende Persönlichkeit werden. Niemand wird ihn mögen. Sei freundlich und bescheiden.

Schreibe dir auf, was du in einer geschäftlichen Unterredung sagen willst. Merke dir die wichtigen Punkte gut, sprich leise, langsam, ohne Erregung oder Nervosität. Habe echte Achtung vor dem Menschen, mit dem du redest, stelle dich nicht hochmütig vor ihn hin. Dann wird man dich gern empfangen und dein Gespräch wird erfolgreich sein. Sprich zuerst über die wichtigen Punkte und überlege, ob du alles gesagt hast, was du wolltest.

Wenn du die Geheimnisse des persönlichen Einflusses verstehst, kannst du deine Fähigkeit steigern, um Geld zu verdienen, und ein breiteres, glücklicheres Leben führen. Eine starke Persönlichkeit ist ein wertvolles Aktivum für dich. „Wo ein Wille ist, ist auch ein Weg." – dieser Grundsatz ist heute noch so wahr wie seit alters her. Werde eine Persönlichkeit.

Im Westen legt man großen Wert auf die Persönlichkeit und die Individualität, im klassischen Indien eher auf die Existenz an sich. Dort heißt es *aham asmi* („Ich bin", „Ich existiere"). Man versucht, die enge Persönlichkeit zu überwinden und zu erweitern, um das Selbst zu verwirklichen.

Suggestionskraft

Lerne das Prinzip der Suggestion und ihrer Wirkung auf die Gedanken zu verstehen. Wende Suggestionen achtsam und verantwortungsbewusst an. Gib niemals Suggestionen, die jemanden schädigen könnten. Denke gut nach, bevor du redest.

Für Lehrer/innen und Unterrichtende ist die Kenntnis der Wirkung von Suggestion und Autosuggestion sehr wichtig. Es hilft ihnen dabei, ihre Schüler und Schülerinnen wirksam zu erziehen und zu bilden.

Suggestionen, die Angst auslösen – etwa vor dem „schwarzen Mann" – sind negativ und schüchtern ein Kind ein. Die Gedanken von Kindern sind geschmeidig, zart und biegsam. In der Jugend werden viele *saṃskāra*-s (Eindrücke im Unterbewusstsein) geprägt. Man kann sie als Erwachsener nur schwer verändern oder ausradieren. Ein solches Kind wird daher auch als Erwachsene/r schüchtern bleiben. Eltern sollten ihren Kindern deshalb positive Gedanken von Mut einflößen und entsprechende positive, mutige *saṃskāra*-s entstehen lassen.

Ärzte sollten Suggestivkraft besitzen, sodass sie ihre Patienten beruhigen und ihnen Vertrauen und Mut einflößen können. Sonst richten sie mehr Schaden als Gutes an und beunruhigen den Patienten. Aufgrund einer beängstigenden falschen Diagnose kann der Patient tatsächlich aus Angst und Sorge die vermeintliche Krankheit bekommen. Man kann durch Suggestion lindern und oft sogar heilen. Dies ist eine Behandlung ohne Medikamente und Nebenwirkungen, die ein guter Arzt lernt und ausübt. Am wirkungsvollsten sind positive Heilsuggestionen in Verbindung mit dem jeweiligen Therapie- und Behandlungssystem.

Lasse dich nicht zu leicht von Suggestionen beeinflussen, sondern behalte deine eigene Überzeugung. Auch wenn dich eine starke Suggestion nicht unmittelbar beeinflussen mag, so geschieht dies doch nach einer gewissen Zeit. Wir alle leben in einer Welt der Suggestionen. Unser Charakter wird täglich unbewusst durch die Verbindung mit anderen beeinflusst und verändert. Wir ahmen unbewusst die Handlungen von Menschen nach, die wir bewundern, und nehmen die Suggestionen unserer Umwelt auf. Ein schwacher Mensch mit wenig Eigenständigkeit unterliegt den Suggestionen der Stärkeren. Fast jeder steht auf die eine oder andere Weise unter dem Einfluss einer Suggestion. Die Gewohnheit ist ihre Frucht.

Auch Worte sind von suggestiver Kraft. Sie können in Wut versetzen oder unmittelbares Wohlwollen auslösen. Darum sprich freundlich und voller Achtung mit Menschen.

Propheten und geistige Führer aller Zeiten haben mit ihren machtvollen Worten starke Suggestionen hervorgerufen und besaßen eine magische Kraft und einen besonderen Zauber, die ihre Hörer in Bann hielten.

Charakterstärke

Selbst wenn ein Mensch stirbt, bleiben sein Charakter, seine Gedanken, Veranlagung usw. im Astralkörper bestehen. Das Wesentliche des Menschen ist sein Charakter. Er überlebt ihn bzw. lebt über ihn hinaus.

Seine Gedanken bleiben. Der Charakter gibt dem Menschen Kraft und Macht. Charakter ist Macht. Es heißt: „Wissen ist Macht", aber ich sage: „Charakter ist Macht." Charakter ist die Voraussetzung, um Wissen zu erlangen.

Wenn du Erfolg im Leben haben willst, Einfluss auf andere ausüben willst, auf dem spirituellen Weg voranschreiten, Selbstverwirklichung und Gotteserfahrung erlangen willst, dann arbeite an einem fehlerfreien, makellosen Charakter.

Śaṅkarācārya, Buddha, Jesus und andere große Meister/innen früherer Zeiten sind uns noch heute in lebendiger Erinnerung, weil sie einen wunderbaren Charakter hatten. Sie übten einen großen Einfluss auf die Menschheit aus und verwandelten Menschen dank der Kraft ihres Charakters.

Charakterstärke ist eine mächtige Seelenkraft. Sie gleicht einer weithin duftenden Blume. Ein edler Mensch mit einem guten Charakter besitzt eine ungeheure Persönlichkeit. Die Persönlichkeit ist nichts anderes als der Ausdruck des Charakters.

Selbst wenn jemand ein begabter Dichter oder Wissenschaftler ist oder viel besitzt, wird ihm die richtige Anerkennung in der Gesellschaft fehlen, wenn er keinen Charakter besitzt. Die Menschen werden ihn eher geringschätzen.

„Charakter" ist ein vielfältiger, umfassender Begriff. Im engeren Sinn versteht man darunter das ethisch-moralische Verhalten eines Menschen. Im weiteren Sinn erwartet man von einem charaktervollen Menschen, dass er freundlich, mitfühlend, großzügig, vergebend und tolerant ist und sattwige Tugenden besitzt. Jemand mag feste Moralgrundsätze haben – was schon sehr anerkennenswert ist –; wenn er aber die Unwahrheit sagt oder selbstsüchtig und gierig ist, wenn er die Gefühle anderer verletzt, hat er dennoch einen mangelhaften Charakter.

Die Eigenschaften eines/einer Weisen von vollkommen fehlerlosem Charakter werden im 13. und 16. Kapitel der „Bhagavad-gītā" beschrieben und beinhalten u. a.:

- Demut
- Unvoreingenommenheit
- Harmlosigkeit
- Kraft der Vergebung
- Hilfsbereitschaft
- Reinheit
- Standhaftigkeit
- Furchtlosigkeit
- Selbstkontrolle
- Gleichmut gegenüber den Sinneswahrnehmungen
- Selbstlosigkeit
- Einsicht in die Leiden, die Geburt, Tod, Alter und Krankheit bewirken

Er/sie sollte Spenden für gute Zwecke geben, die Schriften studieren, klar und offen sein, ohne Zorn sein und bereit zu Verzicht, ein Mensch des Friedens, dem alle Halbwahrheiten zuwider sind, der Mitgefühl mit allen Lebewesen hat, der ohne Geiz, mild und bescheiden, beständig und stark ist und weder Neid noch Stolz besitzt.

Du säst eine Handlung und erntest eine Gewohnheit. Du säst eine Gewohnheit und erntest einen Charakter. Du säst einen Charakter und erntest ein Schicksal.

- Die Eindrücke von Gedanken, Gefühlen und Handlungen werden unauslöschlich in das Unterbewusstsein eingeprägt. Auch beim physischen Tod verbleiben sie in subtiler astraler Form. Diese Prägungen bringen dich in die Welt zurück.
- Die Eindrücke von Gedanken und Handlungen verbinden sich und entwickeln eine Gewohnheit.
- Die Gewohnheiten verbinden sich und formen einen Charakter.

Du bist der Urheber dieser Gedanken und Gewohnheiten. Was du heute bist, ist das Ergebnis deiner Vergangenheit. Alles ist Gewohnheit. Du kannst sie durch Gedanken und Handlungen schaffen und auch wieder auflösen.

Ein Nichtsnutz bleibt nicht immer ein Nichtsnutz, eine Prostituierte nicht immer eine Prostituierte. Kommen solche Menschen in die Umgebung eines Heiligen, dann werden sie transformiert und in Heilige mit tugendhaften Qualitäten verwandelt. Ein Lügner kann zu einem wahrhaftigen Menschen werden, ein Schurke zum Heiligen. Auch du musst nicht bleiben, was du bist. Du kannst dich verändern.

Es liegt in der Hand eines jeden Menschen, seinen Charakter und seine Gedanken zu verändern. Wenn du positive, gute Gedanken und Ideale auf etwaige vorhandene negative, ungute Gedanken und Gefühle pflanzt, wirst du auf dem Pfad der Tugend und der Charakterentwicklung vorankommen.

Mit der *pratipakṣa-bhavana*-Technik (an das Gegenteil denken) kannst du deine Gewohnheiten, Eigenschaften und deinen Charakter verändern. Denke an Mut und Wahrhaftigkeit, dann wirst du mutig und wahrhaftig. Angst und die Gewohnheit zu lügen werden automatisch vergehen. Denke an Entsagung und Zufriedenheit, dann werden Gier und Getriebenheit schwinden. Das ist eine systematische, wirkungsvolle Methode. Viele Menschen, die nichts vom Unterbewusstsein und von der *rāja-yoga*-Methode der Veränderung von Gewohnheiten und Charakter wissen, meinen, sie seien ihr Leben lang ihrer Veranlagung hilflos ausgeliefert. Der Charakter aber ist der Spross der Gedanken, Ideale und mentalen Bestrebungen. Wenn man sie ändert, wandelt sich auch der Charakter.

Übungsanleitung: Eine bestimmte Eigenschaft entwickeln

Nehmen wir an, du möchtest Mut entwickeln. Ich habe schon erwähnt, dass das Unterbewusstsein dein gehorsamer Diener ist, wenn du gelernt hast, es einzusetzen. Es wird einen neuen Charakter, neue Ideale und neue mentale Bestrebungen und Gewohnheiten bilden.

- Zuerst brauchst du den intensiven Wunsch nach einer bestimmten Eigenschaft – hier z. B. nach Mut. Nur wenn der intensive Wunsch danach da ist, ist der Erfolg einfach. Hilfe kann erst dann kommen, wenn man nach ihr verlangt. Das ist ein Gesetz. Wenn kein Wunsch nach Entwicklung der Tugend vorhanden ist, muss dieser Wunsch erst geweckt werden.
- Danach setze den Willen ein. Fühle, dass du die besagte Eigenschaft tatsächlich besitzt.
- Wiederhole in Gedanken mit aller Festigkeit: „*Oṃ*, Mut."
- Erwecke das Gefühl: „Ich besitze Mut" oder „Ich entwickle Mut."
- Empfinde die jeweilige Eigenschaft immer wieder, wenn du meditierst oder an die Eigenschaft denkst.
- Setze auch deine Vorstellungskraft ein. Stelle dir ganz plastisch vor, du hättest diese Eigenschaft schon und versuche, sie in deinem täglichen Verhalten auszudrücken.
- Mache dir ein genaues Bild von dieser Eigenschaft und denke immer wieder an die Vorteile, die sie für dich mit sich bringt.
- Wiederhole diese Übung regelmäßig, z. B. jeden Morgen und jeden Abend. Dann wird sich die Tugend allmählich entwickeln.

Warte ruhig ab, verliere nicht die Geduld. Es dauert eine gewisse Zeit, eine Tugend zu entwickeln, weil die Kraft der alten, hinderlichen *saṃskāra*-s, wie z. B. Schüchternheit und Ängstlichkeit, vorhanden ist. Es findet ein innerer Kampf zwischen den alten und den neuen *saṃskāra*-s statt. Das Positive wird aber nach dem großen Gesetz der Natur das Negative immer überwinden. Vertraue und glaube unerschütterlich, dass du bald mutig sein wirst.

Bleibe achtsam. Du wirst schon bald Erfolg haben. Auf diese Weise kannst du jede gewünschte Tugend und deinen Charakter entwickeln.

Mache dir zuerst ein klares Bild von dem, was du entwickeln willst. Die neue Gewohnheit wird sich dann um dieses Bild formen.

Wenn du auf diese Weise deinen Charakter veränderst, verändern sich auch deine Gewohnheiten. *Yoga* will dich dorthin führen. Im 17. Kapitel der „Bhagavad-gītā" findest du eine Beschreibung der Eigenschaften, die dabei den Weg bereiten.

Wenn es dir schwerfällt, alleine deinen Charakter zu formen, dann suche die Begleitung von Heiligen und Weisen. Ihre starken geistigen Ströme werden dich verwandeln. Beklage dich nicht, wenn du solche Meister/innen nicht findest. Das liegt an dir. Sei demütig und aufrichtig und du wirst sie finden. Du kannst auch in einem *āśrama* nachfragen.

Forme deinen Charakter. So erreichst du Erfolg im Leben. Bemühe dich jeden Tag, alte schlechte Gewohnheiten auszuräumen bzw. zu ersetzen. Baue laufend neue, gesunde Gewohnheiten auf. Das wird dir dabei helfen, das Ziel des Lebens zu erreichen.

Anpassungsfähigkeit

Anpassung an andere Menschen und Lebensumstände ist eine edle Eigenschaft, die Erfolg im Leben bringt. Entwickle sie allmählich.

Die meisten Menschen wissen nicht, wie man sich auf andere einstellt. Anpassungsfähigkeit ist eine besondere Kunst, mit der du die Herzen der Menschen und damit den Kampf des Lebens mit etwas Biegsamkeit und Hinwendung gewinnen kannst. Paare können diese Anpassung aneinander lernen, der Schüler die Anpassung an seinen *guru*, der Geschäftsmann die an seine Kunden und der Angestellte die an seine Vorgesetzten, um in dieser Welt vorwärtszukommen und in allen Lebensumständen glücklich zu sein.

Um sich anpassen zu können, muss man geschmeidig sein. Man braucht dazu nicht besonders weise oder erfindungsreich zu sein. Wer eher egoistisch und stolz ist, wird sich nur ungern und schwer anpassen.

Wenn z. B. ein Angestellter die Art, Gewohnheit und das Temperament seines/seiner Vorgesetzten versteht, und sein Verhalten entsprechend anpasst, wird dieser sein Freund. Mit etwas Einfühlungsvermögen, Freundlichkeit und durch gewissenhafte Erledigung von Aufgaben wird der/die Vorgesetzte dir eine weiche Ecke seines/ihres Herzens erschließen. Dasselbe gilt natürlich auch gegenüber Kollegen/Kolleginnen, Partner/in usw. Wenn beispielsweise ein Student nicht fähig ist, sich seinen Zimmerkollegen anzupassen, entsteht Spannung und die Freundschaft ist gefährdet.

Anpassungsfähigkeit ist ein starkes Band, das Menschen in ungebrochener Freundschaft und Liebe zusammenhält.

Anpassung bedingt gewisse Opfer, die Entwicklung eines gewissen Opfergeistes und einer gewissen Toleranz. Sie setzt voraus, dass man die eigene Ichbezogenheit und Selbstsucht zu einem gewissen Grad überwindet und bereit ist, das, was man hat, mit anderen zu teilen. Dabei lernt man, auch mal Beleidigungen und harte Worte zu ertragen und ein Gefühl für die Einheit allen Lebens zu entwickeln.

Anpassungsfähigkeit ist eine große Hilfe auf dem spirituellen Weg. Wenn du sie üben willst, arbeite daran, etwaige Gefühle von Verachtung (*ghṛṇā*) und Vorstellungen von Überlegenheit zu überwinden. Stelle dich auf alle ein; umfasse alle und alles. So hilft Anpassungsfähigkeit dabei, universelle Liebe zu entwickeln und Gefühle der Abneigung zu eliminieren.

Wenn du diese Fähigkeit besitzt, lernst du, auch mit unfreundlichen Worten deiner Mitmenschen fertigzuwerden und Geduld und Ausdauer zu üben. All dies entsteht von selbst, wenn du versuchst, dich auf andere einzustellen. Wer anpassungsfähig ist, kann in jeder Umgebung leben und alles gleichmütig ertragen. Denn er ist ausgeglichen und kann in allen Lebensumständen auch zur höchsten Erkenntnis gelangen. So kannst du stets glücklich und erfolgreich sein.

Nichtverletzen und keinen Schaden zufügen

Ahiṃsā (Nichtverletzen, Gewaltlosigkeit) bedeutet, anderen in Gedanke,

Wort und Tat keinen Schaden zuzufügen. *Ahiṃsā* ist das wichtigste Glied der *yama*-s (ethischen Prinzipien) im „Yoga-sūtra" des Patañjali. Deshalb wird *ahiṃsā* dort als erster der fünf *yama*-s aufgeführt.

Wenn du dich an Gewaltlosigkeit hältst und niemandem Schaden zufügst, kommen die anderen edlen Eigenschaften von selbst.

Voraussetzung, um *ahiṃsā* zu entwickeln, ist, an der Überwindung und Abschwächung von Selbstbezogenheit zu arbeiten und automatische Reaktionen und Impulse zu beherrschen. Oft hat der Mensch unreflektiert Freude daran, anderen Schaden zuzufügen. Mache dir bewusst, dass deine Zunge ein Schwert ist, mit dem du die Gefühle anderer verletzen kannst.

Wer *ahiṃsā* übt, hat einen starken Willen. In seiner Nähe hört jede Feindschaft auf. In seiner Gegenwart vertragen sich alle Tiere und leben in Eintracht zusammen. Nichtverletzen gilt in den heiligen Schriften als die höchste aller Tugenden – *ahiṃsā paramo dharmah* („Nichtverletzen ist die höchste Pflicht").

Ein *sannyāsī* (Mönch/Nonne; jemand, der das Gelübde der Entsagung abgelegt hat) sollte sich nicht einmal verteidigen, wenn er/sie angegriffen wird. Er/sie sollte in der Überzeugung leben: „Ich bin nicht der Körper, sondern der unsterbliche *ātman*." Wer im Berufs- und Familienleben steht, kann sich verteidigen, wenn er in Gefahr ist. Wenn er *ahiṃsā* in Gedanken, Wort und Tat übt, wird er von selbst immer mehr zu eher defensivem Verhalten neigen.

Es liegt eine verborgene Kraft in *ahiṃsā*, die dich beschützt, wenn du dich diesem Gelöbnis widmest. Die unsichtbare Hand Gottes schützt dich. Du brauchst dich nicht zu fürchten.

Ahiṃsā der Tat als erster Schritt

Zuerst lerne deine körperlichen Reaktionen zu beherrschen, wenn du angegriffen wirst. Bleibe ruhig. Beherrsche deine Gefühle. Folge im übertragenen Sinn den Anweisungen von Jesus in der Bergpredigt: „So dir jemand einen Streich gibt auf deine rechte Wange, dem biete auch die linke dar. Und so jemand mit dir rechten will und deinen Rock nehmen, dem lasse auch den Mantel." [Mt 5.39-40]

Zuerst ist dies sehr schwierig. Die alten *saṃskāra*-s der Rache – „Zahn um Zahn und Auge um Auge“ oder „Zahle mit derselben Münze heim“ – wollen dich zwingen, erlittenes Unrecht zu vergelten. Kühle dich ab, warte ab, denke nach und meditiere. Setze Unterscheidungskraft ein. Erst danach triff Entscheidungen.

Die Gedanken werden ruhig werden und auch dein wütender Gegner wird sich beruhigen, weil du ihm keinen Widerstand bietest. Er wird sich wundern und sich unbehaglich fühlen, weil du nicht wie üblich reagierst, sondern wie ein/e Weise/r dastehst. Allmählich wird sich in dir eine ungeheure Kraft aufbauen.

Halte dir dieses Ideal vor Augen und versuche es Stufe um Stufe zu erreichen, wenn auch strauchelnden Fußes. Mache dir ein klares mentales Bild von *ahiṃsā* und den unschätzbaren Vorteilen. Nimm dir die Handlungen und das Verhalten großer Weiser als Vorbild.

Jayadeva, der Autor der „Gītagovinda“, machte seinen Feinden, die ihn angriffen, reiche Geschenke und betete für ihre höchste Befreiung: „O Gott, du hast deinen Feinden Rāvaṇa und Kaṃsa Befreiung gegeben. Kannst du sie nicht auch meinen Feinden schenken?“ So großmütig ist das Herz von Heiligen und Weisen.

Pavhari Baba lief einem Dieb nach, der in seine Hütte eingebrochen war und trug ihm einen Sack mit Geschirr nach. Er sagte: „O Dieb Nārāyaṇa, ich wusste nicht, dass du meine Hütte aufsuchen würdest. Hier, bitte nimm auch diese Dinge mit.“ Der Dieb war fassungslos. Er gab von jener Stunde an das Stehlen auf und wurde zum Schüler von Pavhari Baba.

Wenn du dich an die edlen Handlungen solcher Heiligen erinnerst, nimm dir vor, ihren Grundsätzen und Idealen nachzueifern.

Ahiṃsā der Sprache als zweiter Schritt

Wenn du eine Weile geübt hast, deine Handlungen zu beherrschen und es dir weitgehend gelingt, zügle deine Rede. Fasse den festen Entschluss, von heute an nie mehr einem Menschen ein unfreundliches Wort zu sagen. Das wird dir natürlich nicht gleich gelingen. Du wirst wahrscheinlich viele Male versagen, aber wenn dein hundertster Versuch erfolgreich ist, bist du deinem Ziel schon sehr viel näher gekommen.

Beherrsche die Impulse des Redens. Übe erst einmal nichts zu sagen, wenn du merkst, dass unfreundliche oder zornige Gedanken und Worte aufkommen. Bleibe erst mal still.

Übe Vergebung (*kṣamā*). Sage zu dir selbst: „Er/sie ist eine kindliche Seele und weiß es nicht besser. Nur darum verhält er/sie sich so. Ich möchte ihm/ihr verzeihen. Was habe ich davon, wenn ich ihn/sie beschimpfe? Irren ist menschlich, aber vergeben ist göttlich." Gib langsam den Stolz und die Ichidentifikation und Ichanhaftung (*abhimāna*) auf. Denn dies ist die zugrunde liegende Ursache deiner Reaktion.

Denke niemals daran, einem anderen Wesen weh zu tun. Töte keine Tiere, sondern deine Selbstsucht, deine „Ichheit" und „Meinheit". Wer den armen stummen Tieren das Leben nimmt, wird karmische Folgen erleiden müssen. Aktion und Reaktion sind einander in gleicher Stärke entgegengesetzt. Es gibt Menschen, die meinen, Gott habe ihnen Vögel und Tiere zur Nahrung geschaffen. Wenn aber die Tiger behaupten würden, Gott habe ihnen den Menschen zur Nahrung erschaffen, welche Antwort würden wir ihnen geben? Die vegan-vegetarische Kost ist ein wichtiger Aspekt von *ahiṃsā* – nicht nur äußerlich, indem keine anderen Wesen getötet werden, sondern auch vom gesundheitlichen Standpunkt her und vom subtilen Einfluss auf den Geist und den Intellekt. Sie macht Geist und Intellekt ruhiger und friedfertiger.

Es gibt Menschen, die keiner Fliege und keiner Ameise etwas zuleide tun. Sie sind von sanftem Herzen und werden das spirituelle Ziel einfacher erreichen.

Wahrhaftigkeit

In den Schriften heißt es: *Satyaṃ vada* („Sprich die Wahrheit"); *satyam eva jayate nānṛtam* („Die Wahrheit allein triumphiert, nicht die Falschheit."). Gott ist Wahrheit; wie könnte man also Gott verwirklichen, ohne die Wahrheit zu sprechen und entsprechend zu leben?

Ein wahrhaftiger Mensch ist frei von Sorgen und Ängsten und wird von Menschen geachtet. Das wahre Wort besitzt eine Kraft, die Tausende beeinflussen kann.

Deine Gedanken sollten mit deinen Worten übereinstimmen und deine Worte mit deinem Handeln. In dieser Welt aber denken die Menschen etwas Bestimmtes über eine Sache, sagen etwas anderes und tun nochmal etwas anderes. Das ist unerfreulich und unehrlich.

Beobachte deine Gedanken, Worte und Handlungen sorgfältig. Der geringe Gewinn, den du durch Lügen und Unwahrhaftigkeit vielleicht erzielst, ist bedeutungslos. Du verschmutzt nur dein Gewissen und infizierst dein Unterbewusstsein. Du nimmst die Gewohnheit der Lüge und Unaufrichtigkeit in dein nächstes Leben mit und leidest von Geburt zu Geburt.

Schreibe in großen Buchstaben „Sprich die Wahrheit" auf ein Blatt Papier oder einen Karton und hänge es an einem auffälligen Platz in deiner Wohnung auf. Das wird dich erinnern, wenn du dabei bist, etwas Unwahres zu sagen. Du wirst dich sofort zusammennehmen. Es wird die Zeit kommen, in der du in der Wahrheit fest verwurzelt bist.

Überlege dir eine Sanktion (z. B. zu fasten), wenn du eine Lüge gebraucht hast. Halte die Lügen schriftlich fest, z. B. in einem Notizbuch oder spirituellen Tagebuch. Allmählich wird die Zahl der Lügen abnehmen und du wirst ein wahrhaftiger Mensch werden.

Selbstvertrauen

Selbstvertrauen ist eine wertvolle Charaktereigenschaft. Selbstvertrauen gibt innere Stärke und ist ein wichtiger Schlüssel zu materiellem und spirituellem Erfolg.

Viele Menschen lehnen sich an andere an, weil sie ihr Selbstvertrauen verloren haben. Die Annehmlichkeiten des modernen Lebens haben die Menschen geschwächt. Sie verlieren viel von der Vitalität, die Menschen früherer Zeiten besaßen. Heute hängt der Mensch in allem von anderen ab. Er hat keine Ahnung von den großen Reserven an Kraft und Wissen in ihm. Seine Gedanken gehen nach außen und es fehlt das innere Leben. Es gibt keine magische Pille für den geistigen Fortschritt. Praktiziere selbst, mache deine spirituellen Übungen. Stelle deine Füße auf die spirituelle Leiter. Du bist dein/e eigene/r Erlöser/in und Retter/in. Merke dir das gut. Niemand kann einen anderen retten. Stelle dich auf deine eigenen Füße und sei erfolgreich in dieser Welt und auf dem spirituellen Weg. Zapfe die Quelle in dir an und hole mit geschlossenen Augen Kraft aus ihr.

Geduld und Ausdauer

Geduld und Ausdauer sind edle, sattwige Eigenschaften. Sie sind entscheidende Faktoren für Erfolg sowohl in der materiellen Welt wie auch auf dem spirituellen Weg.

Sie entwickeln die Willenskraft, denn auf jeder Stufe des persönlichen und spirituellen Wegs treten verschiedene Schwierigkeiten auf, die durch geduldige Anstrengungen und Ausdauer überwunden werden müssen. Mahatma Gandhi verdankt diesen Eigenschaften seinen Erfolg. Fehlschläge haben ihn niemals entmutigt. Alle Großen der Welt haben Größe, Erfolg, Stellung und Ansehen vor allem auch durch Geduld und Ausdauer erlangt.

Entwickle diese Tugenden allmählich. Ein geduldiger Mensch bewahrt immer einen klaren Verstand und einen ausgeglichenen Sinn. Er hat keine Angst vor Fehlschlägen und Missgeschick. Ein geduldiger Mensch lässt sich nicht im Geringsten beunruhigen. Geduld hilft, schlechte Laune zu besiegen. Geduld gibt ungeheure Stärke.

Viele lassen sich entmutigen, wenn sie Widerstand begegnen und geben ihre spirituelle Praxis als hoffnungslos auf. Das ist ganz falsch. Verlasse den spirituellen Weg nicht, wenn du Hindernissen begegnest – im Gegenteil.

Nimm dir ein Beispiel an der Geduld der Ameisen. In den Sprüchen Salomons steht geschrieben: „Gehe hin zur Ameise, o fauler Mensch; sieh ihre Weise an und lerne.“ [Spr 6.6]

Ebenso geduldig und ausdauernd wie die Ameisen sind die Bienen, die geduldig von jeder Blüte Honig sammeln und in ihren Waben speichern. Geduldig sind auch die Ingenieure, die Dämme und Brücken bauen, die Wissenschaftler, die ihre Experimente machen und die Heiligen, die nach höchster Erkenntnis streben. Ihre Geduld ist viel größer als die, die du brauchst, wenn du Gedankenbeherrschung und Entwicklung von Tugenden übst.

Erledige deine tägliche Arbeit geduldig und wiederhole in Gedanken: „*Oṃ*, Geduld." Langsam wird sich diese Eigenschaft in dir entwickeln. Meditiere am Morgen über sie. Versuche, alles mit Geduld zu tun. Murre und klage nicht, sondern denke an die Vorteile von Geduld. Ich versichere dir, dass du schließlich eine Verkörperung von Geduld werden wirst.

Aufrichtigkeit und Ehrlichkeit

Wenn du aufrichtig und ehrlich bist, wirst du auf lange Sicht stets erfolgreich sein. Menschen werden dir vertrauen und glauben. Ehrlichkeit ist die beste „Diplomatie" und eine heilige Tugend. Menschen mit diesen beiden edlen Eigenschaften werden überall in der Welt mit offenen Armen empfangen, denn es gibt nur wenige von ihnen.

Ein aufrichtiger Mensch versucht die Leiden und Sorgen anderer Wesen so gut wie möglich zu mildern und ist warmen Herzens. Er ist frei von Geiz und kennt keinen Betrug, kein doppeltes Spiel, keine Verstellung. Man kann seinen Worten vertrauen. Er ist zuverlässig und nicht voreingenommen, ohne Heuchelei, offen und ehrlich. Man wird einen solchen Menschen gern beschäftigen. Denn der Aufrichtige hat immer das Wohl des Ganzen vor Augen.

Aufrichtigkeit ist eine wichtige Eigenschaft auch für den spirituellen Weg. Folgender Hinweis zieht sich durch die gesamte „Bhagavad-gītā": Der/die Schüler/in auf dem Weg der Selbstverwirklichung muss die wichtige Eigenschaft der Aufrichtigkeit besitzen. Der Sanskrit-Ausdruck hierfür ist *ārjava*.

Ein aufrichtiger Freund, ein aufrichtiger Aspirant, Mann, Frau, Sohn, Tochter, Diener, die aufrichtig sind, verkörpern göttliche Eigenschaften. Darum entwickle die Tugend von Aufrichtigkeit und Ehrlichkeit auf jeden Fall.

Zufriedenheit

Zufriedenheit ist ein wichtiges Thema für Lebensqualität und innere Ruhe. Es gibt ein Sprichwort: „Ein zufriedener Sinn ist ein immerwährendes Fest."

Die Gedanken sind deswegen ständig unruhig, weil alle möglichen Wünsche da sind. Ständig etwas zu wollen ist eine Art inneren Feuers, das dich langsam verzehrt. Zufriedenheit ist ein mächtiges Gegenmittel.

Wenn du von einem langen Fußweg in glühender Sonne zurückkehrst, erfrischt dich ein Bad oder eine Dusche; wenn du am Ganges oder an einem anderen Fluss wohnst, tauchst du in seine kühlen Fluten ein. Ebenso erfährst du eine unmittelbare Freude und Erleichterung, wenn du vom Feuer ständiger Unruhe und Wünsche verbrannt tief eintauchst in die erfrischenden Wasser der Zufriedenheit.

Zufriedenheit ist ein noch wichtigeres Tor zur höchsten Befreiung als Frömmigkeit, Umgang mit heiligen Menschen und Unterscheidungskraft. Wenn du echte innere Zufriedenheit erlangt hast, folgt alles andere nahezu von selbst. Der Friede, den der Zufriedene genießt, lässt sich nicht mit Worten beschreiben. Wer diesen Frieden erfährt, ist glücklicher als ein Fürst.

Normalerweise ergreifen die Gedanken und die Sinnesorgane ein Objekt und lassen es im nächsten Augenblick wieder liegen. Die Vorstellung „Das gehört mir, jenes gehört mir und das will ich auch noch haben“ macht dich ruhelos und zwingt dich zu ständiger Betriebsamkeit. Diese Ruhelosigkeit zieht dich zu nie endenden äußerlichen Zerstreuungen und Dingen hin. Deshalb kultiviere Ruhe, Wunschlosigkeit und Gedankenkonzentration auf die höchste Wahrheit bzw. bitte darum im Gebet und in der Meditation.

Zufriedenheit ist einer der wichtigen Punkte der *niyama*-s (Disziplin im Umgang mit sich selbst) in der *rāja-yoga*-Philosophie. Auch in der „Bhagavad-gītā“ heißt es, man soll mit dem zufrieden sein, was einem zufällt, und mit leidenschaftslosem Sinn meditieren. Auch Sokrates preist diese Tugend in hohen Tönen.

Doch selbst wenn Menschen theoretisch wissen, dass Zufriedenheit erstrebenswert ist, um zu innerer Ruhe zu gelangen, machen sie doch in den seltensten Fällen echte Anstrengungen, um Zufriedenheit zu entwickeln. Denn sie haben die Kraft der Unterscheidung und der Selbsterforschung durch alle möglichen Wünsche geschwächt oder verloren. Durch ständige Wünsche und Sehnsüchte bewölkt sich das Verständnis und Intellekt und Gedächtnis werden verwirrt. Darum finden es viele

Menschen schwierig, echte Zufriedenheit zu entwickeln.

Manchmal wird eingewendet, Zufriedenheit würde dazu führen, dass Menschen jeglichen Ehrgeiz verlieren und gleichgültig und träge werden. Wahre Zufriedenheit jedoch macht niemals träge. Sie ist eine sattwige Tugend, die dich zu Gott führt. Sie gibt den Gedanken Stärke und Frieden. Sie zügelt unnötige und selbstsüchtige Bestrebungen, öffnet dir die Augen und führt dich zu göttlicher Kontemplation. Deine Energie wird in die inneren, sattwigen Kanäle gelenkt, statt nach außen zerstreut; die grobstoffliche, nach außen fließende Energie wird in geistige Kraft transformiert. Die zerstreuten Gedankenschwingungen werden gesammelt. So hast du mehr Energie als vorher, bist in innerem Frieden und kannst effizienter und konzentrierter arbeiten.

Die Kraft der Zufriedenheit ließ die *ṛṣi*-s (Seher) und Weisen früherer Zeiten sorglos in der Welt leben. Sie gibt den spirituellen Suchenden die innere Kraft und Gelassenheit, auf dem Weg der Selbstverwirklichung zu bleiben und zuversichtlich den nicht immer leichten Weg der Spiritualität zu gehen. Zufriedenheit lässt dich auf die wertlosen vergänglichen Dinge der Welt hinabsehen. Zufriedenheit öffnet die Tore der Befreiung und die Bereiche ewiger Glückseligkeit und ist eine göttliche Tugend. Wer vollkommen zufrieden ist, bekommt einen ausgewogenen Sinn und unendlichen Frieden.

Swami Pattinathu, ein großer Weiser Südindiens, war in früheren Zeiten seines Lebens ein sehr gieriger Mensch. Obwohl er bereits reich war, wollte er noch mehr Besitz horten. Da nahm Śiva die Gestalt eines kleinen Jungen an und brachte ihm ein Bündel Nadeln ohne Köpfe. Dazwischen lag eine Nachricht mit folgenden Worten: „Was ist der wirkliche Nutzen der Schätze dieser Erde? Nicht einmal diese Nadeln ohne Köpfe können dir im Moment des Todes folgen." Dies öffnete ihm die Augen. Er ließ alles hinter sich zurück und lebte von nun an als Mönch von Almosen. Dabei entwickelte er vollkommene Zufriedenheit und fand Selbstverwirklichung.

Zufriedenheit ist ein Segen. Sie ist wie der Nektar, der Unsterblichkeit und unendlichen Frieden schenkt. Deshalb entwickle diese Tugend und führe ein frohes Leben in innerem Frieden.

Mache dir in Gedanken ein klares Bild dieser Tugend. Wiederhole im Geist: „*Oṃ*, Zufriedenheit." Die mentale Gewohnheit der Zufriedenheit wird sich entwickeln.

Regelmäßigkeit und Pünktlichkeit

Ohne Regelmäßigkeit und Pünktlichkeit kannst du keinen wirklichen Erfolg im Leben und in der Selbstverwirklichung erwarten. Die kontinuierliche Disziplin, die für Erfolg und Selbstverwirklichung nötig ist, kannst du durch Regelmäßigkeit und Pünktlichkeit aufrechterhalten. Disziplin ist der Feind der Anteile des Geistes, die Worte wie Regelmäßigkeit, Pünktlichkeit, Ordnung, Verzicht, geistiger Weg usw. tief erschrecken.

Durch regelmäßiges Üben entwickelst du dich schnell. Wenn du regelmäßig meditierst, kommst du leicht in eine meditative Schwingung und kannst auch bald in höhere Bewusstseinsstufen wie *samādhi* eintreten. Wenn du regelmäßig *āsana*-s und *prāṇāyāma* übst, trainierst du deinen Körper schnell. Wenn du dagegen nur ab und zu ein bisschen übst, wirst du keinen oder nur geringen Erfolg deiner Bemühungen ernten.

Lerne von der Natur. Sieh, wie sich die Jahreszeiten regelmäßig ablösen, wie die Sonne auf- und untergeht, wie der Monsun kommt, wie die Blumen blühen, die Früchte und Gemüse wachsen, wie sich die Bewegung des Mondes und der Erde vollzieht, wie in Tag und Nacht, im Ablauf von Wochen, Monaten und Jahren eine Regelmäßigkeit liegt. Die fünf Elemente sind deine Lehrer. Öffne die Augen, nimm ihre Lehren auf und folge ihnen.

Regelmäßigkeit, Pünktlichkeit und Disziplin gehen zusammen; sie sind unzertrennlich. Wer regelmäßig und pünktlich ist, wird mit Sicherheit in jeder Lebenssituation Erfolg haben. Pünktlichkeit wird von Westlern hoch geschätzt und stärker eingehalten als in Indien. Im Westen ist es undenkbar, dass Angestellte unpünktlich sind. Die Eigenschaft, die mir Erfolg im Leben brachte, war Pünktlichkeit. Ich habe auf die Europäer großen Eindruck gemacht, weil ich jede Verabredung pünktlich einhielt. Ich habe nie einen Zug verpasst und immer alles pünktlich erledigt.

Sei regelmäßig in allen Gewohnheiten des Lebens und deines Tagesablaufs. Gehe abends jeweils zur selben Zeit schlafen und stehe früh am

Morgen auf. Nimm deine Mahlzeiten regelmäßig ein. Halte feste Zeiten für deine Studien, deine Körperübungen und deine Meditation ein, und du wirst ein sehr erfolgreiches und glückliches Leben führen. Lasse Regelmäßigkeit deine Lösung sein.

Vorwärtsdrängende Natur

Eine vorwärtsdrängende Natur ist das Gegenteil von Schüchternheit. Ein aktiver Mensch versucht überallhin vorzudringen, wie die Luft. Du kannst noch so intelligent sein – wenn du schüchtern bist und deine Schüchternheit nicht verlierst, kannst du keinen Einfluss auf andere ausüben und wenig bewirken.

Mit einer aktiven, überströmenden Natur bist du voller Abenteuergeist, mutig, kühn und experimentierfreudig. Du bist aktiv, kannst dich überzeugend und freundlich ausdrücken und gewinnst die Herzen. Du weißt, wie du das Vertrauen von Menschen gewinnst und ihnen dienst. Du bist nie träge, arbeitest viel, machst Pläne, überlegst und willst auf der Leiter des Glücks und in der Achtung der Welt aufsteigen. Du bist sehr fröhlich, freundlich und kannst dich mit allen einlassen, auch mit Menschen verschiedenster Temperamente.

Eine vorwärtsdrängende Natur ist notwendig, um Erfolg im Leben und in der Selbstverwirklichung zu erlangen. Bilde sie in höchstem Grad aus. Wünsche dir diese Eigenschaft inbrünstig und bemühe dich nach Kräften, sie zu deinem vertrautesten Freund zu machen. Dann werden deine anderen nahen Freunde – das Unterbewusstsein und der Wille – für dich arbeiten. Mache dir eine klare gedankliche Vorstellung von dem, was du willst.

Die Europäer hatten diese vorwärtsdrängende Natur in früheren Zeiten in großem Maße bei ihren Eroberungen und Entdeckungen, und auch heute noch bei ihren industriellen und kaufmännischen Unternehmungen. Auch die Japaner verfügen über eine solche Kraft.

Die vorwärtsdrängende Natur gibt dem Menschen den Anstoß, aktiv zu sein. Geschäftsleute sollten sie in reichem Maße entwickeln, und sie ist auch für spirituelle Aspiranten von Nutzen. Sie ist für jeden von großer Bedeutung für ein aktives, erfülltes Leben.

Geschick und Geschicklichkeit

Geschicklichkeit ist sehr wesentlich für beruflichen und auch sonstigen Erfolg – für Geschäftsleute und auch für jede/n andere/n. Wenn ein Mensch in seinem Beruf und Geschäft gut und glücklich agiert, sagt man, er/sie hat ein gutes Geschick.

„Fähigkeit" ist ein ähnlicher, gleichartiger Begriff. Höflichkeit, Liebenswürdigkeit und gutes Benehmen sind in diese Eigenschaft mit eingeschlossen. Ein ungeschliffener, unfreundlicher Mensch wird keinen Erfolg in seinen Geschäften haben.

Ein geschickter Geschäftsmann ist sorgfältig in seinen Berechnungen. Er hat ein gutes Gedächtnis, weiß über Geld und Wirtschaftsdinge Bescheid, ist geistesgegenwärtig und kann auch ein Missgeschick und Fehler bald wieder wettmachen. Er ist voller Einfälle und sehr intelligent. Auch Ärzte und Juristen brauchen Geschicklichkeit, um Erfolg zu haben.

Manche Menschen sind mit dieser Eigenschaft geboren, aber man kann sie sich auch sehr schnell aneignen, wenn der Wille dazu da ist. Auch für spirituelle Menschen und Lehrer ist Geschicklichkeit wichtig, um Menschen lehren und führen zu können. Ein spiritueller Mensch hat idealerweise viel Enthusiasmus und wendet je nach Umstand, Situation und Notwendigkeit geschickt verschiedene Methoden an.

Redebegabung

Demosthenes* hatte ursprünglich eine schwache Stimme und stotterte. Er trainierte seine Sprache, u. a. indem er Kieselsteine in den Mund nahm und so übte, Reden zu halten. So wurde er einer der größten Redner Griechenlands. So wie er sich vom Stotterer zu einem Redner entwickeln konnte, kannst auch du es, wenn du ernsthaft und eifrig vorgehst.

Übe das Reden allein vor einem großen Spiegel. Beobachte deine Handhaltung, deine Gesten und den Ausdruck deines Gesichts im Spiegel. Wenn du auf dem Podium stehst, halte dich nicht für schlechter als andere. Manche Sprecher werden nervös, wenn sie überlegen, dass sich unter den Zuhörern auch viele gebildete und gelehrte Leute befinden.

* einer der bedeutendsten griechischen Redner (384-322 v. Chr).

Halte dich selbst für eine/n große/n Lehrer/in und sei fest davon überzeugt, dass die Menschen gekommen sind, um etwas von dir zu lernen. Gehe erst mal von der Annahme aus, dass die Zuhörer nichts wissen. Das gibt dir am Anfang Kraft und Kühnheit.

Erinnere dich zu Beginn deiner Rede an die notierten Punkte. Dann rede kraftvoll und betont über jeden einzelnen Punkt. Sei nicht schüchtern. Denke, während du redest, nicht darüber nach, dass du eine gute, eindrucksvolle, fließende Rede halten und einen guten Eindruck machen musst. Das wird dich ablenken, du wirst deine Argumentation und Hauptpunkte vergessen und unter Umständen eine klägliche Figur abgeben.

Übe Atemschulung und singe laut *oṃ* und andere *mantra*-s, wenn du allein bist und dich niemand hört. Dies wird dir eine gut hörbare, geschmeidige Stimme geben.

Sei ein ethischer Mensch, der die Wahrheit spricht. Übe *japa* (*mantra*-Wiederholung) und Meditation. Dann kannst du machtvoll, feurig und beeindruckend sprechen und deine Reden werden einen Eindruck beim Publikum hinterlassen.

Anregungen für Vorträge

1. Singe zu Beginn eines Vortrags gemeinsam mit den Anwesenden einen *mantra* oder ein Gebet.

2. Bete in Gedanken zu Gott, ehe du sprichst. Denke an deinen *guru*.

3. Übe regelmäßig am Morgen *japa*, Meditation, *āsana*-s, *prāṇāyāma* und halte dich an Gewaltlosigkeit. Sei wahrhaftig. Dann wird deine Rede stark sein und Eindruck erwecken.

4. Gib zuerst einen allgemeinen Überblick, die allgemeine Linie deines Themas an. Dann erläutere und führe sie mit klaren, logischen Beweisen aus. In der Mitte kannst du auch passende Beispiele und Analogien aus dem täglichen Leben oder kurze Parabeln mit einflechten. Beende deinen Vortrag mit inspirierenden, motivierenden Worten.

5. Sei überzeugt von der Wahrheit, die du deinen Zuhörern verkündest.

6. Denke klar und unabhängig. Drücke deine Gedanken deutlich aus,

sprich überzeugend aus der Tiefe deines Herzens und richte deine Worte sowohl an die Vernunft wie auch an das Gefühl. So hältst du dein Auditorium ganz in Bann, sodass es einen unauslöschlichen Eindruck gewinnt.

7. Beherrsche die Sprache, rede deutlich, benutze gut gewählte Ausdrücke. Betone dort, wo es notwendig ist und sei direkt und treffend in deinen Worten.

8. Übe zuvor an einem stillen Ort vor einer imaginären Zuhörerschaft und beobachte deine Bewegungen.

9. Wähle einen interessanten Titel für deinen Vortrag.

10. Spring nicht temperamentvoll herum, sondern wende dich nach allen Seiten des Raums und moduliere deine Stimme.

11. Sprich fließend, ohne Wiederholungen.

12. Sei davon überzeugt, dass du ein guter Redner bist. So überwindest du Nervosität und Scheu.

13. Mache dir einige Stichworte, die du dann weiter ausführst. Am Anfang kannst du die ganze Rede auswendig lernen. Später, wenn du mehr Erfahrung hast, wirst du frei sprechen.

14. Stelle fest, wer deine Zuhörer sind und richte deinen Stil ihrem Typ entsprechend aus. Ermüde sie nicht. Deine Rede sollte an die zur Verfügung stehende Zeit, die Interessen der Zuhörer und an die zur Diskussion stehenden Themen angepasst sein.

15. Halte die Kontinuität der Rede aufrecht. Wenn du Illustrationen oder Gleichnisse gibst, bleibe im Zusammenhang.

16. Lege Ernst und Gewichtigkeit in deine Rede. Bei den meisten Themen ist es gut, wenn die Zuhörer nicht zu viel zum Lachen haben, damit die Feierlichkeit und Aufmerksamkeit gewahrt bleibt.

17. Beschränke dich eher auf einige wesentliche Kerngedanken und präsentiere sie in bedeutsamer, attraktiver, lehrreicher und nutzvoller Weise. Benutze einfache Worte und sei nicht extravagant und hochtrabend in

deinen Gedanken und Ausdrücken.

18. Nur wenn du wahrhaftig bist, kannst du Menschen beeindrucken.

19. Benutze keine Ausdrücke, die die Menschen aufregen, sondern sprich freundlich mit ein wenig Humor. Verwende keinen Slang. Greife weder mittelbar noch unmittelbar irgendeine Religion, einen Glauben oder einen Vorredner an. Setze dich auf dem Podium nicht Auseinandersetzungen mit anderen aus. Bleibe ruhig und aufrichtig. Es ist besser, nach dem Vortrag Zweifel oder Angriffspunkte mit den Beteiligten zu klären, sonst wird der Fluss der Gedanken in dir und den Zuhörern während des Vortrages unterbrochen.

20. Ordne die Punkte deines Vortrags vorher und sei klar in deinen Folgerungen und in deinem Ausdruck. Dein Stil sollte leicht, deine Gedanken tief sein.

21. Bereite deine Rede von verschiedenen Standpunkten aus und für verschiedene Typen von Zuhörern vor. Zitiere nicht zu oft, damit deine Rede originell bleibt. Du brauchst deine Bildung nicht durch Zitate zu beweisen. Das würde die Zuhörer langweilen. Ein guter Redner bemerkt den kleinsten Verlust an Interesse im Publikum. Wenn man an Aufmerksamkeit verliert, fangen die Zuhörer an, untereinander zu reden, werden unruhig und einige fangen an, den Saal zu verlassen. Wird deine Rede gut aufgenommen, herrscht Schweigen und alle sind sehr aufmerksam.

22. Fasse am Ende das Gesagte kurz zusammen, damit die Zuhörer sich an die Hauptpunkte deiner Rede erinnern.

23. Danke zum Schluss denjenigen, die das Zusammentreffen organisiert haben und auch den Zuhörern.

24. Achte darauf, dass dein Magen vor der Rede nicht überladen ist. Wenn du häufig Vorträge hältst, halte dich an eine leichte, energiereiche Ernährung.

25. Meditiere am Ende mit allen gemeinsam, ehe sich die Menge zerstreut. Dann werden vollkommene Stille, Frieden und Ruhe herrschen.

Kapitel 4

Überwinden hinderlicher Eigenschaften

Schüchternheit

Schüchternheit ist ein großes Hindernis auf dem Weg zum Erfolg. Sie ist eine Form von Scheu und Ängstlichkeit.

Ein schüchterner Mensch kann seine Gedanken nicht frei ausdrücken und jemand Fremdem nicht unbefangen begegnen. Er kann anderen nicht in die Augen schauen, sondern schaut beim Sprechen auf den Boden.

Ein schüchterner Mensch wird in keinem Geschäft oder Büro gut vorwärtskommen.

Bescheidenheit hingegen ist etwas anderes. Bescheidenheit ist keine Scheu, sondern sie entspringt der Höflichkeit und Freundlichkeit.

Wenn du schüchtern bist, lerne, auf andere zuzugehen, deine Gedanken zu artikulieren und anderen in die Augen zu blicken. Schüchternheit ist eine hinderliche Schwäche. Überwinde sie, indem du Mut entwickelst.

Ängstlichkeit

Ängstlichkeit ist eine andere Schwäche. Sie stammt aus Kleinmut und ist mit Schüchternheit verwandt.

Wenn du ängstlich bist, fällt es dir schwer, dich in der Öffentlichkeit zu engagieren und etwas zu wagen, mit deinen Vorgesetzten und mit Kunden zu reden.

Ein ängstlicher Mensch gleicht einem Frosch, der in einem kleinen Brunnen lebt und nicht darüber hinauskommt. Er wird kaum Erfolg im Leben haben. Er hat auch Lebensangst, hängt übermäßig stark an Familienbanden und Besitz und fürchtet sich vor der öffentlichen Meinung.

Ängstlichkeit schwächt dich, hält dich von deiner Entwicklung ab und behindert deinen Erfolg im Leben. Überwinde Ängstlichkeit, indem du Mut entwickelst.

Pessimismus

Pessimismus ist eine andere unerwünschte, hinderliche Eigenschaft. Pessimismus ist eine Einstellung, die dazu neigt, bei allem nur die negative, dunkle Seite zu sehen. Pessimismus ist die Lehre von der schlechten Welt, eine niederdrückende Lebensansicht.

Die *vedānta*-Philosophie ist eine wunderbar optimistische Weltsicht, auch wenn sie lehrt, dass die Welt unwirklich sei. Sie spricht zwar von *vairāgya* (Verhaftungslosigkeit äußeren Dingen gegenüber), aber als Mittel, um den Menschen einen Geschmack des unsterblichen, glücklichen Lebens in *brahman* zu geben und eine natürliche innere Loslösung vom letztlich wertlosen rein materialistischen Leben.

Das Gegenstück zum Pessimismus ist Optimismus. Der Optimist sieht immer nur das Positive, die helle Seite von allem.

Der Pessimist wirkt oft finster, niedergeschlagen, träge und lethargisch. Fröhlichkeit kennt er kaum. Er steckt andere mit dieser Stimmung an wie bei einer Epidemie. Daher ist der Pessimist in der Regel nicht sonderlich beliebt und kann nur schwer Erfolg haben.

Sei ein/e Optimist/in und freue dich an dem alldurchdringenden *ātman*. Versuche und übe, in allen Lebensumständen heiter zu sein.

Leichtgläubigkeit

Manche Menschen sind leichtgläubig. Auch das ist von Übel. Man wird dann leicht von anderen betrogen.

Prüfe einen Menschen gut, bevor du ihm Vertrauen schenkst. Beobachte ihn, achte auf sein Verhalten und hole dir gegebenenfalls von anderen Auskunft ein. Kein Mensch kann lange sein wahres Gesicht verbergen. Sein Gesicht, seine Mimik, sein Verhalten usw. sind sein Aushängeschild, das seine inneren Gedanken sichtbar macht.

Schenke ihm/ihr erst nach genauer Prüfung und Beobachtung Vertrauen.

Argwohn

Eine zu argwöhnische Natur ist aber genauso wenig hilfreich. Sie ist der Gegensatz zur Leichtgläubigkeit. Der Mensch neigt zu Extremen. Überall wogt Kampf und Besorgnis. Wie kann man da in Ruhe seinen Aktivitäten und Geschäften nachgehen?

Geschäfte können nur in Vertrauen abgewickelt werden. Wenn Menschen zu argwöhnisch sind, entstehen Spannungen und Trennung. Halte etwas Abstand und prüfe deine Mitmenschen oder Mitarbeiter. Sei nicht leichtgläubig, aber auch nicht zu misstrauisch. Gehe den goldenen Mittelweg.

Unduldsamkeit

Eine andere unerfreuliche Eigenschaft ist Unduldsamkeit. Intoleranz herrscht häufig in der Religion, in der Gemeinschaft und bei vielem anderen.

Unduldsamkeit ist nicht weit entfernt von Engherzigkeit. Es ist meist eine unvernünftige Abneigung kleinen Dingen gegenüber.

Unruhe und Kampf in dieser Welt wurzeln in der Unduldsamkeit. Wie aber könnte jemand, der in allem den *ātman,* die verbindende Seele, das höhere Selbst, erblickt, intolerant sein? Die kleinen Unterschiede, denen man unduldsam begegnet, sind eine reine Schöpfung des Mentalen.

Weite dich immer mehr aus, umfasse alle, schließe alle ein und liebe sie. Diene allen und sieh Gott in allem. Vereine dich mit allem, erkenne Gott in jedem Antlitz. Erblicke überall die innewohnende Gegenwart des Göttlichen, einer höheren Wirklichkeit. Verändere deinen Blickwinkel, beseitige alle Schranken, die dich von den anderen trennen.

Werde duldsam und entschuldige die Babyseelen, die auf dem Pfad der Lebensreise straucheln und Fehler machen. Vergiss und vergib ihnen. Dann wirst du Erfolg im Leben haben und schnell die Selbstverwirklichung erlangen.

Minderwertigkeitsgefühl

Der Gedanke von Unterlegenheit und Überlegenheit ist nur eine Schöpfung des Denkens.

Der Unterlegene kann ein Überlegener werden, wenn er sich bemüht, wenn er kämpft und Tugenden entwickelt. Der vermeintlich Höherstehende kann der Unterlegene werden, wenn er seinen Besitz verliert oder auf Abwege gerät.

Halte dich niemals für überlegen oder unterlegen. Hältst du dich einem Menschen für überlegen, wirst du ihn mit Missachtung behandeln. Beides ist Ausdruck von Unwissenheit.

Erkenne dich selbst und lebe im wahren Geist der „Bhagavad-gītā", in der es heißt, dass die Weisen mit gleicher Demut auf einen Brahmanen mit höchster Bildung, auf einen Banditen, auf eine Kuh, einen Elefanten oder auf einen Hund blicken.

Wo gibt es Überlegenheit oder Unterlegenheit, wenn man in allen und allem das eine Selbst erblickt? Verändere deinen Blickwinkel und deine geistige Einstellung und bleibe in Frieden.

Depression

Eine andere hinderliche geistige Prägung ist die Depression im Sinne einer niedergeschlagenen Stimmung und Geisteshaltung.

Depressive Menschen sind oft verschlossen, finster, mit verdrießlicher und mürrischer Miene. Sie verbreiten Dunkelheit und depressive Stimmung wie eine ansteckende Epidemie. Wer in einer depressiven Stimmung ist, kann sich nicht für eine bestimmte Arbeit oder überhaupt für irgendetwas entscheiden, ist antriebslos und träge. Depression raubt alle Energie.

Denke an das Gegenteil, an Fröhlichkeit. Stelle dir in Gedanken Freude vor und denke an etwas Schönes, Erfreuliches. Dann wird sich die Gewohnheit der Fröhlichkeit um dieses Bild formen. Lächle und lache aus vollem Herzen. Wer lacht und eine fröhliche Miene hat, strahlt Freude auf andere aus und vertreibt die depressive Stimmung.

Unentschlossenheit

Manche Menschen sind nicht fähig, in wichtigen Dingen etwas Endgültiges zu entscheiden. Ihnen fehlt die unabhängige Kraft des Urteils. Sie ziehen anstehende Fragen in die Länge und kommen nie zu einer bestimmten, klaren Entscheidung. So verflüchtigt sich die Gelegenheit, man versäumt Chancen und Möglichkeiten.

Denke eine Zeitlang gründlich über die anstehende Angelegenheit nach und fälle dann eine Entscheidung. Danach setze sofort deinen Willen ein und beginne, die Entscheidung unmittelbar umzusetzen. Dann wirst du Erfolg haben. Zuviel Nachdenken wirft alles um und stellt ständig alles in Frage.

Bei wichtigen, komplexen Problemen kannst du auch Menschen fragen, die in solchen Dingen Erfahrung haben und dir wohlgesonnen sind. Dann bilde dir ein Urteil, entscheide und durchtrenne den gordischen Knoten.

Sorglosigkeit und Vergesslichkeit

Sorglosigkeit und Vergesslichkeit sind zwei weitere Charakterzüge, die dir auf dem Weg zum Erfolg entgegenstehen.

Beide, Sorglosigkeit und Vergesslichkeit, sind aus Trägheit geboren. Wer sorglos und verantwortungslos ist, macht alles oberflächlich und führt seine Aufgaben selten sauber und richtig aus. Aufmerksamkeit, Achtsamkeit und Beharrlichkeit sind Fremdworte für ihn. Er verliert und verlegt häufig seine Sachen – wie Schlüssel, Regenschirm, Kugelschreiber usw. Er findet seine Unterlagen nicht zur rechten Zeit, kann sie nicht vorlegen und ist oft unvorbereitet in einem Meeting. Daher mögen Vorgesetzte und auch Kollegen/Kolleginnen keine vergesslichen, unzuverlässigen Mitarbeiter. Auch als Geschäftspartner und in persönlichen Beziehungen wirkt sich diese Haltung negativ aus.

Übe Gedächtnisschulung und du wirst schon bald ein gutes Gedächtnis haben. Bewahre alles möglichst immer am selben Ort auf, lege es immer an seinen Platz zurück und überprüfe es, ehe du das Haus verlässt.

Habe den ernsthaften Wunsch, diese hinderlichen Eigenschaften zu überwinden und ihr positives Gegenstück zu entwickeln. Wenn du diesen festen Vorsatz als Voraussetzung hast, werden Wille und Unterbewusstsein für dich weiter daran arbeiten. Überprüfe regelmäßig dein Verhalten diesbezüglich.

Mangelndes Selbstvertrauen

Vielen Menschen mangelt es an Selbstvertrauen. Sie haben Energie, Fähigkeiten und Leistungsvermögen, aber es fehlt ihnen das Vertrauen in ihre Kräfte, Möglichkeiten und Erfolgschancen. Das ist eine bedauerliche Schwäche, die Missgeschick in allen Vorhaben gewissermaßen vorprogrammiert.

Mangelndes Selbstvertrauen macht nervös und irritiert. Man kann wenig Leistungsfähigkeit besitzen und doch das Selbstvertrauen haben, keine Fehler zu machen. Selbstvertrauen ist eine Kraft. Selbstvertrauen entwickelt und stärkt den Willen. Denke immer: „Ich werde Erfolg haben. Ich bin meines Erfolges ganz sicher." Vertrauen ist schon der halbe Erfolg.

Gib der negativen Tendenz zu mangelndem Selbstvertrauen keinen Raum. Sei dir deines Wertes bewusst und tritt entsprechend auf. Mit einem gesunden Selbstvertrauen wirst du in deinen Vorhaben und Unternehmungen erfolgreich sein.

Unehrlichkeit

Unehrlichkeit ist eine weitere hinderliche Eigenschaft. Auf die eine oder andere Weise sind fast alle Menschen unehrlich. Es gibt sehr wenige wirklich ehrliche Menschen.

Unehrlichkeit ist die Zubringerin von Gier und Geiz. Wo Unehrlichkeit herrscht, besteht auch Doppelzüngigkeit, Diplomatie, Betrug, List, Spitzfindigkeit. Sie sind das Gefolge von Unehrlichkeit. Gier nach irgendetwas – sei es Geld, Macht, Besitz, Ansehen usw. – ist die Anführerin der Leidenschaften. Um sie zu befriedigen, werden alle möglichen unehrlichen Mittel eingeschaltet. Daher arbeite daran, übermäßige Gier zu reduzieren. Das bringt automatisch mehr Aufrichtigkeit und ethisches Verhalten mit sich.

Wenn du unehrlich bist, kannst du im Berufsleben dauerhaft kein Glück haben; früher oder später wird man deine Unehrlichkeit herausfinden und dich in der Gesellschaft und Gemeinschaft meiden.

Unehrlichkeit äußert sich auch darin, dass man Bestechungen annimmt und lügt. Um eine Unwahrheit zu verdecken, greift man schließlich zu zehn Lügen. Um zehn Lügen zu begründen, braucht man deren fünfzig. Irgendwann wird das zu einer so notorischen Gewohnheit, dass man selbst dann nicht die Wahrheit sagt, wenn man versucht, sich dazu zu zwingen.

Entwickle Ehrlichkeit, indem du Unehrlichkeit vermeidest. Sei mit deinem Schicksal zufrieden. Suche nicht ständig nach mehr. Führe ein einfaches Leben, denke an Höheres. Denke an Gott, verehre Gott. Sprich die Wahrheit, liebe alle und erkenne dein Selbst in allem. Dann wirst du nichts Unehrenhaftes tun und bereit sein, selbst das Wenige, was du besitzt, aufzugeben, wenn es nötig sein sollte. Du wirst ein weites Herz entwickeln und eine großzügige Natur. Genau dies brauchst du, wenn du Erfolg im Leben und in der Selbstverwirklichung haben willst.

Bestechlichkeit

Bestechungen anzunehmen ist sehr verbreitet. Wenn du dich bestechen lässt, wirst du nach dem Gesetz der Aktion und Reaktion die entsprechenden Folgen tragen müssen, sei es in diesem oder einem nächsten Leben. Die Veranlagung der Bestechlichkeit ist, wie alle Gedanken und Handlungen, im Unterbewusstsein eingeschrieben. So wirst du selbst in der nächsten Geburt ein unehrlicher Mensch sein, deine Unehrlichkeit und Bestechlichkeit von Geburt zu Geburt tragen und als natürliche Kompensation alle möglichen Leiden erfahren.

Vermindere deine Wünsche und lebe ehrlich mit deinen Mitteln. Dann hast du ein gutes Gewissen und bist frei von Angst und Sorge. Du kannst in Frieden leben und in Frieden sterben.

Werde ein ehrlicher Mensch und sei von dem Augenblick an, in dem du diese Zeilen liest, wahrhaftig. Halte dich fern von allen Versuchungen. Dann gibt es wenige Möglichkeiten, Bestechungen anzunehmen oder Fehler zu begehen. Du kannst ein ruhiges Leben führen und dich auf den spirituellen Weg vorbereiten.

Hass

Hass ist eine ausgesprochen schlechte Eigenschaft. Diese Welt ist voller Hass oder zumindest Unfreundlichkeit. Es gibt kaum wahre Liebe. Selbst in Familien herrscht Zwietracht.

Ein gutes Gegenmittel gegen Hass und Abneigung sind die Grundsätze des *vedānta*. Es wäre gut, wenn sie überall gelehrt würden. Denn wie könnte ein Mensch, der in allen das eine Selbst sieht, jemand anderen hassen oder nicht mögen?

Deshalb ist es wichtig, dass schon von frühester Jugend an gesunde *saṃskāra*-s gesät werden und der Dienst an der Menschheit und die Notwendigkeit universeller Liebe gelehrt werden. Auf diese Weise entsteht Liebe und Hass verschwindet.

Versuche von jetzt an, ernsthaft und aufrichtig Hass durch Liebe, Eifersucht durch Liebe, Unduldsamkeit durch Liebe zu ersetzen. Dann wirst du Erfolg im Leben haben.

Eifersucht, Stolz und Heuchelei

Eifersucht ist ein Schaden, der den Menschen auffrisst. Eifersucht ist nichts anderes als Engherzigkeit. Nicht einmal gebildete Menschen und *sannyāsī*-s sind frei davon.

Unruhe, Kampf und Streit zwischen einer Gemeinschaft und einer anderen, zwischen zwei Menschen, zwischen zwei Nationen kommen aus dieser üblen Eigenschaft. Das Herz eines eifersüchtigen Menschen brennt förmlich, wenn er sieht, dass sein Nachbar mehr besitzt oder scheinbar glücklicher lebt als er. Dasselbe gilt für Gemeinschaften und Nationen.

Eifersucht kannst du überwinden, indem du die entgegengesetzte Eigenschaft, z. B. Vornehmheit und Großzügigkeit, entwickelst. Stolz kannst du durch die Entwicklung von Demut, und Heuchelei durch Offenheit und Einfachheit ausräumen. Wer in der Liebe und im Geist des Dienens lebt, überwindet sie alle.

Ärger

Vermutlich ist ohne Ausnahme jeder von uns ein Opfer dieser Krankheit.

Ärger zu beherrschen führt zu höchstem Frieden und zu unschätzbarer Freude. Deshalb möchte ich hier ausführlich darauf eingehen, Ärger in allen Einzelheiten beschreiben, seine verschiedenen Arten, seinen Einfluss auf das Nervensystem, seine enge Verwandtschaft mit der Leidenschaft, und schließlich verschiedene praktische Methoden für die sichere Überwindung von Ärger und all seinen Ausläufern.

Ärger ist der größte Feind des Friedens, der Erkenntnis und Hingabe, der direkteste Weg zur Hölle. Ich wünsche mir daher eindringlich, dass ihr mit ganzem Herzen und Gemüt daran geht, diese Krankheit durch Übung und Selbstdisziplin zu überwinden.

Ärger ist eine *vṛtti* (Gedankenschwingung), eine Bewegung, die auf dem See des Denkens entsteht, wenn die *guṇa*-s (Qualitäten) von Unruhe bzw. Aktivität (*rajas*) und Trägheit (*tamas*) vorherrschen.

Ärger ist eine Welle unerfreulicher Gefühle, die sich erhebt, wenn man mit etwas nicht einverstanden ist. Es ist mit anderen Worten eine Abart des Verlangens. Ebenso wie Milch sauer wird, kann ein Wunsch zum Ärger mutieren. Ärger ist, wie jede Emotion, eine Manifestation von *śakti*, der kosmischen Energie. So heißt es in einem *mantra*: „Ich verneige mich wieder und wieder vor dieser Göttin, die in allen Wesen in Form von Ärger vorhanden ist."

arjuna uvāca
atha kena prayukto 'yaṃ pāpaṃ carati pūruṣaḥ ।
anicchannapi vārṣṇeya balādiva niyojitaḥ ॥

Arjuna sprach: „Was treibt den Menschen – auch gegen seinen Willen –, dass er seine Sinne nicht beherrschen kann, o Kṛṣṇa, trotz seiner selbst, gewaltsam getrieben, wie es scheint?" [BhG 3.36]

śrī-bhagavān uvāca
kāma eṣa krodha eṣa rajo-guṇa-samudbhavaḥ ।
mahāśano mahā-pāpmā viddhyenamiha vairiṇam ॥

dhūmenāvriyate vahnir yathādarśo malena ca ।
yatholbenāvṛto garbhas tathā tenedam āvṛtam ॥

Kṛṣṇa sprach: „Das ist die Gier, das ist der Zorn, der aus der Leidenschaft entspringt. Das ist das Böse, das verschlingt! Ja wisse, dieses ist der Feind." – „Wie Feuer wird vom Rauch verhüllt und wie der Spiegel durch den Schmutz, wie von der Haut der Embryo, so ist von dem umhüllt die Welt." [BhG 3.36-37]

Und an anderer Stelle heißt es in der „Bhagavad-gītā":

tri-vidhaṃ narakasyedaṃ dvāraṃ nāśanam ātmanaḥ ।
kāmaḥ krodhas tathā lobhas tasmād etat trayaṃ tyajet ॥

„Dreifach ist das Tor zu dieser zerstörenden Hölle – Lust, Zorn und Gier; daher müssen diese drei aufgegeben werden." [BhG 16.21]

Ärger hat seinen Sitz im *liṅga-śarīra* (Astralkörper). Er sickert in den physischen Körper hinein wie Wasser durch die Poren eines tönernen Topfes. So wie Hitze Blei schmilzt oder wie Hitze und Borax Gold schmelzen, so schmelzen *kāma* (Begierde) und *krodha* (Zorn) die hitzigen Gedanken.

Zahlreiche destruktive Eigenschaften und Handlungen entstehen aus Ärger. Wenn du Ärger überwinden kannst, vergehen die meisten anderen negativen Eigenschaften von selbst. Ärger bringt acht Arten von Untugenden hervor, nämlich:

- Ungerechtigkeit
- Übereilung
- Verfolgung
- Eifersucht
- Besitzergreifen des Eigentums anderer
- Töten
- scharfe Worte
- Verletzen und sogar Grausamkeit

Wenn ein bestimmtes Verlangen nicht erfüllt wird und jemand oder etwas der Erfüllung im Wege steht, wird man ärgerlich. Das ursprüngliche Verlangen wird in Ärger umgewandelt. In der Gewalt des Ärgers begeht man alle möglichen Affekthandlungen. Man verliert seine Erinnerung, das Verstehen umwölkt sich, der Intellekt wird getrübt.

krodhād bhavati saṃmohaḥ saṃmohāt smṛti-vibhramaḥ |
smṛti-bhraṃśād buddhi-nāśo buddhi-nāśāt praṇaśyati ||

„Aus dem Zorn die Betörung kommt, dann tritt Gedächtnisstörung ein, dann geht zugrunde die Einsicht ihm, und endlich geht er selbst zugrunde.“ [BhG 2.63]

Ein Mensch kann im Ärger im Extremfall einen Mord begehen und weiß dabei selbst nicht, was er tut. Er wird erregt und impulsiv. Wenn er sich ärgert, spricht und tut er, was ihm gerade einfällt. Ein heißes Wort führt zu Kampf und Stechereien. Der Mensch ist in einem Rausch. Er verliert seinen Verstand und ist nur noch eine Beute des Ärgers.

Erregbarkeit, Unwille, Entrüstung, Wut und Zorn sind Abarten des Ärgers in verschiedenen Graden.

Nur wenn der Ärger gierigen oder selbstsüchtigen Motiven entspringt und nicht beherrschbar ist, hat er all diese negativen Folgen. Es gibt auch einen „gerechten“ oder „ethisch-spirituellen“ Ärger – nämlich dann, wenn jemand einen anderen korrigieren will und dabei einen leichten, selbstlosen Ärger zeigt als eine Kraft, um jemand anderen zu bremsen und zu bessern.

Beispiele für „gerechten Zorn“

Manchmal muss ein spiritueller Lehrer ein wenig Ärger bekunden, um seine Schüler zu bessern und aufzurütteln. Das ist dann nicht von Übel. Es muss geschehen, aber der Lehrer sollte innerlich kühl und nur nach außen heiß und impulsiv sein. Der Ärger darf keine tiefen Wurzeln in seinem Inneren fassen, sondern muss im nächsten Augenblick wieder vorübergehen wie eine Welle im Meer, die zur Ruhe kommt.

Wenn z. B. ein Mann eine Frau belästigt oder beschimpft und jemand, der dabei ist, ärgerlich wird und einschreitet, kann man von einer „gerechten Entrüstung“ oder einem „edlen Zorn“ sprechen.

Wenn du dich über nichtige Dinge leicht aufregst, ist das ein Zeichen mentaler Schwäche. Wenn du dagegen ruhig bleibst, wenn dich beispielsweise jemand ausnutzt oder dir etwas wegnimmt, ist das ein Zeichen innerer Stärke. Selbstbeherrschung ist ein Zeichen großer mentaler Kraft.

Wenn du leicht erregbar bist, wirst du auch schnell ungerecht. Du wirst von Impulsen und Emotionen getrieben.

Die Emotion des Ärgers und die in ihm manifestierte Energie werden stärker durch Wiederholungen. Wenn du deinen Ärger hin und wieder zügeln kannst, gewinnst du eine ungeheure Willensstärke. Ärger, der beherrscht wird, verwandelt sich in geistige Energie und vermag die drei Welten zu bewegen. Ebenso wie Hitze oder Licht in Elektrizität umgewandelt werden, wird Ärger in geistige Kraft (*ojas*) transformiert. Die im Ärger gebundene Energie nimmt eine andere Form an. Sie wird in großem Maße verschwendet, wenn man ärgerlich wird. Das ganze Nervensystem kommt bei einem Ausbruch von Ärger durcheinander. Die Augen werden rot, der Körper zittert, Beine und Hände beben. Einen wütenden Menschen kann man in dem Moment nicht beruhigen. Er entwickelt eine riesige Kraft. Nachher aber bricht er als Reaktion zusammen.

Durch Ärger wird das ganze System vergiftet. Feurige Pfeile schießen aus dem Astralkörper, wenn der Mensch voller Wut ist. Viele Krankheiten entstammen letztlich diesem Übel. Das Nervensystem braucht Zeit, bis es wieder ausgeglichen ist.

Die Hauptursache von leichter Erregbarkeit und Ärger ist Leidenschaft. Leidenschaft ist die Wurzel, Ärger der Stamm. Wenn du die Wurzel, die Leidenschaft, zuerst ausreißt, dann wird der Stamm, der Ärger, von selbst absterben. Wer seine sexuelle Energie zu stark verschwendet, wird sich selbst über kleine Dinge schnell erregen. Wer seine sexuelle Energie bewahrt, wird eher ausgeglichen sein und behält einen klaren Kopf.

Wenn der/die Schüler/in auf dem spirituellen Weg den Ärger beherrscht, ist die Hälfte des Weges zurückgelegt. Beherrschung des Ärgers ist Beherrschung von Begierden und der Gedanken. Wer seinen Ärger gezügelt hat, wird keine schlechten Handlungen mehr begehen. Er ist immer gerecht.

Tipps: Wie kannst du Ärger überwinden und transformieren?

Die Hauptwurzeln des Ärgers sind Unwissenheit und Selbstsucht. Durch Selbsterforschung kannst du das Wirken des Egos erkennen und verringern. Dann kannst du den Ärger erfolgreich beseitigen.

Auch durch Entwicklung der Gegenkräfte wie Liebe, Freundlichkeit, Friedfertigkeit etc. kannst du Ärger beherrschen.

Ātma-jñāna, die höchste Selbsterkenntnis, tilgt alle *saṃskāra*-s (Eindrücke) des Ärgers im Astralkörper.

Es ist schwer zu sagen, wann ein Wutanfall hochkommt. Es geschieht ganz plötzlich, oft bei den geringsten Anlässen. Wenn dann der Ärger schon stark ist und eine so starke Form angenommen hat, ist es nicht mehr leicht, ihn zu zügeln. Darum versuche schon zu reagieren, wenn sich erst kleine Wellen im Gemüt (*citta*) zeigen. Dazu braucht es eine gute Selbstanalyse. Beobachte deine Gedanken und Gefühle sehr genau. Sobald sich die geringsten Symptome oder Anzeichen einer leisen Erregbarkeit zeigen, ist es noch einfach, diese Schwingung unter Kontrolle zu bekommen. Sei sorgfältig und wachsam und beobachte die Wellenbewegungen der Gedanken und Emotionen. Dann bist du sicher.

Wenn auch nur ein bisschen Erregbarkeit entsteht, höre sofort auf zu reden und sage erst mal nichts. Wenn möglich, halte ein oder zwei Stunden Schweigen (*mauna*) pro Tag. Das ist eine große Hilfe für die Beherrschung von Ärger.

Versuche immer freundlich zu sprechen. Lasse die Worte liebenswürdig und die Argumente hart sein. Das Gegenteil führt zu Unstimmigkeit und Disharmonie. In der Zunge liegt ein scharfes Schwert.

Wenn du es in einer konkreten Situation schwierig findest, deinen Ärger zu zügeln, dann gehe hinaus und mache einen schnellen Lauf. Trinke kaltes Wasser. Das kühlt Körper und Geist. Brülle wie ein Löwe laut zehn Minuten lang *oṃ*, und singe dann in Gedanken oder auch laut fünf Minuten lang *oṃ śānti* („*Oṃ*, Frieden"). Denke an das Bild deiner *iṣṭa-devatā*, deines Gottesaspekts. Bete. Wiederhole deinen *iṣṭa-mantra* zehn Minuten lang. Allmählich wird der Ärger vergehen.

Finde die wirkliche, tiefere Ursache deines Ärgers heraus und versuche, diese anzugehen. Wenn dich z. B. jemand beschimpft, wirst du sofort wütend und dein Blut erhitzt sich. Warum fühlst du dich beleidigt, warum erregst du dich über kleinliche Dinge? Hinterfrage und erkenne, dass das einfach nur Klänge, einfach eine Bewegung der Luft ist. Du selbst bist der reine, unberührte *ātman*. Niemand kann den *ātman*, das wahre Selbst, beleidigen. Der *ātman* desjenigen, der beschimpft und desjenigen, der beschimpft wird, sind eins.

Frage dich: Gewinne ich wirklich etwas durch Vergeltung? Ich vergeude doch nur meine Energie und treffe die Gefühle anderer Menschen. Ich beunruhige und beschmutze die Gedankenwelt und füge ihr Schaden zu, wenn ich einen Strom von Negativität und Hass aussende. Diese Welt ist unwirklich. Ich werde hier nur kurze Zeit leben. Möge ich diese Beleidigung ertragen und die Beleidigungen entschuldigen. Ich entwickle dadurch innere geistige Kraft und die Fähigkeit durchzuhalten. Auf diese Weise kannst du sehr wirksam das Gefühl des Ärgers ausrotten.

Es wird dann eine Zeit kommen, wo du kein bisschen mehr von harten Worten und Beleidigungen erregt wirst. Du wirst gar nicht mehr darauf achten, wenn jemand dir erzählt, dass jemand anders sich hässlich über dich geäußert hat. Du wirst die ganze Angelegenheit einfach fortlachen.

Ein leicht erregbarer Mensch ist schwach und hat keine geistige Kraft. Bleibe selbst unter den stärksten Herausforderungen kühl. Wenn du hungrig oder krank bist, erregst du dich leichter auch über geringfügige Dinge.

Die Welt ist eine bessere Schule für die Beherrschung des Ärgers als die Abgeschiedenheit, in der man mit nichts konfrontiert wird und daher kaum Möglichkeiten zum Ärger hat.

Sei achtsam in der Nahrung, trinke keinen Alkohol, iss kein Fleisch, rauche nicht und lebe auch sonst möglichst enthaltsam. Meditiere und bete. Sei sorgfältig in der Wahl deiner Gesellschaft. Meide die Gemeinschaft übel gesinnter oder unreflektierter Menschen. Rede wenig, halte dich zurück und versenke dich in den geistigen Pfad.

ÜBUNG: Meditiere am Morgen zehn Minuten lang über die Tugend der Geduld. Wiederhole jeden Tag eine Weile in Gedanken: „*Oṃ,* Geduld." Gedenke der Heiligen und ihres Lebens. Sage dir innerlich: „Ich bin von jetzt an geduldig. Ich will mich von heute an nie mehr aufregen. Ich will die Tugend der Geduld in meinem täglichen Leben üben. Es wird besser und besser." Entwickle parallel das Gefühl, als hättest du einen großen Vorrat an Geduld. Denke über die Vorteile dieser Tugend und über die Nachteile der Erregbarkeit nach. Du magst oft versagen, aber allmählich wirst du Geduld entwickeln und die Verkörperung eines geduldigen Menschen werden.

Schließlich möchte ich die Worte von Śrī-kṛṣṇa rezitieren:

śaknotīhaiva yaḥ soḍhuṃ prāk śarīra-vimokṣaṇāt ।
kāma-krodhodbhavaṃ vegaṃ sa yuktaḥ sa sukhī naraḥ ॥

„Wer, eh er sich vom Körper löst, den aus Gier und Zorn geborenen Drang zu bezwingen imstande ist, der Mensch ist fromm und glücklich." [BhG 5.23]

kāma-krodha-viyuktānāṃ yatīnāṃ yata-cetasām ।
abhito brahma-nirvāṇaṃ vartate viditātmanām ॥

„Asketen, die den Sinn bezähmt, von Gier und Zorn sich ganz befreit, des *ātman* Wesen kennen, sind dem Aufgehen in *brahman* nah." [BhG 5.26]

Identifiziere dich nicht mit der Gedankenschwingung (*vṛtti*) von Ärger. Wenn eine Welle des Ärgers im Gedankenmeer aufsteigt, dann stelle dich ihr prüfend entgegen und sage dir: „Ich nehme diese Gedankenbewegung wahr, aber ich bin sie nicht, ich stehe abseits von ihr." Sie wird abflauen und dich nicht mehr beunruhigen.

Die Identifizierung mit den Gedankenschwingungen ist die Ursache der menschlichen Leiden. Identifiziere dich mit dem Selbst. Stelle dich hin wie ein Löwe und betrachte die Menagerie deiner Gedanken. Lebe im Geist dieser beiden „Gītā"-Verse. Überwinde den Ärger und bekunde innere Geisteskraft. Verwirkliche den *sac-cid-ānanda-ātman*, das innere Selbst, welches reines Sein, Wissen und Glückseligkeit ist.

Sorgen und Ängste

Sorgen und Ängste sind Ergebnis des Nichtwissens (*avidyā*). Wenn die Gedanken während des Schlafes in *brahman* ruhen und das Bewusstsein ausgeschaltet ist, gibt es keinen Schmerz, keine Sorgen und Ängste. Sie sind letztlich nur Schöpfungen des Denkens. Es gibt sie nicht im immer freudevollen Selbst, in deinem eigentlichen innersten Wesen.

Ist die metaphysische Unwissenheit, die Hauptursache, zerstört, dann gibt es diese Sorgen und Beunruhigungen nicht mehr. Die Ursache muss behandelt und der ursprüngliche Grund entfernt werden, indem die Erkenntnis des Selbst, des *ātman*, gewonnen wird.

Das Sanskrit-Wort für „Nachsinnen", „sich Gedanken machen", „Sorgen machen" ist *cintā*. Sorgen, Beunruhigungen und Ängste sind ein und dasselbe. Allein die Worte sind verschieden.

Identifizierung (*abhimāna*) ist der Hauptfaktor, der Sorgen und Ängste hervorbringt. Er entsteht durch Nichtwissen. Wenn der unwissende Mensch (*jīva*, das Individuum) diesen vergänglichen Körper für das reine, unvergängliche Selbst hält, entstehen Leiden. Sie stammen aus der Identifikation mit diesem Körper. Wenn du Hunger und Durst hast, gib ihm zu essen und zu trinken – etwa so, wie du fürsorglich ein Haustier versorgst. Das ist alles. Kümmere dich um den Körper, aber bleibe gleichmütig und hafte nicht an Äußerlichkeiten. Wenn du immer wieder in den Spiegel schaust und für dein Aussehen und deine Kleidung viel Zeit brauchst, verstärkst du deine Sorgen. Deine Identifizierung mit dem Körper dehnst du auch auf die aus, die mit ihm in Beziehung stehen: deine Frau, deinen Mann, deinen Sohn, deine Tochter, deinen Vater, deine Mutter, Schwester etc. So nimmt dein Sorgen hundertfach zu, denn du musst dir um all diese Menschen Sorgen machen. Du wirst dich auch um das Spielzeug deines Sohnes sorgen, weil es zu ihm gehört. Natürlich hast du Pflichten und Aufgaben deiner Familie usw. gegenüber. Aber wenn du dich zu sehr mit ihnen identifizierst, werden deine Sorgen und Mühen nie enden. Du schaffst sie dir selbst. Niemand anderen trifft die Schuld.

So wie die Seidenraupe und die Spinne aus ihrem eigenen Speichel ein Netz zu ihrer Zerstörung herstellen, so schafft der Mensch sich seine Sorgen und Mühen zur eigenen Zerstörung aus seiner Unwissenheit heraus.

Wolken entstehen durch Verdunsten von Wasser bei Sonnenhitze. Dann verdunkeln sie die Sonne, die durch ihre Hitze die Wolken hervorgerufen hat. Genauso schaffen Menschen Sorgen und Kummer zu ihrer eigenen Verdunkelung.

Zerstöre die Unwissenheit über den Körper, die Identifikation mit dem Körper. Damit werden alle Sorgen vergehen. Tue dies gleich und erlebe die Glückseligkeit. Es hat keinen Sinn, nur von einem Puddingrezept zu hören – iss den Pudding und freue dich.

Ein Geschäftsmann sorgt sich, wie er seine Schulden bezahlen kann. Ein Student sorgt sich um sein Examen und um eine spätere Anstellung, in der er genügend verdient. Der Ehemann sorgt sich um seine Frau, um das kommende Kind und sein geringes Einkommen. Der Grundbesitzer hat Sorgen, Geld einzutreiben. Niemand in dieser Welt ist frei von Sorgen und Mühen. Ein *yogī*, *jñānī* oder *bhakta* (jemand, der nach Erkenntnis strebt bzw. sich Gott hingibt) ist von all dem frei.

Manche Menschen haben die Gewohnheit, immer voller Sorgen zu sein. Sie können sich nie wirklich freuen. Sie machen immer ein Gesicht, als hätten sie Rizinusöl geschluckt. Sie sind finster und niedergeschlagen. Sie verunreinigen damit die Atmosphäre und die Gedankenwelt und stecken andere Menschen an. Schwermut ist eine Epidemie, die unmittelbar auf andere einwirkt. Die Gewohnheit sich zu sorgen bildet im Denken einen Teufelskreis, in dem sich die sorgenvollen Gedanken immer und immer wieder drehen.

Durch Sorgen bekommt man graues Haar; Gehirn und Nerven sind angespannt, man fühlt sich erschöpft, elend und verkrampft. Tatsächlich können Sorgen das Leben verkürzen, den Willen schwächen, Sorgfalt und Aufmerksamkeit vermindern. Ein ständig übermäßig besorgter Mensch kann seine Aufgaben nicht kontinuierlich und aufmerksam umsetzen.

Sorge dich nicht, sei fröhlich. Denke an das Gegenteil, d. h. an Fröhlichkeit. Benutze deine Vernunft, sei weise und vorsichtig und plane voraus, damit du Gefahren und Fehler vermeidest und Schwierigkeiten sich leichter abwickeln lassen.

Sei ausgeglichen und lächle. Entwickle die Gewohnheit zu lachen. Bewahre auch in Schwierigkeiten einen kühlen Kopf. Denke an das geflügelte Wort: „Alles geht irgendwann vorüber." Denke daran, wie stark du deinen Willen entwickeln wirst, wie gut du dich deiner Umgebung anpassen wirst, wie du Menschen positiv beeinflussen und eine dynamische Persönlichkeit werden kannst. Dann brauchst du dich niemals um etwas zu sorgen, sondern kannst voller Frieden und Stärke sein. Sage:

„Frau Sorge, lebe wohl. Ich bin ein anderer Mensch geworden. Ich bin jetzt aus härterem Stoff gemacht." Dann wird sich die Sorge vor dir fürchten.

Sei nicht kleingläubig. Schau die Vögel an, die ohne Sorgen und glücklich sind. Vertraue deinem inneren Selbst. Du bist nicht dieser vergängliche Körper, sondern das alldurchdringende, glückselige Selbst. Weiche auch im tiefsten Kummer nicht von dieser inneren Haltung ab.

Furcht

Furcht ist eine hinderliche Eigenschaft, eine negative Modifikation des Denkens. Sie entspringt der Unwissenheit und tritt ursächlich dann zutage, wenn man sich mit dem Körper identifiziert und den unsterblichen *ātman* vergisst. Furcht ist der Begleiter der Gebundenheit und der *māyā* (Täuschung).

Furcht, Sorge und Ärger rauben dem Menschen seine Kraft, erschöpfen ihn und tragen dadurch auch zu einem vorzeitigen Tod bei.

Jeder Mensch hat irgendeine Art von Furcht, außer einem *jñānī*- oder *bhakti-yogī* bzw. einer weit fortgeschrittenen Seele; sie haben absolut keine Furcht mehr, da sie überall ihr eigenes Selbst sehen. Wenn du die Furcht besiegen kannst, hast du schon die Hälfte des spirituellen Weges gemeistert.

Furcht kann verschiedene Formen annehmen: Man kann sich vor Gewalt fürchten, vor giftigen Tieren, vor einem chirurgischen Eingriff, vor Krankheiten, Geistern oder auch vor der öffentlichen Meinung. Man kann Furcht haben vor einem – tatsächlichen oder vermeintlichen – Feind, einem Gegner, dem Alter, dem Partner, dem Lehrer, dem Vorgesetzten und vielem anderen.

Es gibt verschiedene Arten und Grade von Furcht: Furchtsamkeit, Schüchternheit, Zaghaftigkeit, Besorgnis, Schrecken und Angst.

Kennzeichen von Furcht sind z. B.: Der ganze Körper ist in Schweiß gebadet; die Gedanken werden schwer bzw. man kann nicht mehr klar denken. Manchmal treten Schock und Zusammenbruch unmittelbar oder mit zeitlicher Verzögerung ein, oder das Herz bleibt sogar vor Furcht stehen. Die Augen haben einen entsetzten Ausdruck.

Es ist daher wichtig, dass Eltern und Lehrer/innen ihren Kindern und Schülern/Schülerinnen von Jugend an den Geist des Mutes mitgeben, ihnen die *saṃskāra*-s von Mut einprägen. Man kann ihnen Taten von Helden und Rittern vorlesen. Kinder haben noch einen biegsamen und geschmeidigen Geist, der sich in dieser Lebensphase leicht anleiten lässt.

Auch Enthaltsamkeit und Bewahrung von Energie gibt ungeheure Kraft und flößt Mut ein.

Im Kapitel über Charakterschulung habe ich bereits über verschiedene Techniken für die Entwicklung von Mut gesprochen. Hier nochmals sechs Übungsbeispiele und eine kurze Zusammenfassung der Wirkungskette:

1. Wenn du an das Gegenteil von Furcht denkst, also an Mut, schwindet langsam das Negative, die Furcht. Allmählich entwickelt sich Mut. Stelle dir in Gedanken das Bild „*Oṃ*, Mut" vor. Wiederhole das Wort „Mut" so oft wie möglich, wie einen *mantra*.

2. Ein Wort ist Mittelpunkt eines Gedankens, ein Gedanke Mittelpunkt eines mentalen Bildes, und dieses ist Mittelpunkt einer mentalen Gewohnheit. Die mentale Gewohnheit wird zu einem prägenden Charakterzug. Stelle dir ein deutliches Gedankenbild der Eigenschaft „Mut" vor und diese wird sich entwickeln. Das Unterbewusstsein wird für dich wirken.

3. Der Wille wird dir zu Hilfe kommen. Wünsche dir, mutig zu sein und die entsprechende Willenskraft wird unmittelbar folgen.

4. Gib die Bindung an diesen vergänglichen Körper auf. Identifiziere dich nicht mit ihm. Dieser Körper gleicht der Schale einer Kokosnuss oder dem Überzug eines Kopfkissens. Denke stattdessen an den Inhalt, den Bewohner, den unsterblichen *ātman*. Wenn du dich mit dem *ātman* identifizierst, vergeht jede Furcht. Das ist die beste Methode.

5. Gehe zum Üben von Mut nachts allein in den Wald oder an einen einsamen Ort. Wandere im Dunkeln ohne Führer.

6. Wenn du eher eine *bhakti*-Natur hast, also leicht loslassen, dich hingeben kannst, dann kannst du die Furcht am leichtesten verlieren, indem

du dich vollkommen Gott hingibst und ganz auf eine höhere Führung vertraust.

Schlechte Gewohnheiten

Wir leben im *kali-yuga*, dem Zeitalter wissenschaftlicher Entdeckungen und Erfindungen. Es ist das Zeitalter der Mode, der verdrehten Begriffe und Werte und der Zivilisation; das Zeitalter der Flugzeuge, der Kinos, des Radios, der Illustrierten, der drahtlosen Kommunikation.

Dharma (Pflicht und Ordnung) ist gebrochen und anfällig geworden. Die Mehrheit der Menschen handelt nach ihren eigenen Launen und Einfällen. Disziplin und Ethik stehen bei vielen nicht mehr hoch im Kurs. Jeder ist sein eigener Meister und die große Mehrheit legt keinen Wert mehr auf spirituelle Lehren. Der Mensch folgt unreflektiert seinen Einfällen und Leidenschaften. Unterscheidung, rechtes Denken und höhere Erkenntnis sind der Befriedigung äußerer Bedürfnisse als Hauptlebensinhalt gewichen. Endgültige Befreiung ist nur noch ein Traum.

In allen Lebensbereichen haben sich alle möglichen degenerierten Gewohnheiten herausgebildet:

Man begrüßt sich nicht mehr mit dem Namen Gottes, sondern mit einer Packung Zigaretten oder mit Whisky und lädt sich gegenseitig zu einem Drink ein. Alkohol ist ein solch gefährlicher Teufel, dass er den Menschen nicht mehr verlässt, bis er zum Gewohnheitstrinker geworden ist. Selbst Menschen aus den besten Familien haben sich das Rauchen und Trinken angewöhnt. Sie beginnen mit kleinen Dosen, aus Mode, Neugier oder mangels anderer Ideale und Lebensinhalte, und greifen dann zu immer größeren Mengen. Alkohol ist wie ein Gift, das die Zellen des Gehirns und die Nerven zerrüttet. Es ist schwierig, sich die Gewohnheit des Trinkens wieder abzugewöhnen. Darum beginne am besten gar nicht damit und meide die Gesellschaft von Trinkern.

Die zweite schädliche Angewohnheit ist Rauchen. Sie beginnt oft schon in der Jugend. Sie bewirkt einen kleinen Nervenreiz und man macht es immer wieder, bis eine Gewohnheit und Abhängigkeit entstanden ist. Sich davon wieder zu lösen und die Gewohnheit aufzugeben ist sehr schwierig. Viele Krankheiten und nervliche Störungen sind Folgen des Rauchens.

In Indien ist das Betelkauen eine weitere schlechte, stark verbreitete Angewohnheit, die nicht nur unästhetisch ist, sondern den Menschen zum Sklaven dieser Sucht macht.

Reiz-und Suchtmittel machen dich unkonzentriert, gereizt und erschöpft. Sie nehmen dir die Selbstachtung und vergiften dich in verschiedener Hinsicht. Du wirst zu ihrem Sklaven und verschwendest dein Geld.

Auch viel starken Tee und Kaffee zu trinken ist eine schlechte Angewohnheit. Mäßig konsumiert, helfen sie bei der Arbeit, aber die Gefahr dabei ist, dass man an Willenskraft verliert und unmerklich in ein Übermaß hineingerät. Solange man davon unabhängig bleibt und die Gewöhnung an Tee und Kaffee jederzeit aufgeben kann, schadet sie nicht.

Eine andere Angewohnheit, die den Geist ablenkt und ihn in eine rajasige und tamasige Schwingung bringt, ist das Lesen von Illustrierten und billigen Romanen. Wenn du dich daran gewöhnt hast, sehr häufig Dinge zu lesen, die von Sensation, Klatsch, Leidenschaft und Liebe handeln, kannst du ohne solche Lektüre nicht mehr sein. Sie weckt dann deine niederen Instinkte, erregt die Leidenschaft und stört den inneren Frieden. Die wenigsten Menschen, insbesondere in Erziehung und Politik, wollen sich bewusst machen, wie das Lesen solcher Sensationen einer Gesellschaft schadet. Das Denken junger Menschen wird durch wertlose Lektüre und die Aufreizung der Leidenschaft verdorben. Die ganze Atmosphäre erhält etwas Unreines.

Auch zu intensives Zeitunglesen bzw. Nachrichten und Neuigkeiten zu hören ist nicht hilfreich. Manche Menschen legen die Zeitung selbst beim Essen nicht beiseite. Sie lenken sich durch sensationelle Nachrichten ständig ab und langweilen sich, wenn sie keine Zeitung und Nachrichten lesen. So werden sie ungeeignet für ein Leben der Meditation und Abgeschiedenheit. Wenn du sie drei Tage ohne Gesellschaft und Unterhaltung allein mit sich selbst lässt, fühlen sie sich wie ein Fisch an Land. Das Lesen von Zeitungen usw. führt die Gedanken ständig nach außen und belebt die weltlichen *saṃskāra*-s (Eindrücke im Unterbewusstsein). So vergisst der Mensch Gott.

In dieselbe Kategorie fallen auch zu häufige Kinobesuche (Fernsehen, Surfen im Internet etc.). Wer sich auf dem spirituellen Weg entwickeln will, sollte Kino und zu viele andere Ablenkungen meiden. Selbst manche sogenannte „spirituelle Filme“ sind oft nur ein Vorwand, um Geld zu verdienen und erheben den Geist nicht wirklich.

Eine hinderliche Angewohnheit für den ernsthaften spirituellen Weg ist, während des Tages zu schlafen. Zu viel oder unregelmäßiger Schlaf verkürzt das Leben, verschwendet Zeit und macht träge. Wenn du dich schnell entwickeln willst, versuche diese Angewohnheit aufzugeben. Nutze jeden Moment gut. Das Leben ist kurz und die Zeit flieht. Bald ist das Leben um und der Tod erwartet dich.

Achte auch auf deine Sprache. Benutze keine saloppen und unsattwigen Ausdrücke. Manche Menschen überschütten ihre Umwelt mit einer Fülle gemeiner Worte, wenn sie sich über etwas aufregen oder ärgerlich sind. Ein kultivierter, reiner Mensch verwendet nie solche Ausdrücke. Oft benutzen schon die Kinder auf der Straße obszöne Ausdrücke, wenn sie miteinander streiten. Es ist wichtig, dass die Eltern ihre Kinder entsprechend erziehen und selbst keine hässlichen Worte gebrauchen, denn Kinder sprechen nach, was sie hören. Achte auf deine Gedanken, sprich sanft und gut und halte dich von Menschen fern, die aus schlechter Angewohnheit hässliche Worte benutzen. Für Eltern ist das besonders wichtig, denn jede gute und gesunde Gewohnheit, die sie bei ihren Kindern säen, fasst feste Wurzeln.

Wenn du eine oder mehrere dieser Angewohnheiten abgelegt hast, bist du ist ein glücklicherer Mensch und wirst mehr Erfolg im Leben und auf dem spirituellen Weg des *yoga* haben.

Es ist nicht so schwierig, schädliche Angewohnheiten zu verändern und sich neu zu programmieren. Der erste Schritt ist, sie zu erkennen und den festen Willen zu haben, sie sofort aufzugeben. Das ist der Anfang des Erfolgs. Du musst mit aller Kraft wirklich wollen, eine bestimmte Angewohnheit von diesem Moment an aufzugeben. Das allmähliche, schrittweise Aufgeben hat meist weniger Erfolg. Versuche, nicht rückfällig zu werden. Vermeide anfangs entschlossen alle Situationen, die die alten Gewohnheiten wiederbeleben und dich so in Versuchung bringen könnten.

Die Gedanken, das Gefühl und die Willenskraft müssen energisch mitwirken. Wünsche dir z. B. ganz intensiv, jetzt sofort ein großer spiritueller Mensch zu werden. Dann hören die schlechten Angewohnheiten auch sofort auf und haben keine Gewalt mehr über dich.

Setze für das Aufgeben unerwünschter Gewohnheiten dein Unterbewusstsein ein. Es ist dein engster Freund und ein starker Bundesgenosse. Bleibe in Kontakt mit ihm. Baue neue und gesunde Gewohnheiten auf. Entwickle auch deine Willenskraft. Verzichte auf schlechten Umgang, gehe zu Weisen und Meistern/Meisterinnen. Ihre starken Schwingungen helfen dir dabei, etwaige schlechte Angewohnheiten zu überwinden. Nichts ist unmöglich. Wo ein Wille ist, ist auch ein Weg.

Leidenschaft

Im weiteren Sinn bedeutet Leidenschaft ein starkes Verlangen, einen starken Wunsch. Es gibt verschiedenste Arten von Verlangen. Manche haben z. B. die Sehnsucht nach einer Partnerschaft und Ehe, nach Erfolg im Beruf, andere den Wunsch, der Gesellschaft zu dienen. Manche haben einen starken Drang nach billiger Lektüre, andere nach spirituellen Büchern. Und es gibt den Wunsch nach Selbstverwirklichung.

Im engeren, allgemeinen Sprachgebrauch bedeutet Leidenschaft ein starkes Bedürfnis nach sexueller Befriedigung. Dies ist ein körperliches Verlangen, das durch die Befriedigung immer stärker wird. Ursprünglich ist der sexuelle Impuls bzw. der Zeugungstrieb an sich auf die Erhaltung der Spezies ausgerichtet.

Leidenschaft ist eine Welle auf dem Meer der Gedanken, wenn *rajas* (Prinzip der Bewegung, Unruhe) vorherrscht. Sie kommt aus der Unwissenheit (*avidyā*). *Avidyā-śakti*, die Kraft der Unwissenheit, nimmt die Form der Leidenschaft an, um *līlā* (das Spiel dieser Schöpfung) aufrechtzuhalten. Im „Caṇḍī-pāṭha“ bzw. „Śrī-durgā-saptaśatī“ * heißt es: „Ich verneige mich vor der Gottheit, die die Form der Leidenschaft in allen Wesen angenommen hat.“

* Oft auch „Devī-māhātmya“ genannt, ein Sanskrit-Werk zur Verehrung von Devī, der göttlichen Mutter.

Leidenschaft, Anziehung zum anderen Geschlecht, ist in Kindern nur als Same angelegt, ebenso wie der Baum latent im Samen ruht, und beunruhigt sie daher nicht. In alten Menschen ist der Same erstickt und kann nicht mehr sprießen. Nur in jungen Männern und Frauen bringt diese geschlechtliche Anziehung in der Jugend und im Erwachsenenalter Unruhe. Die meisten werden zu ihrem Sklaven und können sich nicht helfen. Rajasige Ernährung und Lebensweise, sexy Kleidung, das Lesen von Illustrierten mit entsprechenden Geschichten und Bildern, Kino*, Gespräche über sexuelle Dinge, entsprechende gesellschaftliche- und Umwelteinflüsse, Alkohol, Rauschmittel, Tabak usw. stimulieren diese Leidenschaft.

Selbst für gebildete Menschen ist es schwer verständlich, dass es eine übersinnliche Freude im *ātman* unabhängig von Sinnesobjekten gibt, denn der Mensch kennt Freude nur über die Sinne und äußeren Objekte.

Du erfährst die Seligkeit des *ātman* täglich im Tiefschlaf. Dann ruhst du in deinem eigentlichen Selbst, in dem die *indriya*-s (Sinnes- und Handlungsorgane) keine Rolle mehr spielen, die Gedanken schweigen und die beiden Ströme von Anziehung und Abneigung nicht aktiv sind. Trotz dieser im Schlaf erfahrenen Seligkeit, in der es keine Störung gibt, machst du am nächsten Morgen mit demselben sinnlichen, außenorientierten Leben weiter.

Es gibt viele Menschen, deren Leben nur darin besteht, unreflektiert ihren Neigungen nachzugehen. Wenn sie dann aber von Unglück betroffen werden, wenn sie z. B. Besitz, Partner oder Kinder verlieren, oder an einer unheilbaren Krankheit leiden, erinnern sie sich plötzlich an Gott und beten zu Gott, er möge sie von der Krankheit befreien, ihnen helfen und ihnen ihren oberflächlichen Lebenswandel vergeben.

Für jemanden, der ernsthaft auf dem spirituellen Weg voranschreiten will, ist es notwendig, der Leidenschaft nicht einfach nachzugeben, sondern die darin gebundene Energie zu sublimieren. Dadurch gewinnt man eine ungeheure Kraft, Freude und Frieden.

* Auch Fernsehen, Surfen im Internet usw.

So wie ein Fischschwarm aufwärts gegen den Strom schwimmt, schwimme als spiritueller Aspirant/in gegen den Fluss der nach außen ziehenden Kräfte. Wenn es dir gelingt, die instinktive Leidenschaft zu beherrschen und zu sublimieren, kannst du leichter Selbstverwirklichung erreichen und die unvergängliche Seligkeit des *ātman* genießen. Die Seligkeit des *ātman*, die Seligkeit Gottes, kannst du dauerhaft nur durch Verzicht auf die Vergnügungen der Welt erfahren.

Schöne Frauen, attraktive Männer und Besitz sind die Werkzeuge von *māyā* (Illusion), um dich zu täuschen und in ihre Netze zu verstricken. Natürlich hast du die Freiheit, so zu leben, wie du willst. Mit etwas Unterscheidungskraft und wenn die spirituelle Sehnsucht erwacht ist, wirst du jedoch bald herausfinden, dass die Welt dir nicht wirklich die dauerhafte Befriedigung geben kann, nach der du verlangst, weil alle Objekte und äußeren Erfahrungen durch Raum, Zeit und Kausalität bedingt sind. Wenn du genau beobachtest wirst du feststellen, dass jedem Vergnügen eine Ernüchterung folgt, und dass du dein ganzes Leben lang diesen Vergnügungen hinterherläufst, um immer wieder erneut frustriert zu werden.

Es gibt Tod, Krankheit, Alter, Sorgen, Kummer, Ängste, Furcht, Verlust, Enttäuschung, Misserfolg, Verletzungen, Kritik, Hitze, Kälte, Erdbeben, Naturkatastrophen, Unfälle etc. Du findest in dieser relativen Welt nicht einmal einen Augenblick lang wirklich Ruhe und Frieden. Solange deine Geistsubstanz von Leidenschaft und Unreinheit erfüllt ist und dadurch dein höheres Verständnis verdunkelt und unklar ist, kannst du die trügerische Natur des Weltalls nicht verstehen und die immerwährende Glückseligkeit des *ātman* im Inneren nicht begreifen. Versuche daher, deine Leidenschaft wirksam zu beherrschen.

Manche argumentieren, dass es bald keinen Nachwuchs und keine Welt mehr gäbe, wenn sich alle auf diese Weise dem spirituellen Leben zuwenden würden. Kümmere dich nicht um das Weiterbestehen der Welt, sondern um deine eigenen Angelegenheiten. Gott ist allmächtig. Wenn diese Welt völlig leer wäre oder alle Menschen sich zurückziehen würden, könnte Gott sofort korrigierend eingreifen, wenn Er das wollte. Das ist nicht unsere Angelegenheit, sondern die Gottes. Finde du die Methoden heraus, mit denen du deine Leidenschaft beherrschen kannst.

Die Bevölkerung der Welt vermehrt sich enorm. Geburtenkontrolle mit allen ihr zur Verfügung stehenden Mitteln mag sicherlich gegen zu hohes Bevölkerungswachstum nützlich sein, aber nicht im Hinblick auf die ethischen und spirituellen Gesichtspunkte, die ich hier ins Bewusstsein rufen möchte. Durch Enthaltsamkeit bzw. einen beherrschten, gemäßigten Umgang mit sexuellen Kontakten kannst du die sexuelle Energie in spirituelle Energie umwandeln.

Ein Thema zieht sich durch die gesamte „Bhagavad-gītā", nämlich die Versicherung, dass jemand, der seine leidenschaftliche Natur beruhigt hat, der glücklichste Mensch der Welt ist.

Es ist einfach, die Leidenschaft, deinen inneren Feind, zu beherrschen, wenn du dieses Anliegen wirklich ernst nimmst und dich dem spirituellen Weg mit ganzem Herzen, mit Hingabe und Konzentration widmest.

Es gibt wirksame Mittel, um diese Art von Selbstbeherrschung zu trainieren.

Hier einige praktische konkrete Übungsempfehlungen dafür:

- Meditiere über den *ātman*. Frage dich: „Wer bin ich?" Mache dir bewusst, dass es im *ātman*, in deinem essentiellen Selbst, keine *vāsanā*-s (Wünsche) und somit keine Leidenschaften gibt. Sie bestehen nur im bewussten und unbewussten Denken.
- Meditiere über göttliche Eigenschaften wie Allmacht, Allwissenheit, Allgegenwart etc.
- Studiere täglich die „Bhagavad-gītā".
- Lüge nicht. Sprich die Wahrheit.
- Faste ab und zu.
- Gib das Lesen von Illustrierten auf und gehe nicht ins Kino.
- Verbringe deine Zeit sinnvoll.
- Übe *prāṇāyāma*.
- Wenn du durch die Straßen gehst, denke innerlich an deinen Aspekt des Göttlichen.
- Wiederhole deinen *mantra*.
- Versuche Gott in allem zu sehen.
- Führe regelmäßig ein spirituelles Tagebuch.
- Iss abends nicht zu viel, damit der Magen nicht überfüllt ist.

- Lebe nach dem Motto: „Einfach leben, erhaben denken."
- Lies gute Bücher, die deine Gedanken erheben und begeistern.
- Sei mit niemandem zu vertraut. Zu starke Vertrautheit führt zu Respektlosigkeit und Missachtung.
- Sobald sich deine Gedanken an eine Frau oder einen Mann hängen, stelle dir ihren/seinen physischen Körper genau vor: das Fleisch, die Knochen, die Eingeweide usw. Das wird dich sofort ernüchtern. Kultiviere Abneigung gegenüber unkontrollierter Lust, nicht aber gegenüber den Frauen bzw. Männern.
- Verzichte auf Salz und anregende Speisen. Das kühlt Gedanken und Nerven. Zuerst wird es dir schwerfallen, später aber wirst du salzloses, einfaches Essen genießen.

Du wirst deine Leidenschaft beherrschen, wenn du diese Empfehlungen umsetzt. Wer seine Leidenschaft beherrscht hat, wird Gott erfahren. Das Wichtigste aber ist dein ernsthaftes Bestreben, dem spirituellen Weg zu folgen.

Bindung

Bindung an Objekte ist auf dieser Ebene der Existenz überall vorhanden. Niemand ist ganz frei von Bindung. Das Sanskrit-Wort dafür ist *asakti.* Bindung ist die mächtigste Waffe, mit der *māyā* (Täuschung, Illusion) das Rad von Geburt und Tod aufrechterhält. Wenn du an nichts gebunden wärst, wärst du nicht auf die Welt gekommen.

Die erste Bindung beginnt mit dem physischen Körper. Daraus entsteht weitere Gebundenheit. Es kommt die soziale und gesellschaftliche Anpassung hinzu, die Beziehung zu Eltern, Geschwistern, zu Partner/in, Kind usw. Man kann einem Ort, einem Menschen oder einem Gegenstand verhaftet sein. Sobald man in dieser Art gebunden ist, entsteht der Gedanke des „Mein". Der Geist (Intellekt, Gemüt und Gefühl) bindet sich an Objekte oder Menschen, weil er denkt, dass ihm daraus Freude erwächst. Wo Vergnügen ist, ist immer auch Bindung vorhanden.

Bindung ist die Ursache menschlichen Leidens. Sie entsteht aus Unwissenheit, *avidyā.* Jede Bindung bringt Illusion und Furcht mit sich, weil man an diesem vergänglichen Körper und ebenfalls vergänglichem Besitz hängt und bewusst oder unbewusst fürchtet, sie zu verlieren. Bindung und Furcht sind unzertrennlich wie Feuer und Hitze.

Anhaftung nimmt verschiedenste Formen an. Wenn du genau beobachtest, analysierst und achtsam bist, wirst du ihre Auswirkungen bemerken.

Selbst *sannyāsī*-s sind häufig nicht frei davon, auch wenn sie allem entsagt haben. So binden sie sich z. B. im Laufe der Zeit an ihren *āśrama* oder an ihre Schüler. Eine solche Bindung ist stärker als die weltlicher Menschen. Denn sie ist subtiler und daher schwieriger zu überwinden.

Der Geist, der Gedanke sucht ständig danach, sich an irgendeine Form zu binden. Ohne das kann er gar nicht existieren. Wenn er eine Verhaftung loslässt, greift er sofort zur nächsten. Dies ist auf seine Natur der ständigen Bewegung (*rajas*) zurückzuführen. Hat sich diese Energie verzehrt oder sublimiert, vergehen alle Bindungen von selbst.

Man kann so vielem vergehaftet sein – etwas sehr Großem, Bedeutendem oder auch unwesentlichen Kleinigkeiten. Die Gedanken kehren immer wieder in die alten Gleise zurück. Es braucht daher große Disziplin, einen ernsthaften spirituellen Übungsweg und beständige Gedankenschulung, wenn man von allen Arten der Bindung loskommen möchte.

Bindung führt dazu, dass du dich mit dem Objekt, an dem du hängst, identifizierst. Diese Identifikation bringt Sorge und Angst mit sich. Die Spuren dieser Anhaftung sind im Unterbewusstsein eingeprägt. Durch Üben, Hinterfragen, Beobachten und inneres Loslassen kannst du diese Spuren unschädlich machen und die Anhaftungen lösen.

Wahrer Verzicht besteht nicht im Äußeren, sondern im Aufgeben der Vorstellung „Ich bin der Körper" und im Entsagen jeder Art von Bindung an diesen Körper und Geist. Das bedeutet nicht, dass man sich von der Welt zurückziehen muss. Denn man kann dem Körper trotzdem verhaftet sein, selbst wenn man sich in die Einsamkeit zurückzieht, und umgekehrt kann man vollkommen frei sein, während man mitten in der Welt, mitten im Leben steht. Wer äußerlich seinen Besitz aufgegeben hat, ist nicht notwendigerweise auch innerlich frei davon. Hingegen kann jemand, der ganz normal in der Welt lebt und gleichzeitig seine Fehlerhaftigkeit und sein Versagen sieht, wahrhaft auf alles verzichtet haben. Er ist dann frei von allen Leidenschaften und hängt an nichts mehr.

Das Entscheidende ist, den Geist, die Gedanken beständig zu schulen und sich weder an Familie noch Besitz zu binden. Natürlich hast du Aufgaben und Pflichten, z. B. deiner Familie gegenüber. Aber *über*identifiziere dich nicht damit. Die Welt gleicht einem Gasthaus: Menschen kommen und bleiben eine Zeitlang zusammen. Dann gehen sie wieder auseinander.

Bindung ist dein Feind; Nichtanhaften dein Freund. Bindung zieht dich in diesen Kreislauf von Geburt und Tod herab; Nichtanhaften hebt dich zu den Höhen *brahman*-s (des Absoluten) empor. Bindung ist die Wurzel von Leiden und macht die Geschöpfe unglücklich. Wer ohne Bindung in dieser Welt lebt, ist der glücklichste Mensch. Er ist Gott selbst. Seine Freude ist unbeschreiblich.

Lerne zwischen dem Wirklichen und dem Unwirklichen zu unterscheiden. Versuche, so gut du kannst, *vairāgya* (Nichtanhaften, Wunschlosigkeit) zu entwickeln. Sei mit niemandem zu eng verbunden; vermeide innere Abhängigkeit. Lebe ein Leben des Nichtgebundenseins in dieser Welt, so wie das Lotosblatt von Wasser oder Schmutz nicht berührt wird.

Rege dich nicht auf, wenn du etwas verlierst. Denke daran, dass die vergänglichen Gegenstände dieser Welt wertlos sind. Wiederhole in Gedanken mehrmals am Tag: „Alles ist vergänglich." Meditiere täglich darüber.

Gemeinheit

Gemeinheit ist in vielfältigen Erscheinungsformen in dieser Welt zu finden. Sie stammt aus *tamo-guṇa* (der Eigenschaft von Trägheit, Dunkelheit).

Einige Beispiele

1. Das Herz eines kleinlichen Menschen brennt, wenn er andere in glücklichen Verhältnissen sieht, oder wenn er vom Erfolg oder den Tugenden anderer hört. Er ist neidisch und eifersüchtig, und versucht ihnen zu schaden und sie zu diskreditieren.

2. Gemeinheit ist eine Veranlagung, die oft nicht einmal davor zurückschreckt, Unrecht zu begehen. Mitgefühl ist einem solchen Menschen weitgehend fremd; sein Herz ist verhärtet. Er mag in der Gesellschaft einen großen Namen haben, im Verborgenen kämpft er jedoch schamlos um seinen Vorteil und missgönnt anderen alles. Die besten Dinge behält er für sich und überlässt anderen das Minderwertige.

3. Ein Ausdruck ist auch eine zänkische, argwöhnische und freudlose Natur, die man gar nicht selten gerade bei reichen Menschen findet. Oft kann man beobachten, dass Menschen, die ihr Geld aus Kleinlichkeit und Engherzigkeit anhäufen, Kinder haben, die es später vergeuden.

4. Entwickle die dieser üblen Verhaltensweise entgegengesetzten Tugenden, z. B. Würde, Großzügigkeit, Mitgefühl, allumfassende Liebe und Hilfsbereitschaft. Umgang mit weisen Menschen ist von großem Nutzen.

5. Meditiere regelmäßig über die Qualität von Würde. Setze dich am Abend still alleine hin und schließe die Augen. Schaue nach innen und prüfe, ob du während des Tages irgendwelche gemeine Handlungen begangen hast. Schreibe sie in dein spirituelles Tagebuch. Beobachte auch etwaige ungute Schwingungen, die von deinem Denken ausgehen wollen und halte sie auf, ehe sie sich entfalten.

Hinterhältigkeit

Es gibt eine Menge hinterhältiger Menschen in der Welt. Diese schlechte Eigenschaft ist auch eine tamasige Gedankenschwingung.

Typische Kennzeichen für einen solchen Charakterzug sind ständiges abwegiges Argumentieren, Haarspalterei und Spitzfindigkeit. Solche Menschen ergehen sich gern in eitlen Reden und immer ist nur ihr Standpunkt der richtige, alles andere ist falsch. Sie sind nicht in der Lage, auch einmal zu etwas zu schweigen. Sie sprechen respektlos, mit Beleidigungen und Ausfällen.

Die Entwicklung von Würde, Höflichkeit und Geradlinigkeit überwindet diese schlechte Eigenschaft.

Kapitel 5

Die Girlande des Yoga

Wichtige Regeln für den spirituellen Fortschritt

Auf dem Übungsweg (sādhana)

1. Vergiss Gott nicht.
2. Stehe früh auf und meditiere.
3. Führe ein spirituelles Tagebuch.
4. Vergiss nicht, Gutes zu tun.
5. Vergiss nicht, Barmherzigkeit zu üben.
6. Vergiss deine Pflichten den Eltern gegenüber nicht.
7. Lass keine gute Gelegenheit vorübergehen.
8. Hänge nicht von anderen ab.
9. Sei kein Sklave deiner Sinne.
10. Umgib dich nicht mit rein materiell gesinnten Menschen.
11. Vergeude deine Zeit nicht.

Beherrschung der Sinne (brahma-carya)

1. Vergeude deine sexuelle Energie nicht.
2. Zeuge nicht zu viele Kinder.
3. Zügle Gedanken und Blicke sexuellen Begehrens gegenüber anderen.
4. Geh nicht ins Kino.*
5. Lies keine Illustrierten und billigen Romane.

Rechtes Benehmen

1. Trachte nicht nach dem Besitz anderer.
2. Übe keine Rache.
3. Hasse und verdamme nicht.

---

* … und schaue nicht zu viele ablenkende und rajasige Online-Videos.

4. Sprich nicht schlecht über andere.
5. Mache dich nicht unbeliebt.
6. Gebrauche keine hässlichen Worte.
7. Vermeide schlechte Gewohnheiten wie Rauchen, Alkohol etc.
8. Argumentiere nicht unnötig.
9. Sprich kein falsches Zeugnis.
10. Übertreibe nicht.
11. Betrüge nicht.
12. Gib keine negativen Suggestionen.
13. Habe keine Geheimnisse.
14. Beneide niemanden.

Entsagung, Nichtanhaften (vairāgya)

1. Vergegenwärtige dir immer wieder die Leiden in der Welt.
2. Strebe nicht nach persönlichen Annehmlichkeiten.
3. Vergiss nicht den Tod.
4. Sorge dich nicht um morgen.
5. Schreibe keine Briefe.*
6. Lies keine Zeitungen.**
7. Versuche nicht, deinen Schwierigkeiten auszuweichen.
8. Habe keinen unnötigen Besitz.

Disziplin

1. Rede nicht zu viel.
2. Lache nicht übermäßig. Entwickle eine grundlegende Freude und Heiterkeit.
3. Verschwende auch nicht eine Sekunde.
4. Überlade deinen Magen nicht.
5. Sei nicht träge.
6. Denke nicht zu viel an Krankheiten.
7. Missachte die Gesetze der Natur nicht.

* Kommuniziere generell nur das Nötigste, insbes. über PCs, Handys, Smartphones etc.
** Surfe nicht zu lange im Internet und betrachte kritisch, was du liest und hörst.

8. Faste nicht zu viel.
9. Überfordere dich nicht.
10. Vergiss nicht, ab und zu auch Schweigen zu üben.

Frieden und Glück

1. Erwarte und erhoffe nichts.
2. Behalte Kränkungen nicht im Herzen.
3. Vergleiche nicht.
4. Pflege keinen Umgang mit verwöhnten Menschen.
5. Baue keine Luftschlösser.
6. Brüte nicht über Vergangenes.
7. Plane nicht ständig deine Zukunft.
8. Ärgere dich auf keinen Fall.
9. Erwarte keinen Lohn für deine Dienste oder Hilfe.
10. Vergrößere deinen Bekanntenkreis nicht.
11. Sei nicht mit jedem zu vertraut.
12. Bleibe nicht in schlechter Gesellschaft.
13. Verschwende dein Geld nicht unnütz.
14. Denke nicht zu viel an dich.
15. Mache aus einer Mücke keinen Elefanten.
16. Sei nicht extravagant.
17. Rege dich nicht über Kleinigkeiten auf.
18. Vergiss Gott nicht.

Pflichten von Eltern

Eltern haben eine sehr verantwortungsvolle Pflicht in der Erziehung ihrer Kinder. Wenn sie sich dieser entziehen, hätten sie keine Kinder zeugen sollen.

Idealerweise führen die Eltern selbst ein vorbildliches Leben. Die Kinder werden sie nachahmen. Kinder übernehmen auch schlechte Angewohnheiten und ahmen sie nach. Das Denken und Gemüt von Kindern lässt sich leicht und ohne große Mühe formen. Die Prägungen und Einflüsse, die man als Kind bekommt, halten ein ganzes Leben lang an.

Wenn du Kinder hast, behalte ihre Gewohnheiten und ihren Umgang im Auge und achte darauf, dass sie nicht in schlechte Gesellschaft kommen. Erziehe sie so, dass sie nicht lügen, keinen Slang oder obszöne Worte verwenden, nicht rauchen und nicht ins Kino gehen oder Illustrierte lesen*. Dabei ist es natürlich hilfreich, wenn du selbst nicht von Suchtmitteln wie Tee, Kaffee, Tabak, Alkohol usw. abhängig bist.

Es ist gut, wenn abends die ganze Familie zusammensitzen kann und ihr gemeinsam betet und *kīrtana* singt oder aus heiligen Schriften lest. Das beruhigt die Gedanken und verstärkt die spirituelle Schwingung im Haus und in der Familie. Das ganze Denken und Gemüt wird rein und mit göttlichen Schwingungen erfüllt.

Bei Haushaltsarbeiten wie Saubermachen, Kochen, Waschen usw. kannst du geistig deinen *iṣṭa-mantra* (*mantra* deines persönlichen Gottesaspekts) oder einen anderen *mantra* wiederholen.

Unterweisungen für spirituelle Schüler

Sei fest entschlossen und habe einen eisernen Willen. Denke nie auch nur daran, aufzuhören, wenn du einmal den Weg zur Befreiung gewählt hast. Schaue nach vorn. Sei mutig, konzentriert und setze dir ein festes Lebensziel. Schwanke nicht.

Es gibt verschiedene Möglichkeiten, auf dem spirituellen Weg zu sein: Für einige Wenige ist der Weg der völligen, formellen Entsagung der richtige; für die Mehrheit gilt die Integration des spirituellen Lebens in den Alltag.

Wenn du bereit bist, wirklich alles aufzugeben, kannst du zu deinem/deiner Meister/in gehen und Mönch/Nonne werden. Der Weg der vollkommenen Entsagung ist nur für einen Menschen einfach, der Entschlusskraft, Geduld, Ausdauer, Opferbereitschaft, Leidenschaftslosigkeit und einen starken Willen besitzt. Bedenke das gründlich, ehe du diesen Schritt tust. Es ist kein rosiger Pfad, wie du ihn dir vielleicht ausmalst. Er ist voller Dornen und Schwierigkeiten.

Sei demütig, geduldig und ausdauernd. Erwarte keine Kräfte (*siddhi*-s) oder ein schnelles Erwachen der *kuṇḍalinī-śakti*. Sei nicht beunruhigt

* Nach den heutigen Verhältnissen: nicht zu viel im Internet surfen, fernsehen, am Handy, Smartphone etc. sein.

und nicht ängstlich. Sei edel im Denken und lasse dich nicht von Emotionen fortreißen.

Wenn du dich eine Weile – oder ganz – in die Einsamkeit zurückziehen willst, stimme dich schon vorher darauf ein, während du noch ganz normal deinen Alltag lebst: Schweige ab und zu, verzichte auf zu viel Gesellschaft, gib nicht jedem Wunsch nach, sondern beherrsche bewusst die Sinne, trainiere Körper und Geist und gewöhne dich an einfaches Essen und an ein hartes, arbeitsreiches Leben. Mit dieser Vorbereitung wirst du in der Lage sein, die Entbehrungen eines asketischen Lebens zu ertragen.

Wichtig für den spirituellen Fortschritt ist es, Scheu und Schüchternheit abzulegen. Enthaltsamkeit, Hingabe an den *guru* und beständiges Üben führen nach intensivem Bemühen zum Erfolg.

Wenn man die Anleitungen des *guru* bzw. des gewählten Übungswegs nicht einhält, wird man nach einiger Zeit oft träge, weil man nicht weiß, wie man seine geistige Energie ohne tägliche Arbeit sinnvoll nutzen soll. Intensive, anhaltende Meditation ist deshalb sehr wesentlich. Wenn Yogaschüler/innen, die Meditation üben, finster, deprimiert und unglücklich sind, liegt in ihrer Meditationspraxis ein Fehler, denn diese macht stark, fröhlich und gesund. Wie sollen spirituelle Suchende, die selbst düster, verdrießlich und ohne Lebenskraft sind, Freude, Frieden und Kraft auf andere ausstrahlen?

Meistere jede Stufe des *yoga* allmählich. Gehe erst dann zur nächsthöheren Stufe über, wenn du die vorherige beherrschst. Dies ist der königliche Weg zu vollkommener Meditation und zu *samādhi*.

Schüler/in und Lehrer/in sollten wie Elternteil und Kind oder wie Ehepartner zueinander stehen, d. h. in einer engen, vertrauensvollen Beziehung von heiliger Reinheit. Wenn der/die Schüler/in ernsthaft, eifrig und aufnahmebereit ist, kann er/sie die Lehren des Meisters/der Meisterin leicht aufnehmen. Dann kann er/sie auf dem Weg gut voranschreiten und spirituellen Segen erlangen. Ohne einer spirituellen Übungsdisziplin ernsthaft zu folgen, gibt es kein dauerhaft erfolgreiches geistiges Leben und damit keine Wiederherstellung deiner ursprünglichen göttlichen Natur.

Es ist eine törichte Vorstellung, dass es eine magische Pille gibt, mit deren Hilfe der *yogī* den Schüler in einen Heiligen verwandelt, die *kuṇḍalinī* erweckt und ihn in einem Augenblick ohne eigene Anstrengung zu *samādhi* führt. Manche spirituelle Schüler erwarten, dass der *guru* all dies für sie tut und sie dafür nur zu berühren braucht – eine seltsame Vorstellung!

Wenn du Gott mit einem Teil des Eifers dienst, mit dem du dem Mammon dienst, wirst du in Kürze und mit Gewissheit Gott erfahren. Ein einziger Augenblick intensiver Liebe, brennenden Verlangens und ekstatischer Gottbegeisterung genügen, um dich Gott von Angesicht zu Angesicht schauen zu lassen.

Erfülle deine Aufgaben ohne Bindung und ohne das Gefühl, etwas für dich selbst zu wollen. Tue deine Handlungen allein um Gottes willen; gib selbst den Wunsch auf, sie mögen Gott gefallen. Sei auch bereit, dein Werk wenn nötig jederzeit wieder aufzugeben, so interessant es auch sein mag, so sehr du es auch liebst. Höre auf die innere Stimme deiner Seele und folge ihr. Verstehe die Geheimnisse des *karma-yoga* (*yoga* des Handelns) richtig und gehe mutig deinen Weg.

Māyā (Illusion) bringt ihre Ernte durch die Einbildungskraft der Gedanken. Eine Frau/ein Mann ist nicht an sich schön, sondern die Prägung deiner Gedanken macht sie/ihn dazu. Das Essen schmeckt nicht an sich, sondern wegen der Gedanken und Assoziationen, die du damit verbindest. Der Mensch ist nicht schwach, sondern bildet es sich ein. Verstehe die Natur von *māyā* und der Gedanken und werde weise. Durchdringe die Einbildungskraft deiner Gedanken durch *vicāra* (rechtes Denken) und ruhe in *brahman*, in dem es weder Einbildung noch Gedanken (*saṅkalpa*-s) gibt.

Ärger ist ein Hindernis für deinen spirituellen Fortschritt. Unter seinem Einfluss begehst du Fehler und unrechte Taten, beleidigst deine Mitmenschen und sagst grobe Worte. Darum beherrsche deinen Ärger. Wenn du versuchst, in allen Gott zu sehen, wirst du ihnen gegenüber nicht ärgerlich sein. Entwickle Geduld, Toleranz, Erbarmen, Liebe. Übe Unterscheidung und Selbsterkenntnis. Frage dich, was du durch Ärger gewinnst. Deine Energie wird geschwächt, wenn du ärgerlich bist. Es gibt nur ein Selbst in allen. Wenn du einem anderen Schaden zufügst, fügst du ihn dir selbst zu. Im *ātman* gibt es keinen Ärger, im *ātman* herrscht

Frieden.

Warum neigt man dazu, so oft ärgerlich zu werden? Weil Ärger im Grunde nichts anderes ist als unerfüllte Wünsche. Äußere Stimuli, die auf bestimmte Sinne und Sehnsüchte wirken, sind der Auslöser für den Ärger. Auch wenn du dem Ärger nicht direkt Ausdruck verleihst, bleibt trotzdem ein unterschwelliger Eindruck zurück, der rajasige (unruhige) und tamasige (träge) Geistesschwingungen stärkt. Daher entwickle zuerst sattwige (positive, edle) Tugenden. Dann verlieren die anderen automatisch an Kraft.

Manche Menschen wenden sich dem spirituellen Weg aus Neugier zu, ohne echte Sehnsucht nach Befreiung. Wenn sie dann nicht sofort übernatürliche Kräfte bekommen oder etwas Spektakuläres geschieht, verlieren sie die Geduld und schimpfen auf die *yogī*-s und auf *yoga*. Darum frage dich, was deine Motivation ist und ob deine spirituelle Sehnsucht wirklich tief ist.

Wenn du über eine unschöne Gefühlsregung erschrickst oder dich schämst, wenn du dich an bestimmte frühere schlechte Handlungen erinnerst, ist dies ein Zeichen für deinen spirituellen Fortschritt. Du wirst jetzt nicht mehr so handeln. Alles in dir wird sich sträuben, wenn eine durch vergangene Handlungen geprägte Gewohnheit dich zur Wiederholung drängen will. Meditiere mit aller Kraft und ganzer Ernsthaftigkeit weiter. Alle Erinnerungen an hässliche Gedanken, alles ungute Denken, alle schlechten Eingebungen werden von selbst schwinden. Du wirst fest begründet sein in vollkommener Reinheit und Frieden.

Nicht die Umwelt ist schlecht, sondern dein Denken ist gefärbt. Deine Gedanken sind nicht diszipliniert. Daher arbeite an der Beherrschung und Lenkung der Gedanken. Beklage dich nicht über eine schlechte Umwelt, sondern beklage dich zuerst über deine eigenen Gedanken. Schule zuerst dein Denken. Wenn du in einer ungünstigen Umgebung Konzentration übst, wirst du bald stärker und eine dynamische willensbetonte Persönlichkeit. Siehe das Gute in allem und verwandle scheinbar Negatives in Gutes. Dies ist wahrer *yoga*, dies ist die wirkliche Arbeit eines *yogī*.

Es ist eine langwierige, beschwerliche Aufgabe, die eingeprägten *saṃskāra*-s zu verändern bzw. auszulöschen. Dein Geist und deine Gedanken versuchen dich immer wieder zu täuschen und davon abzubringen, ernsthaft an dir zu arbeiten, indem sie dir falsche Ratschläge geben. Sei wachsam. Höre nicht auf sie, sondern auf die Stimme deiner Seele, deines Gewissens, auf die Stimme der Unterscheidung.

Murre nicht, wenn du Schwierigkeiten, Mühen, Krankheiten und Sorgen begegnest. Das sind nur vorübergehende Phasen. Sei mutig, voller Hoffnung. Tritt etwaigen Unannehmlichkeiten lächelnd entgegen, ertrage sie mit Geduld und Geistesgegenwart.

Mutter Natur will dich formen, dich stärken und zu ihrem Werkzeug machen, das für ihr ungehindertes Spiel geeignet ist. Dein Körper, deine Hände, deine Gedanken, deine Füße sind ihre Instrumente. Mutter Natur will, dass du positive, aufbauende Eigenschaften wie Mut, Willensstärke, Geduld, Ausdauer, Barmherzigkeit, Liebe, Mitgefühl, guten Willen, weitherzige Toleranz, Güte und andere positive Eigenschaften entwickelst.

Beginne ein neues, göttliches Leben und betrachte alles von einem veränderten Blickwinkel aus. Sieh das Leben umfassender, weite dich aus, entwickle dich und nimm an Wachstum und geistiger Lebensfülle zu.

Schmerz ist ein verkleideter Segen. Er öffnet dir die Augen, er ist dein schweigender Lehrer und lenkt deine Gedanken zu Gott hin. Sei fest verwurzelt im inneren Selbst. Lächle deine Sorgen und Mühen fort und bewahre einen ausgeglichenen Gemütszustand. Entwickle dich zu einer fröhlichen, großherzigen spirituellen Persönlichkeit.

Folge nicht allen aufsteigenden Emotionen und Impulsen. Lenke deine Energie in den Kanal, der zu deinem erwählten Ideal führt. Entwickle die Kraft der Selbstkontrolle. Halte deine Sinne im Gleichgewicht, meistere deine Gedanken, sei aufrichtig und bewahre deine Energie.

Der Wille muss geschult, die innere Bestrebung geradlinig in die gleiche Richtung ausgerichtet sein. Dann genießt du unendlichen Frieden und besitzt eine ungeheure geistige Stärke.

Zuerst entsteht ein schwacher Gedanke, z. B. von Abneigung, Lust oder Eifersucht, wie eine kleine, kaum merkbare Bewegung auf dem Meer des Bewusstseins. Der aufsteigende Gedanke von Hass, Eifersucht o. ä. verbindet sich dann sehr schnell mit einem weiteren derselben Art. Dann kommen andere Gedanken und *saṃskāra*-s zusammen, so wie sich

Menschen einer Partei sammeln, um gegen eine andere zu kämpfen. Nun steigern sich die negativen Gedanken und der ganze Organismus kommt in Aufruhr. Der Mensch wird das Opfer der negativen Gedanken und hat keine Kontrolle mehr über sie. Beobachte daher diese aufsteigenden Gedankenwellen, schneide sie schon an der Wurzel ab, sei wachsam und bete.

Bücherwissen allein genügt nicht. Wirklich erfolgreich und glücklich ist, wer freundlich, gütig, gleichmütig, anpassungsfähig und demütig ist und weiß, wie er die Herzen anderer Menschen gewinnt.

Lasse die Wellen der Liebe im Herzen aufsteigen, fühle die Wärme der göttlichen Umarmung und sonne dich in der Liebe Gottes. Koste die Seligkeit des ewigen Lebens, trinke den Nektar der göttlichen Liebe. Der Pfad der Liebe ist äußerst schmal. Ihn können nicht zwei beschreiten: Wo es ein „Ich" gibt, kann Gott nicht sein. Wo Gott ist, hört das „Ich" auf zu bestehen.

Beispiele und Analogien

Die Frucht, die an einem Baum reifen darf, ist voller Süße, aber es braucht seine Zeit. Ein Baum, der langsam über die Jahre wächst, wird stark und groß. So wird auch ein spiritueller Schüler, der intensiv und geduldig über längere Zeit *sādhana* (spirituelle Praxis) übt, ein dynamischer *yogī* werden. Die Schüler sind oft sehr ungeduldig. Sie erwarten, dass sie innerhalb von zwei oder drei Jahren Meisterschaft und Vollkommenheit erlangen, wenn sie ein bisschen *prāṇāyāma* (Atemübungen), *āsana*-s (Körperübungen) und Meditation machen. Halte keine zu strenge Diät, sonst wirst du zu schwach und bringst nicht mehr die Menge an Konzentration und Meditation auf, die nötig ist, um dein geistiges Ziel zu erreichen.

Die Lotosblume verströmt ihren Duft in alle Richtungen. Ebenso entfaltet der Weise seine göttliche Weisheit für alle. Die Frösche im Lotosteich wissen nichts vom Duft und vom Honig des Lotos, obwohl sie mitten unter Lotosblüten leben. Sie machen nur Lärm. Genauso ziehen Menschen ohne die rechte Einstimmung und innere Haltung keinen Gewinn aus der Präsenz eines Meisters/einer Meisterin. Auch wenn du am Ufer des Teichs stehst und neugierig auf die Lotosblüte schaust, bringt es dich nicht weiter. So suchen viele nur aus Neugier eine/n Weise/n auf. Die durstige Biene jedoch trinkt den Honig der Lotosblüte. Ebenso trinkt nur der ernsthaft Strebende den Nektar der Unsterblichkeit vom *jīvanmukta* (befreiten Weisen), der Selbsterkenntnis erlangt hat.

Selbstsucht ist eine negative Eigenschaft. Sie besteht, um Selbstlosigkeit zu verherrlichen. Hass ist eine negative Eigenschaft. Er besteht, um Demut und Hingabe zu verherrlichen. Engherzigkeit, Eifersucht und Falschheit sind negative Eigenschaften und bestehen, um Großzügigkeit, Weitherzigkeit und Wahrhaftigkeit zu verherrlichen.

Es ist sehr schwierig, es allen recht zu machen und jedem zu gefallen, da die Welt eine Mischung von guten und schlechten Eigenschaften ist. Selbst Heilige und Gottheiten werden kritisiert. Lass die Welt sagen, was sie will. Lass dich dadurch nicht aufregen oder beunruhigen. Beobachte sie einfach und lebe deinem Gewissen getreu. Sei dir selbst gegenüber wahrhaftig.

In dieser Welt der Gegensätze weichen Meinungen immer voneinander ab. Die Herzen aber sind eins. Menschen haben eine unterschiedliche Persönlichkeit, unterschiedliche Weisen des Denkens und verschiedene Ansichten. Diese sollten aber nicht zu Streit und Disput führen, sondern zu Toleranz und friedlichem Umgang miteinander. Nimm das Einende unter den Verschiedenheiten wahr und sei in Frieden.

Diese Welt ist eigenartig und auch der menschliche Geist ist eigenartig. Von Zeit zu Zeit entstehen Disharmonie und Uneinigkeit, selbst unter engsten Freunden. Manchmal bringen Missverständnisse das Feuer zum Aufflammen. Sei sehr achtsam, wenn du mit Andersdenkenden zusammen bist. Entwickle viel Anpassungsfähigkeit und ein großzügiges, verstehendes Herz. Korrigiere und verbessere dich sorgfältig durch die Lehren, die du aus dem täglichen Lebenskampf ziehst.

Die Menschen sollten in Harmonie zusammenarbeiten, um den übergeordneten, großen Plan des Lebens wirken zu lassen und auszuführen.

Leiden wendet die Gedanken zu Gott. Leiden flößt uns Mitgefühl und Barmherzigkeit ein. Leiden löst von Leidenschaft. So wie man Walnussduft durch Reiben wahrnimmt, wird die wahre Wesenheit des Menschen durch Leiden und Sorgen gekeltert und herausgepresst.

Sei wachsam, wenn Erregbarkeit als kleine Welle auf dem Meer der Gedanken aufsteigt und lasse sie nicht ein großes Ausmaß gewinnen. Meditiere in Gedanken oder bete. Du kannst auch geistig für dich *oṃ śānti* („*Oṃ*, Frieden") wiederholen.

Meditationsanleitung

Wenn du über ein konkretes Bildnis Gottes meditierst (*saguṇa upāsaka*), konzentriere dich zuerst auf einen kleinen Ausschnitt des Bildes (*trāṭaka*). Schaue auf das Bild, bis du es dir klar und deutlich eingeprägt hast. Dann schließe die Augen und stelle dir das Bild mit geschlossenen Augen vor. Wenn du durch regelmäßige Meditation über diesen einen göttlichen Aspekt ein starkes Gedankenbild geschaffen hast, bleibe dabei und verdränge es nicht durch ein anderes Bild. Durch die Kraft der Gewohnheit wird das gleiche Bild immer wieder in deinen Gedanken auftauchen und so eine starke fokussierte Konzentration und Meditation ermöglichen. Wenn du ermüdest, kannst du zwischendurch den *mantra* auch einmal variieren, aber nicht das Gedankenbild und das damit verbundene Gefühl (*bhāva*).

Wenn du in der Meditation eine Lichtvision hast, die dem Glanz vieler Sonnen gleicht, bedeutet das noch keinen großen Erfolg auf dem spirituellen Weg. Sei dankbar dafür, aber bewerte es nicht über. Identifiziere dich mit dem Licht der Lichter, das diesem Licht seinen Glanz gibt und das die höchste Wahrheit ist.

Bewahrung der Energie

Die Bewahrung der Energie ist ein wichtiger Faktor für spirituellen Fortschritt und Bewusstseinserweiterung. Normalerweise wird sie durch die nach außen gehenden Sinne verbraucht. Darum werden die meisten Menschen keine wunderbaren Heiligen oder intellektuelle Genies. Sie wissen nicht, wie man die Energie erhalten und regulieren kann, und wie man die grobstoffliche Energie in feinstoffliche transformiert. Das muss man jedoch wissen, wenn man Hervorragendes leisten und höhere spirituelle Erfahrungen machen will. Man sollte Energie ebenso wenig verschwenden wie materielle Güter.

Ein *yogī* und Weiser lässt nicht zu, dass seine Energie in sinnloser Weise vergeudet wird. Er wendet alle aufgespeicherte Energie für den spirituellen Fortschritt an. Aber auch große Persönlichkeiten der Welt sind in der Lage, ihre Energie konzentriert für einen Zweck zu sammeln.

So wie der Aufseher eines Wasserspeichers die Schleusentore gezielt einsetzt, um Wasser über das Land zu verteilen, das fruchtbar werden soll, so schließt der *yogī* alle Öffnungen, in die physische und mentale Energie hineinfließt und verwandelt sie in spirituelle Energie (*ojas*) um. Die aufgespeicherte Energie steht dann für spirituelle Ziele, Meditation, Bewusstseinserweiterung und die Erforschung höherer Bereiche des Denkens und des *ātman* zur Verfügung.

Die sechs Hauptfaktoren, durch die Energie fließt und verbraucht wird, sind das Geschlechtsorgan, der Mund (also das Reden) und die vier Anteile des Denkorganes (*citta*, das Unterbewusste; *manas*, das instinktive, automatische Denken; *buddhi*, der Intellekt; *ahaṅkāra*, Ichbestätigung).

Unnötige und eingebildete Ängste absorbieren sehr viel Energie, ebenso negative, unnütze Gedanken.

Durch ständiges Geschwätz, Kritik, Klatsch und Skandalgeschichten fließt die Energie durch den Mund heraus. Lass dich nicht auf unnötige Diskussionen ein. Das verschwendet nur Energie.

Auch zu viel törichtes Gelächter ist ein Kanal, aus dem die Energie herausfließt. Wer ständig ohne Sinn und Verstand in Gelächter ausbricht, hat keine Ausstrahlung, die andere Menschen beeinflussen kann. Das Lachen und Lächeln eines spirituellen Menschen ist von ganz anderer Natur; es ist voller Größe und Ehrfurcht, entzückt andere und macht sie fröhlich. Der/die Weise lächelt mit den Augen und übt damit einen großen Einfluss auf Menschen aus. Keine Energie geht durch ein solches Lächeln verloren. Bilde diese wunderbare Eigenschaft aus.

Sei aufrichtig und ernsthaft. Lache und lächle bei passender Gelegenheit. Setze aber auch keine Predigermiene auf. Bleibe ganz natürlich.

Heuchle nicht und gib nichts vor, was du in Wirklichkeit nicht bist.

Sei mäßig in deinen Worten. Sprich nicht viel. Versuche eine Unterhaltung so kurz wie sinnvoll und nötig zu halten. Verstehe dein Gegenüber richtig, sprich freundlich und voller Achtung mit ihm und entlasse es bald wieder. Bewahre deine Energie, lasse dich nicht in unnötig lange Gespräche ein. Der Mensch ist ein soziales Wesen und spricht gern. Er mag nicht ohne andere in Abgeschiedenheit leben. Eine Zeitlang nicht zu reden, erscheint ihm als Strafe. Durch viel Reden entsteht leicht Unruhe und Unfrieden. Übe daher jeden Tag eine Zeitlang Schweigen, und vielleicht etwas länger an Sonn- und Feiertagen.

Die Materie braucht Bewegung. Deswegen bewegen sich die meisten Menschen fast dauernd, selbst beim ruhigen Sitzen. Meist ist diese Unruhe ganz unbewusst. Aber es geht viel Energie aus diesem Kanal des Körpers hinaus. Darum beobachte deinen Körper und schränke unnötige Bewegungen ein. Ein *yogī*/eine *yoginī* wird immer in ruhiger Haltung still dasitzen.

Ein/e spirituelle/r Schüler/in sollte an einem Ort bleiben und dort Konzentration und Meditation üben. Zu viel Wandern und Herumreisen erschöpft, vergeudet viel Energie und beeinträchtigt die Kraft für aktives Dienen und kontinuierliche spirituelle Praxis.

Ebenso wie Energie durch Geschwätz vergeudet wird, geschieht dies auch durch oberflächliche Gedanken. Wenn die mentale Energie durch rechtes Denken und durch Gedankentraining erhalten bleibt, steht dir ein ungeheurer Vorrat an Energie zur Verfügung, den du für verschiedene Zwecke einsetzen kannst. Du fühlst dich dann sehr kraftvoll und bist nicht erschöpft, selbst wenn du ein großes Projekt hast oder ein großes Werk schreibst. Du kannst dann leicht und schnell geistige und physische Arbeit bewältigen. Deine Konzentration wird sehr stark. Schwäche und Müdigkeit sind Fremdworte für dich.

Beobachte dein Denken sorgfältig jeden Morgen durch Einkehr und Meditation und halte möglichst gute und erhabene Gedanken aufrecht. So wird die mentale Energie in neue, nützliche Kanäle geleitet. Zuerst erfordert dies Anstrengung. Nach einiger Übung aber wird das Denken ganz leicht in die neuen Kanäle fließen.

Ein anderes Leck, durch das Energie vergeudet wird, ist die Gewohnheit des unnötigen Sich-Sorgens. Sei dir bewusst, dass auf einer höheren Ebene alles einen universellen Zusammenhang hat und im göttlichen Plan vorausbestimmt ist. Gott sorgt ebenso für Nahrung für einen Frosch, der verborgen zwischen Felsritzen lebt, wie für ein Kind im

Schoß der Mutter. Aber der Mensch hat kein Vertrauen und sorgt sich um Besitz, Nahrung, Kleidung und vieles mehr.

Zu viele Wünsche bringen Sorgen. Sie sind Schöpfungen des Verstandes.

Viele Menschen bereiten sich auch durch Minderwertigkeitsgefühle Sorgen. Ebenso kann ein falsches Gefühl der Überlegenheit zu Sorgen führen. All diese Vorstellungen sind trügerisch, denn es gibt keine Unterschiede wie „minderwertig“ oder „überlegen“. Halte dich niemals für minderwertig. Auch nicht für überlegen, weil du dann andere mit Missachtung behandelst.

Dann gibt es noch eingebildete Ängste und Phobien. Man hat Angst vor Krankheiten, vor Kritik, vor der Dunkelheit, vor Ratten usw. Alle diese Ängste sind eingebildet; sie haben keinen wirklichen Grund. Wenn du ernsthaft darüber nachdenkst, werden sie zerfließen wie Schnee in der Sonne.

Die Sexualenergie ist die machtvollste Energie des Menschen; wenn sie vergeudet wird, ist sie kaum durch etwas anderes zu ersetzen. Wer diese dynamische Kraft beherrscht und in geistige Energie (*ojas*) umwandelt, kann leicht glücklich und erfolgreich sein und besitzt große Kraft. Vollkommene Konzentration ist einfach für ihn.

Hier habe ich dir jetzt die Kanäle beschrieben, durch die Energie abfließt, und dir praktische, leichte Methoden gezeigt, um Energie zu bewahren. Nun setze diese Anleitungen in die tägliche Praxis um. Bewahre deine Energie und setze sie für höhere, spirituelle Ziele ein.

Vergegenwärtige dir immer wieder die Techniken, wie du die Energie lenken kannst. Wenn du zu viel Energie für unwichtige Dinge ausgibst, bist du erschöpft, wenn der Einsatz deiner ganzen Kraft gefordert ist.

Verstehe das Ziel und den Zweck des Lebens. Lasse dich nicht von unreflektierten Impulsen treiben. *Māyā* (die Weltentäuschung) ist mächtig. Lebe in der Begleitung von Weisen oder eines spirituellen Lehrers. Sie sind eine starke Festung, die dich bei den ersten Wachstumsstufen beschützt. Entwickle deine inneren Fähigkeiten, bewahre deine Energie und suche Selbsterkenntnis. Der *ātman* ist in sich selbst vollkommen. Hier, in der Quelle deiner Seele, kannst du alles empfangen.

Entwickle Tugenden. Erinnere dich an Grund und Quelle des Lebens. Erhebe dich über die Weltlichkeit. Werde eine großherzige Seele. Wünsche von ganzem Herzen, dass du die Selbstverwirklichung erlangst.

Stelle dir ein bestimmtes Ziel vor. Habe Vertrauen, Interesse und Ausdauer. Dann wirst du Erfolg haben. Mögen Frieden und Freude immer in dir sein.

Mauna (Schweigen) I.

Es gibt verschiedene Arten von *mauna* (Schweigen): körperliches Stillsein, Nichtsprechen, Schweigen der Sinne und Gedanken und die große Stille, wenn alles Denken aufhört. Wahres Schweigen ist Anhalten der Gedanken. Physisches *mauna,* also nicht zu sprechen, kann zum Stillstand des Denkens führen und hat einen wunderbar beruhigenden Einfluss auf Gehirn und Nerven.

Brahman (das Absolute, Göttliche) wird als *maha-maunī* (großer Schweigender) bezeichnet, weil es eine Verkörperung der absoluten Stille ist. Die Seligkeit *brahman*-s, die ohne Anfang und ohne Leiden ist, ist der Zustand von *suṣupti-mauna*. Frei sein von allen Zweifeln, wodurch die trügerische, illusorische Natur dieser Welt mit allen ihren Eigenschaften (*guṇa*-s) erkannt wird, ist *suṣupti-mauna*. Der feste Entschluss, das Weltall als die Fülle *brahman*-s zu sehen und nicht mehr als eine Ansammlung getrennter Einzelobjekte, ist *suṣupti-mauna*. Die Erkenntnis des ewigen *brahman* in allem wird ist *suṣupti-mauna*.

In den Schriften heißt es: *ayamātmā śāntaḥ* („Dieses Selbst ist Stille, Frieden"). Sprechen trägt erheblich dazu bei, die Gedanken zu zerstreuen. Schwatzhafte Menschen können kaum Ruhe im Denken erlangen. Durch das Sprechen gehen die Gedanken nach außen. Schweigen ist für weltliche Menschen eine Qual; sie empfinden es als wahre Strafe, wenn sie einmal nicht sprechen sollen. Für eine/n spirituelle/n Schüler/-in aber ist es segensreich.

Anfangs ist es für die meisten schwierig, Schweigen zu bewahren. Der Mensch verlangt von Natur aus nach Gesellschaft und Gespräch.

Durch sinnloses Reden wird Energie vergeudet. Das verstehen viele Menschen nicht. Bewahre die Energie durch gelegentliches Schweigen und setze sie für göttliche Kontemplation ein. Wenn du erst einmal einen oder zwei Monate lang täglich eine Weile Schweigen bewahrt hast, erfährst du seine Vorteile. Dann willst du von allein gar nicht mehr darauf verzichten. Wenn du das Sprechorgan (*vāg-indriya*) beherrschst, fällt es dir leicht, auch die Ablenkungen durch die Augen und Ohren zu minimieren und zu beherrschen.

Wenn du Schweigen hältst, ist eine starke Quelle der Zerstreuung geschlossen. *Mauna* hält die Energie zusammen, entwickelt Willenskraft und kontrolliert die Impulse der Sprache. Nun wirst du in Frieden leben und ernsthaft meditieren können.

Durch *mauna* achtet man mehr auf seine Sprache. Das ist eine große Hilfe, um wahrhaftig zu sein und um Ärger im Bann zu halten. Die Emotionen werden beherrschter; man ist weniger leicht aus der Ruhe zu bringen. Ein *maunī* hält in seinen Worten Maß und das, was er spricht, ist deshalb sehr beeindruckend. Die meisten Menschen achten normalerweise überhaupt nicht auf ihre Worte. Sie sprechen unreflektiert aus, was ihnen gerade in den Sinn kommt. Ein *maunī* aber denkt zuerst darüber nach, ob seine Rede die Gefühle anderer verletzen könnte. Er geht sorgfältig und überlegt mit seinen Worten um. Er wägt seine Worte ab, bevor er spricht. Er kann auch lange Zeit in Abgeschiedenheit leben. Einem weltlichen, gesprächigen Mensch fällt es schwer, auch nur ein paar Stunden allein zu sein.

Mauna bringt eine große innere Ruhe und Zentrierung. Übe Schweigen und fühle den Frieden und die Freude, die ihm entspringen.

Versuche wenigstens eine Stunde am Tag Schweigen zu üben. Noch besser wären zwei Stunden und sonntags bzw. an freien Tagen länger. Nutze die Zeit des Schweigens nur für *japa* und Meditation, nicht für irgendwelche andere Tätigkeiten. Die Morgenstunde, in der du meditierst, ist ideal als Stunde des Schweigens.

Während des Schweigens halte Innenschau und Selbstanalyse. Dabei kannst du gleichzeitig die Gedanken beobachten und die Wege, die das Denken und seine Auswirkungen nimmt. Du kannst wahrnehmen, wie Gedanken in Windeseile von einem Gegenstand zum anderen wechseln. Wenn du so regelmäßig einige Stunden am Tag und ab und zu länger *mauna* praktizierst, wirst du es als große Wohltat empfinden.

Halte *mauna* für dein eigenes geistiges Wachstum, nicht aber um nach außen herauszustellen, dass du ein großer *yogī* bist. Erforsche stets die Triebfedern deiner Handlungen.

Es ist auch gut, schweigend zu essen und keine unnötigen Gebärden oder Zwischenrufe zu tätigen.

Fünf Regeln sind hilfreich, wenn du ernsthaft Meditation üben und in kurzer Zeit *samādhi* (Selbstverwirklichung) erreichen willst:

- *mauna* (Schweigen)
- leichte (sattwige) Nahrung
- Zeiten des Rückzugs in einer schönen Umgebung
- persönlicher Kontakt mit einem Lehrer oder geistige Führung durch eine/n Meister/in
- ein Ort mit einem angenehmen Klima

Wenn dir die Umstände nicht gestatten, *mauna* zu üben, dann vermeide langes und weitschweifendes Reden, unnötige Wortwechsel, sinnlose Debatten und Auseinandersetzungen etc., und halte dich so viel wie möglich von Gesellschaft fern. Wenn du dich bemühst, ein Mensch mit gemäßigter Rede zu werden, gewöhnst du dich allmählich ans Schweigen. Wenn du an einem Ort lebst, an dem *mauna* schwer zu wahren ist, ziehe dich von Zeit zu Zeit in die Einsamkeit bzw. an einen spirituellen Ort zurück, wo dich niemand stört.

Wenn du ernsthaft auf dem Weg bist und die Gelegenheit dazu hast, kannst du lange Zeit *mauna* üben. Wenn es dir aber schwer fällt und du merkst, dass du diese Zeit nicht wirklich für spirituelles *sādhana*, für *japa* und Meditation nutzt, dann brich es sofort ab.

Ernähre dich während der intensiven Schweigepraxis sattwig, d. h. mit leichter, frischer vegetarischer Kost, mit Obst, Bohnen und anderem Gemüse und ohne Salz. Die Zunge richtet am meisten Unheil an. Ihre Beherrschung – durch Schweigen und Mäßigung im Essen – führt zur Beherrschung der Gedanken. Wenn einmal eine Gedankenschwingung zur Ruhe kommt, verstärkt sich die Willenskraft und es wird einfacher, eine weitere Gedankenschwingung zu beherrschen.

Lies während des Schweigens keine Zeitung und höre keine Nachrichten. Sonst wachen die weltlichen Gedanken wieder auf und stören deinen Frieden; deine Meditation wird unterbrochen und du bist trotz des abgeschlossenen Ortes im Geist wieder in der Welt. Schreibe in dieser Zeit auch nicht.

Verringere während der Zeit intensiver Schweige- und spiritueller Praxis deine Bedürfnisse. Ändere dazwischen nicht deine Essensgewohnheiten und denke nicht dauernd über das Essen nach. Mache dir überhaupt keine Sorgen um den Körper und das tägliche Essen. Denke an Gott und an den *ātman*. Du bist immer wieder in Gefahr: Unwissenheit und Zweifel können sich wieder breitmachen. Deshalb sei wachsam und aufmerksam.

Das spirituelle Tagebuch (siehe auch die Tabelle, S. 215)

Ein spirituelles Tagebuch ist eine große Hilfe auf dem spirituellen Weg. Wer bereits eines führt, kennt seinen Wert. Es ist dein Lehrer und Führer. Wenn du dich ethisch und spirituell schnell entwickeln willst, schreibe jeden Tag deine Handlungen und Gedanken auf.

Trage täglich in dein Tagebuch ein:

- wann du morgens aufgestanden und abends schlafengegangen bist
- wie viele Stunden du geschlafen hast
- wie lange du spirituelle Schriften studierst hast
- wie viele Runden *japa* (*mantra*-Wiederholung) du gemacht hast
- wie lange du meditiert hast
- welche Fehler du begangen hast
- wenn du in eine negative Angewohnheit zurückgefallen bist
- etwaige „Selbstsanktionen“ für Fehler oder Unterlassungen
- wie oft du gelogen hast
- wie oft du dich geärgert hast und wie lange dein Ärger angehalten hat
- wie viel Zeit du für selbstlosen Dienst eingebracht hast
- die Anzahl bzw. Zeit der täglichen *prāṇāyāma*- und *āsana*-Praxis
- wie viele Stunden du nutzlos in Gesellschaft und sinnlosem Geschwätz verbracht hast
- evtl. wie lange du geschwiegen hast

- etwaige Nachtwachen z. B. an einem Feiertag
- etwaige Fastentage

Zusätzlich solltest du in deinem Tagebuch auch notieren:

- die Yogastellungen (*āsana*-s), die du geübt hast
- die Art der Meditation
- die Bücher, die du liest
- die Art deiner Ernährung
- Übst du *japa-mālā* (*mantra*-Wiederholung mit Gebetskette)?
- Hast du einen gesonderten Meditationsraum? Wenn ja, wie ist dieser gehalten?
- Liest du die „Bhagavad-gītā" mit Kommentar?

Am Ende dieses Buches findest du ein Beispiel für ein solches spirituelles Tagebuch. Du kannst es an deine Situation anpassen und entsprechend abändern und ergänzen.

Führe das Buch sechs Monate lang und beobachte deine Fortschritte und was geschieht. In deinem Gehirn versteckt sich ein großer Dieb. Er hat dir deine Perle, das Selbst, den *ātman*, gestohlen, macht dir große Schwierigkeiten und betrügt dich. Dieser Dieb ist dein automatisches Denken. Sei nicht nachsichtig mit ihm, sondern besiege ihn. Kein Schwert könnte schärfer sein als dieses Tagebuch. Es verhindert seine Ausreden und überwindet ihn endgültig. Mit der Zeit wirst du völlig frei von Ärger, Unwahrhaftigkeit, Lust usw.

Deine Eltern haben dir deinen Körper, Nahrung und Kleider gegeben. Dieses Tagebuch ist deinen Eltern noch überlegen. Es zeigt dir den Weg zu Freiheit und ewiger Seligkeit. Es ist dein Führer, der dir die Augen öffnet. Es gibt dir Trost, Zufriedenheit und Frieden. Lies es einmal in der Woche sorgfältig durch. Wenn du so bei allem, was du tust, immer achtsamer wirst, wird dein Wachstum sehr schnell voranschreiten.

Das Tagebuch lehrt dich auch, den Wert der Zeit zu verstehen. Du wirst sehen, wie viel Zeit du für Meditation, *prāṇāyāma*, *yoga* und andere spirituelle Zwecke verwendet hast.

Es darf sich keine Lüge in deine Aufzeichnungen einschleichen, denn du führst sie für dich, zu deinem eigenen Vorteil. Gib deine Fehler offen zu und versuche, sie in Zukunft zu bessern. Schäme dich nicht, deine Fehler, Untugenden und Fehlschläge festzuhalten. Schreibe alles auf und vergleiche den Fortschritt einer Woche mit der vorangegangenen. Wenn du dazu nicht die Zeit findest, ziehe einmal im Monat Bilanz.

Verschiebe das Führen des Tagebuches nicht auf morgen. Denn dieses Morgen wird niemals kommen. Beginne sofort ernsthaft mit deinem spirituellen Weg. Wenn du es aufrichtig versuchst, wird Gott dir immer helfen und dich emporführen. Es bedarf einer strengen Selbstdisziplin auf dem spirituellen Weg, wenn du deine Natur verändern willst.

Für dein Wachstum auf allen Ebenen ist es hilfreich, wenn du neben dem spirituellen Tagebuch auch noch andere Notizbücher führst. Z. B. eines, in das du wichtige Punkte aus deiner Lektüre einträgst. Wenn du schwierige Wörter liest oder niederschreibst, benutze ein Nachschlagewerk. Du kannst auch ähnliche Wörter aneinanderreihen, damit deine Kenntnis wächst. Das fördert deine Kraft des Denkens (*manana-śakti*). In ein drittes kannst du praktische Anweisungen eintragen. Ein viertes kannst du für *likhita-japa* nehmen, d. h. um einen *mantra* als spirituelle Praxis mehrmals hintereinander aufzuschreiben. Diese Praxis verlangt und fördert Konzentration.

Kapitel 6
Das spirituelle Tagebuch

In diesem Kapitel erkläre ich nochmals die wichtigsten Punkte, die besonders hilfreich für die spirituelle Entwicklung sind und die daher in deinem spirituellen Tagebuch sinnvoll sind. Wenn du deine diese Punkte betreffende Praxis in deinem Tagebuch festhältst, wirst du sehr schnell Fortschritte machen.

Wie viel Schlaf brauchst du?

Schlaf ist das Stärkungsmittel der Natur für ein gesundes Leben. Je tiefer der Schlaf, desto gesünder bist du.

Wieviel Schlaf du brauchst, hängt von deiner physischen Konstitution, dem Alter, Temperament, der Art deiner Arbeit und von deiner geistigen Fähigkeit ab, der Müdigkeit zu widerstehen. Normalerweise geht man von sechs bis sieben Stunden für einen Erwachsenen aus. Erwachsene, die hart arbeiten, brauchen eventuell mehr, vielleicht acht Stunden, ein Kind zehn. Mit zunehmendem Alter brauchen Menschen oft weniger Schlaf.

Gehe um zehn Uhr zu Bett und stehe um vier Uhr morgens auf – diese sechs Stunden genügen im Normalfall für einen Durchschnittsmenschen. Zuviel Schlaf macht träge und lethargisch, führt zu verfrühtem Verfall und schwächt die Denkkraft.

Entscheidend ist die Qualität des Schlafes. Nach einem tiefen, traumlosen Schlaf von ein oder zwei Stunden wirst du vollkommen erfrischt sein. Es ist sinnlos, sich stundenlang im Bett zu wälzen.

Lege dich tagsüber nicht zum Schlafen hin. Mache stattdessen eine kurze Tiefenentspannung zur Erfrischung und Regeneration. Wenn du den Schlaf überwunden hast, wie Arjuna und Lakṣmaṇa, erreichst du den seligen schlaflosen Schlaf – den *nirvikalpa-samādhi* der *yogī*-s.

Morgens aufstehen

Die Hälfte des Lebens vergeuden wir durch Schlaf. Spirituelle Aspiranten/Aspirantinnen sollten den Schlaf allmählich verkürzen. Für sie genügen in der Regel bei kontinuierlicher Praxis fünf Stunden.

Die Zeit frühmorgens um vier Uhr ist für die Meditation sehr günstig. Die meditative Stimmung kommt von allein, ohne Anstrengung. Das Gemüt ist dann wie ein unbeschriebenes Blatt. Man kann es leicht in jede beliebige Form gießen und die geistigen Eindrücke der Meditation prägen sich stark ein. Meditation zu dieser Zeit hat einen so großen Effekt wie vier Stunden Meditation zu einer anderen Tageszeit. Darum schlafe nicht in dieser heiligen Zeit.

Praxis von japa

Japa ist die Wiederholung von einem *mantra* bzw. dem Namen Gottes. Im heutigen Eisernen Zeitalter (*kali-yuga*), in dem der Körperzustand der meisten Menschen nicht mehr so gut ist, fällt vielen eine fordernde *haṭha-yoga*-Praxis sehr schwer. *Japa* ist ein einfacherer Weg zur Selbstverwirklichung.

Über den *bhakti-yoga*-Weg kann man Selbstverwirklichung erlangen, indem man den Namen Gottes wiederholt. *Japa* kann zum höchsten Ziel führen, auch wenn man die Bedeutung des *mantra* gar nicht kennt. Es dauert dann nur etwas länger. Im *mantra*, der Schwingung des Namens Gottes, liegt eine unbeschreibliche Kraft (*acintya-śakti*). Wenn man ihn mit Konzentration wiederholt, wird man bald Gott erkennen.

Hilfreich für die Konzentration bei der *mantra*-Wiederholung ist eine *japa-mālā* (Gebetskette; eine Art Rosenkranz). Du kannst sie in der Tasche bei dir haben oder wie eine Halskette tragen und unter dein Kopfkissen legen, wenn du schläfst. Sie erinnert dich immer wieder an Gott, wenn du ihn aus Unwissenheit, Gewohnheit und Verstrickung vergisst. Wenn du nachts aufwachst und vielleicht kurz aufstehst, um zur Toilette zu gehen, lasse die *mālā* ein- oder zweimal durch die Finger gleiten, zusammen mit der Wiederholung des *mantra* bei jeder Perle. Sie ist ein wirksames Mittel, um ruhelose Gedanken auszuschalten und eine mächtige Antriebskraft, um dich zu Gott zu führen. Du kannst einen Rosenkranz, eine *rudrākṣa-mālā** oder eine *tulasī-mālā*** mit je 108 Perlen benutzen.

Der Geist braucht Vielfalt und hat einen Widerwillen gegen monotone Übungen. Wiederhole deshalb den *mantra* abwechselnd eine Zeitlang laut, dann flüsternd und schließlich nur gedanklich. Die gedankliche Wiederholung ist sehr machtvoll. Selbst das mechanische Wiederholen des *mantra* hat eine große reinigende Wirkung auf Herz und Gedanken. Das Gefühl kommt dann später, wenn der Vorgang der geistig-psychischen Reinigung eingesetzt hat und im Unterbewusstsein weiterläuft.

Es heißt, dass man mit jedem Atemzug ganz natürlich den *mantra so'ham* wiederholt – also 21 600 Mal am Tag, mit jeder Ein- und Ausatmung. Wiederhole daher deinen *iṣṭa-mantra* mindestens 21 600 Mal am Tag in Entsprechung zu den 21 600 natürlichen Atemzügen. Dann ist die Wirksamkeit des *mantra* sehr groß.

Erhöhe die Zahl deines *japa* von 200 auf 500 *mālā*-s jeweils vier Mal am Tag – am Morgen, Mittag, Nachmittag und in der Nacht.

Der Tod kann jeden Augenblick eintreten. Begegne ihm mit einem Lächeln.

Saṅkīrtana (gemeinsames *mantra*-Singen), Gottesverehrung

Saṅkīrtana ist eine der wirkungsvollsten Weisen, um ein verhärtetes Herz zu harmonisieren und zu öffnen. *Saṅkīrtana* ist das Singen des göttlichen Namens mit *prem* (Liebe) und Hingabe. Es hilft dem Menschen, in einen Bereich vorzustoßen, in den das Denken nicht gelangen kann.

Saṅkīrtana kann Berge versetzen. *Saṅkīrtana* kann alles bewirken. Es gibt mythologische Überlieferungen, die erzählen, wie eine Schnecke in eine Blumenkette, Gift in Nektar, ein Nagelbett in ein Rosenbett und Feuer in Eis verwandelt wurde.

Saṅkīrtana löst die drei Knoten der Unwissenheit, reinigt die *nāḍi*-s (Energiekanäle) und erweckt die schlafende *kuṇḍalinī*.

---

* Für *mālā*-s (Gebetsketten) verwendete *rudrākṣa*-Samen (Eleocarpus ganitrus) sind Rudra (Name von Śiva) heilig. Ihnen werden Heilkräfte zugeschrieben.

** Perlen aus *tulasī/tulsī*-Holz, „Heiligem Basilikum" (Ocimum tenuiflorum), werden in Indien für *mālā*-s verwendet, die zur Verehrung Viṣṇu-s und seiner *avatāra*-s (insbesondere Kṛṣṇa-s) dienen.

Saṅkīrtana kann einen auch in Ekstase versetzen, in den ekstatischen Zustand des *bhāva-samādhi*.

Die Gedanken werden auf ein Ziel ausgerichtet, das Bewusstsein wird gereinigt und die geistigen Prägungen, die verschiedensten Stimmungen und Launen, Einbildungen und wilden Fantasien, die Unreinheiten, unruhigen Gedanken und der Schleier der *māyā* werden aufgelöst.

Saṅkīrtana reinigt negative Emotionen, glättet die Gedankenwellen und füllt das Denken mit erhabenen, die Seele erhebenden Gedanken und mit höheren Gefühlen. Das Denken kommt zur Ruhe und es tritt der segensreiche Zustand des Nichtdenkens, der Gedankenlosigkeit ein.

Das Singen des Namens Gottes lässt den/die Verehrer/in die Gegenwart Gottes, die göttliche Herrlichkeit und das göttliche Bewusstsein in sich und in allem empfinden. So mächtig ist der Name Gottes.

Prāṇāyāma (Beherrschung und Lenkung des Atems)

Prāṇāyāma (yogische Atemübungen) sollen *prāṇa* und *apāna* (die einbzw. ausströmende Lebenskraft) verbinden. Wenn man *prāṇāyāma* übt, strömt *prāṇa-apāna* gemeinsam durch die *suṣumnā-nāḍī* (den Hauptenergiekanal in der Wirbelsäule).

Prāṇāyāma nimmt einen wichtigen Platz im *yoga* ein, denn er steht mit dem Geist, mit dem Denken in enger Verbindung und dadurch auch mit dem Willen. Durch den Willen beeinflusst *prāṇāyāma* die individuelle Seele und das höchste Selbst.

Wenn du die kleinen Wellen des *prāṇa* zu beherrschen vermagst, die durch die Gedanken wirken, dann kennst du das Geheimnis, wie man sich *prāṇa* dienstbar macht. Die Kontrolle des Atemvorgangs kann wirksam die Nervenströme des Körpers beeinflussen. Durch *prāṇāyāma* können Gedanken, Körper und Seele leicht und schnell beherrscht bzw. gelenkt werden.

Wechselatmung (anuloma-viloma, nāḍi-śodhana)

Setze dich in einer Yogahaltung möglichst mit gekreuzten Beinen hin (in *padmāsana* oder *siddhāsana*) und schließe mit dem rechten Daumen das rechte Nasenloch. Ziehe die Luft ganz langsam durch das linke Nasenloch ein. Dies ist Einatmen (*pūraka*). Dann schließe auch das linke Nasenloch mit dem Ringfinger der rechten Hand und halte den Atem so lange an (*kumbhaka*), wie es angenehm möglich ist. Nun löse den rechten Daumen und atme langsam durch das rechte Nasenloch aus (*recaka*). Danach ziehe die Luft durch das rechte Nasenloch ein (*pūraka*). Halte sie so lange an wie angenehm (*kumbhaka*), dann atme durch das linke Nasenloch aus (*recaka*). Das ist eine *prāṇāyāma*-Runde.

Beginne mit fünf solchen *prāṇāyāma*-Runden und erhöhe die Anzahl allmählich auf zwanzig. Fühle, wie du dabei göttliche Eigenschaften wie Barmherzigkeit, Liebe, Vergebung, Frieden, Freude etc. in dein System aufnimmst und alle nicht hilfreichen wie Lust, Ärger. Gier etc. ausatmest.

Du kannst auch andere Atemübungen hinzufügen, die die *nāḍi*-s (Energiekanäle) reinigen, Krankheiten heilen und die Gedanken in Konzentration und Meditation fest verwurzeln.

Āsanas (Yogastellungen)

Āsana-s und *prāṇāyāma* (Atemübungen) sind hilfreiche Techniken auf dem Yogaweg. Sie regulieren die Tätigkeit von Herz, Lungen und Gehirn. Verdauung und Blutzirkulation werden gefördert, manche Krankheiten können gelindert oder es kann ihnen vorgebeugt werden. Regelmäßiges Üben verhilft zu einem besseren Gesundheitszustand und gibt Kraft und Vitalität.

Verändere deine *āsana*-Praxis nicht zu oft. Behalte eine bestimmte Übungssequenz bei. Um Energie stark zu erwecken und das Bewusstsein zu erweitern, empfehlen die Schriften, ein *āsana* länger zu halten, sogar bis zu drei Stunden. So erwecken die *āsana*-s die *kuṇḍalinī- śakti.*

Praktiziere *āsana*-s, wenn dein Magen leer oder nur leicht gefüllt ist. Frühmorgens oder abends ist die beste Zeit dafür. Du kannst dabei auch einen *mantra* wie *oṃ* oder *oṃ namaḥ śivāya* wiederholen oder deinen *iṣṭa*- oder *guru-mantra* (den *mantra* deines persönlichen Gottesaspekts bzw. den *mantra*, in den du eingeweiht worden bist).

Im Allgemeinen wird es Menschen in höherem Alter schwerfallen, eine Yogastellung drei Stunden lang ohne Unterbrechung zu halten bzw. drei Stunden lang in einer Meditationsstellung zu sitzen. Wenn nötig, kannst du dich nach einer Weile an der Wand anlehnen für die weitere Meditation. Wer flexibel genug ist, setzt sich am besten in *padmāsana* (Lotossitz) oder *siddhāsana* für die Meditation hin, oder in einer anderen Stellung, in der er oder sie fest und aufrecht und ohne gesundheitliche Probleme sitzen kann.

Meditation im Sitzen

Setze dich in *padmāsana* (Lotossitz) oder *sukhāsana* (Schneidersitz) in deinen Meditationsraum bzw. an deinen Meditationsplatz.

Die beste Zeit für *japa* und Kontemplation ist morgens zwischen vier und sechs Uhr. Beginne mit 20-30 Minuten Meditation. Dann versuche die Zeit allmählich zu verlängern.

Sitze bewegungslos. Bewege den Körper nicht und versuche, den Gedankenstrom auf Gott zu richten. Schließe die Augen und konzentriere dich sanft und ohne Anstrengung auf die Stelle zwischen den Augenbrauen (*tri-kuṭī*), auf den Lotos des Herzens, die Nasenspitze oder auf den Scheitel.

Versuche nicht gewaltsam, die Gedanken zu beherrschen. Lasse sie eher eine Zeitlang herumschweifen und sich erschöpfen. Es kann eine Weile dauern, bis sie gezähmt sind, aber nach jedem Versuch wird es einfacher.

Regelmäßige Meditation

Lass keinen Tag ohne Meditation vergehen. Meditiere täglich regelmäßig und systematisch. Das ist sehr wichtig. Dann kommt der Geist nach einer Weile ganz von selbst zur gewohnten Zeit in einen meditativen Zustand.

Nimm keine rajasige (anregende) Nahrung zu dir. Früchte und Milch unterstützen die Fokussierung der Gedanken. Zwinge dich nicht zur Meditation, wenn du müde bist, sondern ruhe dich in diesem Fall erst ein wenig aus.

Regelmäßige Meditation öffnet die Wege der intuitiven Erkenntnis und macht die Gedanken ruhig und ausdauernd. Mit der Zeit kommt ein ekstatisches Gefühl auf und du kommst in Kontakt mit dem höchsten *puruṣa* (der höchsten Seele). Alle Zweifel klären sich von selbst. Nun wanderst du sicher auf dem Pfad des meditativen *yoga*. Du weißt nun intuitiv selbst, wie du deine Füße auf die nächste Stufe der spirituellen Leiter setzen kannst. Eine geheimnisvolle innere Stimme wird dich führen.

Lesen und Auswendiglernen von Versen der „Bhagavad-gītā"

Das Studium der Schriften ist ein Teil von *kriyā-yoga* und *niyama*.

Kriyā-yoga ist eine dreiteilige Übungspraxis, die im *rāja-yoga* besonders empfohlen wird, bestehend aus *svādhyāya* (Studium der Schriften und Selbsterforschung), *tapas* (eigener Disziplin, spiritueller Praxis) und *īśvara-praṇidhāna* (Hingabe an Gott). Alle drei sind auch Teil von *niyama*, der yogischen Grundlagen im Umgang mit sich selbst.

In der „Bhagavad-gītā" ist die Essenz aller Yogalehren und das Wesentlichste der Veden enthalten. Je nachdem wie viel Zeit dir zur Verfügung steht, verbringe eine halbe bis drei Stunden täglich mit dem Studium der „Bhagavad-gītā". In der „Bhagavad-gītā" findest du zeitlose Weisheitslehren zum rechten Leben und Denken für Menschen auf der ganzen Welt, egal welcher Kultur und Tradition. Die „Bhagavad-gītā" zeigt den direkten und rechten Weg zum höchsten Ort der Unsterblichkeit und zur ewigen Glückseligkeit auf.

Die „Bhagavad-gītā" kann dein Leben umformen. Sie beschreibt positive, wirksame Methoden, wie man im Alltag handeln und leben kann, um die Gedanken zu beherrschen, um *prāṇa* (Lebensenergie) zu bewahren, um die sich empörenden, aufgeregten Sinne zu beherrschen, um negative Eigenschaften zu sublimieren, um göttliche Tugenden und ethische Vollkommenheit zu erreichen, um Hingabe zu entwickeln und Freiheit des Handelns, Reinheit der Gedanken und Befreiung (*mokṣa*) zu gewinnen, während man seine Aufgaben und Pflichten in der Welt erfüllt.

Studiere die „Bhagavad-gītā" deshalb gründlich. Sie ist dein Freund, Wohltäter und Führer. Natürlich gilt das entsprechend auch für andere heilige Schriften.

Sat-saṅga (Umgang mit Weisen und Heiligen)

Sat-saṅga („reiner Umgang“) ist ein sicheres Boot, um den/die spirituelle/n Schüler/in zum Ufer der Furchtlosigkeit jenseits aller Dunkelheit zu bringen.

Durch Umgang mit großen *mahātmā*-s (großen Seelen) lösen sich nach außen gerichtete Tendenzen und Leidenschaften auf. Man gewinnt die Kraft der Unterscheidung und sucht keinen Umgang mehr, der einen hinunterzieht. So wird man frei von Verblendung und Täuschung. Die Gedanken werden fest begründet, zielgerichtet und bleiben auf dem Wesentlichen ruhen. Dann ist Befreiung, höchste Freiheit, erlangt.

Die Herrlichkeit und Kraft, die *sat-saṅga* (Umgang mit Weisen, Heiligen, *yogī*-s, *sannyāsī*-s und *mahātmā*-s) bringt, wird in den heiligen Schriften beschrieben. Schon ein Augenblick der Begegnung genügt, um negative *saṃskāra*-s (Eindrücke im Unterbewusstsein) zu überwinden. Dienste für *mahātmā*-s reinigen schnell von Gier und allen möglichen Wünschen. *Sat-saṅga* erhebt die Gedanken zu erhabensten Höhen.

Mauna (Schweigen) II.

Beachte *mauna* um deines geistigen Wachstums willen, nicht um dich nach außen hin hervorzutun.

Energie wird u. a. durch sinnloses Sprechen und Schwatzen vergeudet. *Mauna* entwickelt Willenskraft und zügelt die unreflektierten Impulse des übermäßigen Redens.

Schweigen ist eine große Hilfe, um wahrhaftig zu bleiben und Ärger zu beherrschen. Die aufwallenden Emotionen werden überwunden und man lässt sich nicht mehr so leicht aus der Ruhe bringen und von einer momentanen Erregung fortreißen.

Wenn möglich, halte ein bis zwei Stunden am Tag Schweigen. Setze in dieser Zeit erhabene Gedanken an die Stelle von irdischen und übe *japa* und Meditation. Du kannst zu jeder beliebigen Zeit – am Morgen, am Abend oder an Sonntagen – Stunden des Schweigens einlegen, je nach deinen Möglichkeiten und Lebensumständen. Wenn die Umstände dich am Schweigen hindern, dann vermeide wenigstens langes, ausschweifendes Reden. Vermeide möglichst alles unnötige Sprechen, nutzlose Debatten, Auseinandersetzungen etc. und ziehe dich zurück, soweit es geht.

Karma-yoga (selbstloser Dienst)

Selbsterkenntnis dämmert nur in einem reinen Bewusstsein auf. Das ist der unmittelbare Weg zur Freiheit. Der Weg dorthin führt über selbstloses Handeln in der Welt.

Niṣkāma-karma-yoga ist der selbstlose Dienst an der Menschheit. Der springende Punkt dabei ist, dass man etwas im Bewusstsein und mit der inneren Einstellung tut, den Menschen ohne Anhaftung und selbstbezogene Motive zu dienen.

Die Hauptlehre der „Bhagavad-gītā" ist Nichtgebundensein – und damit Freiheit – im Handeln. Śrī-kṛṣṇa lehrt, dass man aktiv wirken soll, jedoch ohne sich dabei konkrete Früchte zu erwarten. Wer selbstlos handelt, ohne sich irgendwelche Früchte, Ergebnisse, Vorteile etc. zu erhoffen, wird ein mächtiger *yogī*.

Ein *karma-yogī* kennt das Geheimnis der Arbeit. Er lässt nicht zu, dass Energie zerstreut wird. Obwohl er tätig ist, bewahrt und reguliert er seine Energie. Er kennt den Wert der Selbstbeherrschung und nutzt die Energie für gute Zwecke, die möglichst vielen Menschen das Bestmögliche bringen. Dies ist „Andacht des Tuns". Von ihr spricht die „Bhagavad-gītā" im zweiten Kapitel. Auf diese Weise entwickelst du einen starken Willen und Charakter.

Dāna (Spenden geben)

Wenn du ausgehst, nimm ein paar Münzen mit und verteile sie an notleidende Menschen. Oder spende für gemeinnützige Werke.

Sei freigiebig. Habe das Gefühl, dass du selbst in allen Empfängern Freude empfindest. Dann wird sich dein Herz ausweiten. Du wirst die Einheit, das Einssein erkennen. Spende regelmäßig ein Zehntel deines Einkommens. Das Vollbringen und Unterstützen karitativer Werke ist der Beginn des spirituellen Lebens.

Likhita-japa (mantra-Schreiben)

Lege ein Heft oder Notizbuch für *likhita-japa*, das Schreiben von *mantra*-s, an.

Schreibe deinen *iṣṭa-mantra*, deinen *guru-mantra* oder den *mahā-mantra* mehrmals, z. B. eine halbe Stunde lang, in ein Heft. Schreibe den *mantra* möglichst mit Tinte. Der *mahā-mantra* lautet:

hare rāma hare rāma, rāma rāma hare hare
hare kṛṣṇa hare kṛṣṇa, kṛṣṇa kṛṣṇa hare hare

Am besten machst du *likhita-japa*, bevor du mit deinen häuslichen und beruflichen Pflichten beginnst. Sprich nicht, während du den *mantra* schreibst, sondern sei vollkommen still und ruhig. Konzentriere dich allein auf das Schreiben und beschäftige alle Sinne, Augen, Hände und Gedanken damit. Wenn du diese Übung eine Weile lang regelmäßig und ernsthaft machst, erlangst du leicht Konzentration, inneren Frieden und Glück.

Versuche auch deine Freunde zum Aufschreiben der *mantra*-s anzuregen. Es wird von großem Segen für sie sein.

Körperübungen (Bewegung, Fitness, Sport etc.)

Körperliche Fitness und Körpertraining sind genauso wichtig wie das Gedanken-, Willens- und Gedächtnistraining. Wenn der Körper nicht stark und gesund, kräftig und aktiv gehalten wird, wird die spirituelle Entwicklung erschwert. „Mens sana in corpore sano“ (sinngemäß: Ein gesunder Körper ist eine gute Grundlage für einen gesunden Geist).

Der Körper ist der Tempel Gottes. Halte ihn durch tägliche Hygiene auch äußerlich ganz rein.

Wähle die Trainingsart, die dir am besten liegt und dir am meisten Freude macht – intensiven Sport oder eher sanftes Training. Wenn du eher zart bist, kann es für dich z. B. am besten sein, wenn du viel an der frischen Luft spazieren gehst. Am besten morgens und abends und immer allein. Dann kannst du die Gegenwart des Göttlichen überall spüren und in vollkommener Übereinstimmung und Harmonie mit der Natur sein. Spaziergänge am Morgen sind sehr zu empfehlen.

Lügen

Bleibe immer bei der Wahrheit. Sie allein triumphiert. Ein wahrhaftiger Mensch ist frei von Sorgen und Ängsten, hat einen ruhigen Sinn und wird von allen geachtet. Wenn du dich lange genug daran gehalten hast, nur die Wahrheit zu sprechen, wird alles eintreten, was du sagst, denn dann bist du im Einklang mit den Gesetzen des Kosmos.

Sprich die Wahrheit. Sie ist Weisheit und Glückseligkeit und führt dich in allem, was du tust.

Schreibe mit großen Buchstaben die Worte „Sprich die Wahrheit“ auf ein Blatt Papier und hänge es an verschiedenen Stellen in deiner Wohnung auf. Dann wirst du dich sofort erinnern, wenn es dir passiert, dass du im Begriff bist zu lügen.

Bestrafe dich z. B. durch Fasten und notiere etwaige Lügen in deinem Tagebuch. Langsam werden sie abnehmen und du wirst ein wahrhaftiger Mensch werden.

Ärger

Ärger ist der Feind des Friedens. Wenn ein Verlangen nicht befriedigt wird, ist der Mensch ärgerlich. Er verliert seine Beherrschung und sein Verständnis.

Beherrsche den Ärger durch Liebe und Selbstlosigkeit, durch Unterscheidung, Selbsterforschung und Meditation.

Trinke kaltes Wasser, wenn Ärger aufkommt. Es wird deine Gedanken abkühlen und die erregten Nerven beruhigen. Wiederhole mehrmals *oṃ śānti*.

Wenn du merkst, dass du deinen Ärger nicht beherrschen kannst, verlasse den Raum. Gehe hinaus und mache einen zügigen Spaziergang. Bete zu Gott. Meditiere.

Sinnlose Gesellschaft

Sogenannte Freunde sind in Wirklichkeit oft Feinde. Einen wirklich selbstlosen Freund findet man nur selten. Nimm dich in Acht. Was verstehen die meisten Menschen unter Freundschaft? Sie wollen sinnlose

Gespräche führen und deine Zeit verschwenden. Sie wollen dich herabziehen und in Weltliches verstricken.

Lass dich nicht von den blumigen Gesprächen solcher oberflächlichen Freunde fortziehen. Löse die Beziehung zu ihnen oder reduziere diese Kontakte.

Lebe allein und vertraue dem unsterblichen Freund in deinem Herzen. Er wird dir geben, worum du bittest.

Du kannst dich auch mit guten Büchern umgeben, die von Weisen oder Heiligen geschrieben sind. Sie sind deine wahren Freunde.

Versagen in der Beherrschung der Sinne

Entsagung (*brahma-carya*) ist Freiheit von sexuellen Gedanken und Begierden. Sie ist die Beherrschung der Sinnesorgane und des Denkens, der Worte und Taten.

Brahma-carya hilft dir dabei, die Verstrickung in das weltliche, relative Leben zu überwinden, Gesundheit, Stärke und Energie zu erlangen, die Gedanken zu besänftigen und den Schwierigkeiten des täglichen Lebenskampfes ins Gesicht zu sehen.

Entsagung und Verzicht auf sexuelles Fehlverhalten geben dir Ausdauer, Mut, ein gutes Gedächtnis, Fülle an Energie und Unsterblichkeit.

Wer seine Sexualenergie beherrscht, erlangt Kräfte, die auf andere Weise nicht oder nur schwer zu gewinnen sind. *Brahma-carya* verhilft durch die Bewahrung der Energie zu raschem spirituellen Fortschritt.

Jñāna-yoga (Studium spiritueller Schriften)

Studiere regelmäßig spirituelle Bücher. Wenn du dich auf erhabene spirituelle Gedanken konzentrierst, ist dies an sich schon eine Art von niederem *samādhi*.

Während der Meditation kannst du geistig Verse oder Lehrsätze wiederholen, z. B. aus der „Bhagavad-gītā", und über ihre Bedeutung meditieren. Heilige Bücher, besonders der indischen und der Yogatradition, sind z. B. das „Rāmāyaṇa", das „Bhāgavata-purāṇa", das „Yoga-vāsishtha", die „Bhagavad-gītā" und die „Īśāvāsya-upaniṣad".

Schlechte Gewohnheiten

Oft kennt man seine eigenen destruktiven Muster und Eigenschaften nicht, oder man schätzt sie nicht wirklich als schädlich ein. Ansonsten – wenn die Erkenntnis da ist – wäre ein Arbeiten daran und eine Verbesserung einfach.

Alkoholkonsum ist ein gutes Beispiel dafür. Wenn der „Alkoholteufel" erst in den Körper eingedrungen ist, verlässt er ihn nicht mehr. Andere Beispiele sind Gewohnheiten wie Rauchen, zu viel Tee- und Kaffeetrinken, Lesen oberflächlicher Zeitschriften, Kinobesuche etc.

Der erste Schritt ist, dass du die Gewohnheit erkennst und dann das starke Verlangen entwickelst, sie wirklich aufzugeben. Das ist schon der halbe Erfolg.

Eine schlechte Angewohnheit sofort aufgeben, ist das Beste. Lasse dir von deinem Unterbewusstsein helfen und baue neue, gesunde Angewohnheiten auf. Entwickle deinen Willen. Nichts ist unmöglich!

Konzentration auf die Gottheit

Du kannst dich nur konzentrieren, wenn du von Zerstreuungen weitgehend frei bist. Konzentriere dich auf etwas, was du für gut hältst oder was deine Gedanken mögen.

Zuerst übe Konzentration auf grobstoffliche Gegenstände. Später kannst du dann mit Erfolg deine Gedanken auf feinstoffliche Dinge und abstrakte Ideen konzentrieren. Sei in dieser Übung regelmäßig.

Konzentrations-/Meditationsanleitung

Wenn du über einen göttlichen Aspekt meditierst, stelle zuerst ein Bild oder eine Statue davon vor dich hin. Betrachte es mit festem Blick, ohne zu blinzeln (soweit es für die Augen angenehm bleibt). Zuerst schaue auf die Füße, dann auf das Gewand, auf die Ausschmückungen, auf die ganze Gestalt und zuletzt auf das Gesicht. Wiederhole dies eine halbe Stunde lang. Wenn der Geist ermüdet, blicke nur auf das Gesicht. Nach drei Monaten beginne, die Augen zu schließen, dir das Bild innerlich vorzustellen und in der Vorstellung deine Wahrnehmung wie zuvor darüber hingleiten zu lassen.

Du kannst dich alternativ auch auf einen schwarzen Fleck an der Wand, auf eine Kerze, einen hellen Stern, auf den Mond oder auf *oṃ* (ॐ) konzentrieren.

Wenn du den Geist auf feinstoffliche Formen konzentrierst, halte das Bild innerlich im Punkt zwischen den Augenbrauen oder im Herz-*cakra.*

Du kannst dich auch auf göttliche Eigenschaften wie Liebe, Barmherzigkeit oder auf eine andere abstrakte Idee wie Glückseligkeit, Reinheit, Vollkommenheit oder Frieden konzentrieren.

Entwicklung guter Eigenschaften

Entwickle die Eigenschaft, die dir am meisten fehlt. Verbringe jeden Tag etwas Zeit – vielleicht eine halbe Stunde – mit der Entwicklung positiver Eigenschaften.

Entfalte der Reihe nach z. B. Mut, Mitgefühl, bedingungslose Liebe, Würde, Zufriedenheit, Offenheit, Ehrlichkeit. Nimm dir jeden Monat eine Tugend vor und meditiere regelmäßig über sie. Dann wird sie bald in deinem Charakter aufscheinen.

Wenn du eine wichtige Tugend entwickelst, werden viele andere von selbst folgen.

Überwindung schlechter Eigenschaften

In dem Maß, in dem du edle Eigenschaften entwickelst, verschwinden die negativen von selbst. Am effektivsten ist es, gleichzeitig auch aktiv an der Überwindung negativer Eigenschaften zu arbeiten. Dann geht dein Fortschritt schnell voran. Es ist gewissermaßen ein zweifacher Angriff.

Wenn du z. B. Gier, Ärger oder Selbstsucht ausräumst, vergehen auch viele andere negative Einstellungen von allein. Manche sind eine Gefolgschaft der Selbstsucht; andere unschöne Charakterzüge entstammen dem Ärger. Wenn diese beiden – Selbstsucht und Ärger – geschwächt oder überwunden sind, schwinden die meisten anderen negativen Verhaltensweisen von selbst. Darum konzentriere deine Aufmerksamkeit auf die Überwindung, Sublimierung und Transformation von Selbstsucht und Ärger.

Reize über die Sinnesorgane

Ohren, Augen, Zunge, Nase und Haut sind die fünf *jñānendriya*-s, die Organe der Wahrnehmung. Sprachorgan, Hände, Füße, Genitalien und After sind die fünf *karmendriya*-s, die Handlungsorgane. Wer seine *indriya*-s (Handlungs- und Wahrnehmungsorgane) nicht gezügelt hat, wird zu ihrem Sklaven und wird sein Ziel nicht erreichen.

Eine schöne Analogie ist in der „Kaṭha-upaniṣad" zu finden: Der Körper wird mit einem Wagen verglichen. *Jīvātman* (die individuelle Seele) ist der Besitzer des Wagens. Der Intellekt ist der Lenker. Die Gedanken bilden die Zügel. Die *indriya*-s sind die Pferde. Wer dank seiner Vernunft als Lenker diese ungestümen Pferde unter Kontrolle hat, erreicht das Ziel, den Bereich der ewigen Seligkeit. Der Unachtsame wird von den wilden Rossen (den *indriya*-s) fortgetragen, überschlägt sich und bleibt auf der Strecke.

Die Übung von *pratyāhāra* (Zurückziehen der Aufmerksamkeit, dem fünften Glied im *aṣṭāṅga-yoga*) besteht darin, die Sinnesorgane von den ihren jeweiligen Sinneswahrnehmungen abzuziehen. Sie werden schrittweise von der äußeren Wahrnehmung nach innen gelenkt. Auch die Gedanken werden dann von ihnen abgezogen. Damit dir dies leichter fällt, ist es hilfreich, eine Weile auf bestimmte Außenreize ganz oder weitgehend zu verzichten, wie z. B. Parfüme als Wohlgerüche, besondere Leckerbissen, luxuriöse Umgebung.

Die Beherrschung der nach außen gerichteten Sinne und der automatischen Reaktion auf Außenreize ist sehr wichtig. Fehlt diese Grundlage und sind sie stürmisch, dann kannst du dich nicht konzentrieren. Beobachte sie sorgfältig und erziehe sie durch geeignete Methoden, wie z. B. gelegentliches Fasten, Schweigen, *trāṭaka* (meditatives Starren auf einen Punkt), bewussten Verzicht auf Sexualität für eine Weile usw. Zeitweiser Verzicht auf Sexualität hält die Zeugungsorgane in Schach, *mauna* (Schweigen) das Sprachorgan, *trāṭaka* die Augen.

Wenn du eine Weile geduldig übst, werden die Sinnesorgane dir keine

Probleme mehr bereiten und du kannst sie beherrschen und frei entscheiden.

Sind die Sinnesorgane einigermaßen beherrscht, führt dies zum nächsten Schritt, zur gedanklichen Konzentration und bewussten Gedankenlenkung. Die Sinnesorgane können nicht unabhängig vom Denken wirken.

Fasten und bewusste Ernährung

Fasten hilft dabei, den Schlaf zu regulieren. Iss nichts Schweres, nachdem du gefastet hast. Sanftes Fasten geht auch z. B. mit Obst und Gemüsesäften und (Getreide-)Milch.

Gewöhne dir nicht an, zu viel Tee oder Kaffee zu trinken, um wach zu bleiben. Sie geben dir keine wirkliche Energie und keine spirituelle Kraft. Verwende stattdessen deine Zeit für *sādhana* (spirituelle Praxis).

In der „Bhagavad-gītā" heißt es, dass *yoga* weder für den ist, der zu viel isst, noch für den, der zu wenig Nahrung zu sich nimmt. *Yoga* ist nicht für den, der zu viel schläft, noch für den, der zu lange Nachtwachen hält. Dem Menschen aber, der in seiner Nahrung und seiner Erholung mäßig ist, der seine Handlungen zügelt und reflektiert und Schlaf wie Wachen ausgeglichen regelt, bringt *yoga* das Ende aller Sorgen.

Gesunder, erholsamer Schlaf

Der Magen verdaut in der Nacht nur langsam. Darum nimm abends nur eine leichte Mahlzeit zu dir und trinke in den späten Stunden keinen starken Kaffee oder Tee.

Lege dich auf die linke Seite. Dann kann *sūrya-nāḍī* („Sonnen-Energiekanal"; *pingala*, der Strom durch den rechten Nervenkanal) fließen. Nahrung wird gut verdaut, wenn *sūrya-nāḍī* nachts aktiv ist.

Trage zum Schlafen leichte Kleidung und decke dich nicht mit schweren Decken zu.

Entspanne die Gedanken, wenn du schlafen gehst. Wiederhole ein Gebet oder erhebende Verse aus heiligen Schriften, ehe du zu Bett gehst, oder wiederhole ein paar Minuten lang mit der *japa-mālā* einen *mantra* und meditiere dabei über Gott und göttliche Eigenschaften.

Baue keine Luftschlösser und höre auf zu planen, wenn du dich schlafen legst. Vergiss die unguten Gefühle, die du vielleicht gegen jemanden hegst. Kultiviere stattdessen positive, angenehme Gedanken.

Es ist ideal, gegen zehn Uhr ins Bett zu gehen und die Schlafenszeit möglichst regelmäßig zu halten.

Zeit ist wertvoll

Es gibt Menschen, die Tage und Nächte mit sinnlosem Gerede, Kartenspiel und Schach* oder Wochen mit Trinken und Geschwafel vergeuden. Wieder andere vergeuden ihr Leben Jahr um Jahr mit allen möglichen inhaltsleeren Aktivitäten, wie Kino- und Diskobesuchen, Rauchen etc. Was für eine bedauerliche Verschwendung von Lebenszeit! Das Leben besteht nicht nur aus Essen, Trinken, Kleidern und Sex. Der Mensch ist zu einem bestimmten Zweck auf die Welt gekommen. Es steht ein großes, erhabenes Ziel hinter dem Dasein, ein ewiges Leben und Glückseligkeit.

Nutze jede Sekunde gut, um das Ziel des Lebens zu erreichen. Die Zeit ist sehr kostbar. Sie kehrt nie zurück, sondern vergeht in ungeheurer Schnelligkeit.

Wenn Glocken läuten, denke an deinen nahenden Tod. Wenn die Uhr schlägt, denke daran, dass eine weitere Stunde von der Lebensspanne abgeschnitten ist. Werde dir bewusst: „Der Tod naht. Ich verschwende meine Zeit. Wann werde ich mich den wirklich wichtigen Dingen widmen, um das Ziel des Lebens zu erreichen?"

Die Hälfte deines Lebens verbringst du im Schlaf. Ein großer Teil vergeht in Krankheit, ein anderer mit Essen, Trinken und Reden. In der Kindheit und frühen Jugend überwiegen Unwissenheit, Unsicherheit und Spiel. Als junge Erwachsene/junger Erwachsener verfängst du dich im Netz der geschlechtlichen Anziehung. Später trägst du die Ängste und Belastung von Familienangelegenheiten. Im Alter lassen deine Kräfte

* … und endlosem Surfen im Internet, Online-Spielen etc.

nach, Krankheiten und Verfall mehren sich. Wann wirst du Zeit für edle Taten und Gottesverehrung finden, mein lieber Freund, meine liebe Freundin? Sei ernsthaft und denke jetzt darüber nach.

Erfolgreiche Geschäftsleute kennen den Wert der Zeit, in der sie ihr Geld verdienen. Jede Sekunde ist für sie kostbar; Zeit ist für sie Geld. Ihnen gleich solltest du als spirituelle/r Suchende/r sehr sorgfältig mit deiner Zeit umgehen und sie für Kontemplation nutzen. Dann wirst du weniger oft sinnlos Energie und Zeit verschwenden, weil du jeden Moment bewusst lebst und jeden Augenblick im Dienste Gottes verbringst. So wird es ganz natürlich, von Zeit zu Zeit Schweigen zu bewahren und sich für intensive Praxis zurückzuziehen. Wenn du auf die Sekunden Acht gibst, werden die Stunden für sich selbst sorgen.

Früher sang ich oft Lieder, die den Zuhörern und Zuhörerinnen den Wert der Zeit ins Gedächtnis rufen sollten. Eines davon ist:

Kurz ist das Leben, die Zeit flieht dahin, die Hindernisse mehren sich.
Durchtrenne den Knoten von avidyā, trinke den Nektar des nirvāṇa.
Das Leben ist kurz, die Zeit verfliegt, die Welt ist voll Not.
Übe sicher und fest den Yogaweg.
Das Leben gleicht dem Kräuseln von Wellen.
Geboren allein, im Tod allein, wird niemand dir folgen.
In Nacktheit geboren, im Sterben verlassen, wird niemand dir folgen.
Verehre das Göttliche, nur dieses wird bleiben.
Was hat dich – sei ehrlich – die Welt schon gelehrt?
Sei fest begründet in Erkenntnis, in japa und kīrtana.
Erwarte kein Heil, wenn du die Zeit verspielst.
Verkrampft sich dein Herz im Kampfe des Todes,
wer wird dir helfen dann, wer dich befreien?

Selbstbeherrschung

Selbstbeherrschung (*dama*) und das Zurückziehen der Sinne von Außenreizen (*pratyāhāra*) sind große Hilfen auf dem spirituellen Weg. Beobachte deine Sinnesreaktionen und zügle die *indriya*-s ab und zu, indem du nicht jedem Reiz gleich nachgibst. Das schenkt dir starke Willenskraft, Konzentration und geistigen Frieden. Wer das kann, ist stark und erfolgreich und wird sowohl im weltlichen Leben als auch auf dem spirituellen Weg vorankommen.

Selbstbeherrschung ist eine der Grundlagen spirituellen Wachstums.

In der „Kaṭha-upaniṣad“ heißt es, das aus sich selbst heraus existierende *brahman*, das Absolute, habe die Sinne mit den nach außen gehenden Neigungen erschaffen. Deshalb nimmt der Mensch mit ihnen das äußere Weltall und nicht das innere Selbst wahr. Wenn sich die Augen nach innen richten, erlangen die Gedanken Innenschau.

In der „Bhagavad-gītā“ heißt es:

indriyāṇāṃ hi caratāṃ yanmano 'nuvidhīyate
tadasya harati prajñāṃ vāyurnāvamivāmbhasi

tasmādyasya mahābāho nigṛhītāni sarvaśaḥ
indriyāṇīndriyārthebhyas tasya prajñā pratiṣṭhitā

„Wenn jemand, wie die Schildkröte, die ihre Glieder an allen Seiten einzieht, seine Sinne von den Sinnesobjekten zurückzieht, wird seine Weisheit unerschütterlich. Die Sinnesobjekte wenden sich von dem ab, der nicht auf sie reagiert; die Neigung jedoch bleibt. Aber auch die Neigung wendet sich ab, wenn er des Höchsten gewahr wird. Die ungezähmten Sinne, o Arjuna, ziehen selbst den Geist des Weisen mit großer Macht weg.“ *

Als spirituelle/r Aspirant/in nimm dich in Acht vor der Reaktion. Wenn du nicht aufmerksam bist, schwindet dein Unterscheidungsvermögen. Wenn du nicht regelmäßig *sādhana* übst, setzen die Reaktionen ein und deine Sinne werden stürmisch. Dann ist es schwierig, sie zu beherrschen, und du erlebst einen Rückschlag. Wenn hingegen die Sinne nicht mehr auf äußere Gegenstände gelenkt werden und du Konzentration übst, verlieren die Sinne und die entsprechenden Neigungen und Prägungen im

* wörtl.: „Denn der Geist, der den Spuren der wandernden Sinne folgt, trägt seine Unterscheidungsfähigkeit fort, so wie der Wind ein Boot auf dem Wasser fortträgt.“ – „Deshalb, o mächtig bewaffneter Arjuna, besitzt der Mensch fortdauernde Kenntnis, dessen Sinne völlig von den Sinnesobjekten abgezogen sind.“ [BhG 2.67-68]

Laufe der Zeit ihre Kraft. Dann können sie keinen Schaden mehr anrichten, selbst wenn sie mit entsprechenden Auslösern in Berührung kommen. Dafür sind kontinuierliche, regelmäßige Übung und Geduld notwendig.

Pratyāhāra ermöglicht Konzentration an jedem Ort, zu jeder Zeit und für beliebig lange Zeit. Wenn *pratyāhāra* gefestigt ist, werden die Sinne willentlich in dem Augenblick zurückgezogen, in dem du dich zur Konzentration und Meditation hinsetzt. Kein äußerer Ton wird dich mehr stören. Die Entwicklung von *pratyāhāra* verlangt regelmäßiges Üben und viel Geduld. Durch diese Abstraktion der Sinne gewinnst du Willenskraft und geistige Stärke und gelangst so zur nächsten Stufe, der geistigen Konzentration auf einen Punkt (*dhāraṇā*).

König Janaka prüfte Śukadeva in der Übung von *pratyāhāra*. Er gab ihm eine bis zum Rande gefüllte Tasse und ließ ihn dreimal um seinen Palast gehen mit der Aufgabe, keinen Tropfen zu verschütten. Gleichzeitig ließ Janaka Musik spielen, Schauspieler, Tänzer und Gaukler auftreten und Menschen sich auf dem Wege vergnügen, um Śukadeva-s Aufmerksamkeit abzulenken. Dieser ließ sich jedoch nicht ablenken und ihm gelang die Aufgabe, denn er war in *pratyāhāra* fest gegründet.

Umgang mit Weisen und Heiligen

Von Śrī-kṛṣṇa heißt es, dass Ihn von allen spirituellen Praktiken Seiner Verehrer – wie Yogaübungen, das Studium heiliger Schriften, Askese, Entsagung, Opfer oder Barmherzigkeit, Almosen, Fasten, Gottesverehrung, *mantra*-Rezitation, das Besuchen heiliger Orte, Pilgerfahrten oder Einhaltung religiöser Gebräuche und Vorschriften – nichts so stark berührt und gütig stimmt, wie wenn diese die Gesellschaft von Heiligen suchen (*sat-saṅga*).

Die Begleitung und Gemeinschaft heiliger und guter Menschen ist eines der Geheimnisse auf dem spirituellen Weg, auf dem der/die Suchende Gott erreicht. Die Aura, geistige Schwingung und mächtigen Ströme, die von Meistern und Meisterinnen ausgehen, üben einen starken Einfluss auf den weltlich orientierten Geist aus. Der Dienst an Heiligen und *mahātmā*-s reinigt den Geist, die Gedanken und Emotionen in kürzester Zeit. Ebenso wie ein einziges Zündholz ein großes Baumwollbündel in wenigen Sekunden verbrennt, so verbrennt die Gesellschaft von Heiligen alle Gedanken und sinnlichen *saṃskāra*-s in kurzer Zeit. Durch die Gesellschaft eines/einer heiligen Weisen strömen Weisheit und Liebe in deine Seele. Inspirierende Worte guter Menschen bewirken ein reines Herz. Negative Tendenzen werden geschwächt und du wirst zu Gott geführt. Die Gnade der großen Meister und Meisterinnen – mit anderen Worten, die Berührung göttlichen Mitgefühls – schenkt Liebe zu Gott.

Große Meister lebten traditionellerweise bei ihren Lehrern, wie z. B. Vivekānanda bei Rāmakṛṣṇa, Jñānadeva bei Nivṛttinātha, Gorakhanātha hatte *sat-saṅga* mit Matsyendranātha.

Wenn der persönliche Umgang mit Heiligen (*sat-saṅga*) nicht möglich ist, kannst du in den Ferien heilige Orte wie Vārāṇasī, Nāsik, Prayāga und Ṛṣikeś aufsuchen. Auch das Studium spiritueller Schriften wirkt als „indirekter *sat-saṅga*" ebenso wertvoll wie direkte Gemeinschaft.

Du kannst dich auch am Abend mit anderen ernsthaft interessierten Menschen an einem ruhigen Ort treffen und mit ihnen gemeinsam heilige Schriften lesen wie z. B. die „Bhagavad-gītā", die *upaniṣad*-s, das „Rāmāyaṇa", das „Yogavāsishtha" oder das „Bhāgavata-purāṇa". Solche Zusammenkünfte bilden auch eine Art *satsaṅga*. Die Gedanken werden allmählich gereinigt und das Interesse richtet sich immer mehr auf die Spiritualität.

Das Leben ist heutzutage stressig und gehetzt. Wenn du für das Studium philosophischer und spiritueller Bücher keine Zeit findest, kannst du eine von mir besprochene Aufnahme als geistige Anregung vor dem Schlafengehen oder direkt am Morgen anhören.* Solche Aufnahmen sind ebenfalls eine Art *svādhyāya* (Studium spiritueller Schriften) und der Meditation. Auf diese Weise wirst du allmählich ein spirituelles Leben führen und keine Ängste und Alpträume mehr haben. Deine Ge-

* Spirituelle Anweisungen in Swami Sivanandas Originalton findest du heute als CDs/MP3s im Shop der Divine Life Society, Rishikesh, oder online, z. B. unter http://www.sivanandaonline.org, http://my.yoga-vidya.org, www.yoga-vedanta-tantra.org.

danken werden immer harmonischer und du entwickelst ein ausgeglichenes Denken, geistige Kraft und einen starken Willen. Dies ist *sat-saṅga*, der auch in der heutigen geschäftigen Welt mit all ihrem Lärm, Aufruhr und ihren Herausforderungen praktikabel und wirkungsvoll ist.

Im *sat-saṅga* erfährst du die göttliche Gegenwart in allem, in jedem Antlitz, in jedem Gegenstand. Wie eine Flamme, die an einer anderen entzündet wird, so fängt ein Herz Feuer von einem anderen. In den östlichen Kulturen gibt man den Schülern und Schülerinnen stets den Rat, den Umgang mit Heiligen zu suchen und ihnen zuzuhören, damit auf diese Weise ein kleiner Funke von Liebe und Wahrhaftigkeit in ihre Flamme gegossen wird. Nur starke Menschen können ganz allein, in der Einsamkeit am Glühen bleiben. Anfänger sollten die Gelegenheit suchen und wahrnehmen, ihre eigenen Bestrebungen durch den Umgang mit anderen weisen und guten Menschen zu stärken.

Ein Wort an die Menschen unserer Zeit

Die Gedanken der Menschen von heute sind mit materialistischem Gift gefüllt. Oft ist der spirituelle Funke verschüttet. Sie kennen die Kraft und Wirksamkeit von *sat-saṅga* nicht. Ihr Denken und Unterbewusstsein ist von irregeleiteten *saṃskāra*-s (Eindrücken) geprägt. Es braucht daher eine gründliche Läuterung und Reinigung, wenn sie wirklich ewige Glückseligkeit und andauernden Frieden erlangen wollen.

Die Zeit flieht und der Tod wartet darauf, alle zu verschlingen. Du weißt nicht, was morgen sein wird. Irgendwann wird es kein Morgen mehr geben. Eine menschenwürdige Geburt und ein menschenwürdiges Dasein sind nicht selbstverständlich. Daher nutze sie sinnvoll zur Verwirklichung deines höchsten Selbst. Dies ist das Ziel des menschlichen Lebens; dies ist deine höchste Aufgabe (*dharma*).

Prüfungen Gottes

Ebenso wie man beim weltlichen Studium Prüfungen bestehen muss, um zur nächsthöheren Stufe zugelassen zu werden, prüft Gott den/die Schüler/in, ehe er/sie in den Bereich von *mokṣa*, der höchsten Befreiung, zugelassen wird. Diese Prüfungen sind manchmal sehr schwierig und hart, wie es uns in überlieferten Geschichten drastisch vor Augen geführt wird:

Die erste Prüfung

Fällst du in alte Muster zurück und lässt dich wieder von den angeblichen Vergnügen der Welt fesseln?

Buddhas geistige Reinheit wurde geprüft, indem er Versuchungen aller Art unterworfen wurde. Er musste Māra, dem Bösen, ins Auge sehen. Erst dann – und nicht vorher – erlangte er die Erleuchtung unter dem *bodhi*-Baum (dem Baum der Weisheit) in Gayā (Stadt in Nordindien).

Auch Jesus wurde vom Teufel auf verschiedenste Weisen versucht.

Jaimini wurde von seinem *guru* Bhagavān Vyāsa geprüft. Der *guru* nahm die Gestalt eines wunderschönen jungen Mädchens an und erschien Jaimini, der sich in sie verliebte. Da kehrte Vyāsa sogleich in seine ursprüngliche Gestalt zurück und beschämte den Schüler.

Viele versagen am Anfang, bis sie das feine Netz der *māyā* (Täuschung) erkennen. Leidenschaft ist mächtig. Darum müssen ernsthaft Strebende achtsam sein und einen sehr hohen Grad geistiger Reinheit entwickeln. Gott wird sie in eine verführerische Situation stellen, um sie zu prüfen.

Die zweite Prüfung

Identifizierst du dich weiterhin mit deinem vergänglichen Körper-Gemüt-System?

Eine andere Prüfung ist die Frage, ob der Schüler sich mit seinem vergänglichen Körper identifiziert (*moha*). In der Überlieferung gibt es viele Beispiele, wie Meister ihre Schüler testeten, um sie ihre Schwächen erkennen zu lassen.

Ein Beispiel ist der *yogī* Matsyendranātha. Er steckte einen scharfen Dreizack in den Boden und befahl seinen Schülern, auf einen Baum zu steigen und sich herabzustürzen. Ein einziger ernsthafter Schüler, der tiefes Vertrauen in seinen *guru* hatte, kletterte auf den Baum und sprang auf den Dreizack herunter. Die geheimnisvollen Kräfte des Meisters fingen ihn auf.

Manchmal erscheint Gott Seinem/Seiner Schüler/in in Gestalt einer Gefahr oder Bedrohung. Ist dieser mutig und erblickt er auch darin das Göttliche, wird er wachsen und tiefe Erfahrungen machen.

Die dritte Prüfung

Siehst du wirklich das Göttliche in allem?

Die dritte Prüfung ist der Test der einheitlichen Schau. Gott prüft die Schüler, ob sie das Göttliche in allem Seienden, in allen Geschöpfen und allen Menschen gleichermaßen erkennen. Viele geben nicht einmal einem Durstigen ein Glas Wasser und halten sich dennoch für spirituell und fortgeschritten. Wenn man nicht den Lebenden dient und sie liebt, wie kann man dann Gott dienen und Gott lieben?

Auch Śaṅkarācārya wurde einer solchen Prüfung unterzogen. Er war als Brahmane noch nicht frei von Kastendünkel.

Einmal nahm Śiva die Gestalt eines Parias, eines Unberührbaren, an und kam Śaṅkarācārya auf der Straße entgegen. Dieser jedoch, wollte nicht zusammen mit einem Unberührbaren auf demselben Weg gehen.

Da sprach der Paria zu ihm: „O Śaṅkarācārya, großer Philosoph des *advaita-vedānta*. Wo ist deine einheitliche Schau geblieben? Wo ist *vedānta*, die Einheit allen Seins? Du missachtest mich, weil du mich für einen Vertreter einer niederen Kaste hältst und hast noch den Dünkel des Brahmanen. Wohin ist deine Philosophie der Nichtzweiheit entschwunden? Was ist der Unterschied zwischen deinem und meinem Körper? Hat der deine sechs statt fünf Elemente? Habe ich nicht denselben *ātman*, dieselbe Essenz, die Quelle dieser Welt? Gibt es einen Unterschied zwischen deinem und meinem höchsten Selbst?“

Śaṅkarācārya schämte sich und erkannte sogleich, dass dies Śiva war, der erschienen war, um ihm wegen seines Kastengeistes diese Lektion zu erteilen. Er warf sich ihm zu Füssen und berührte seine Füße.

Die vierte Prüfung

Bewahrst du auch in Problemen, Sorgen und Leiden eine gewisse innere Gelassenheit, Gottvertrauen und Hingabe?

Die vierte Prüfung ist die der Ausgeglichenheit. Gott schickt dem/der Schüler/in oft verschiedene Sorgen und Probleme. Er nimmt ihm/ihr vielleicht sogar Partner/in und Kind, seinen/ihren Besitz oder verstrickt ihn/sie in Krankheiten. Dies soll testen, ob du auch in einer solchen Situation weiter Vertrauen in Gott hast, dich ganz Gott hingibst, deinen Gleichmut bewahrst und inmitten allen Leidens ein gewisses ausgeglichenes Gemüt bewahrst.

In dieser Weise wurde Rāmadāsa aus Bhadrachalam geprüft. Er verlor seinen Sohn, wurde zwölf Jahre lang unter harten Bedingungen ins Gefängnis gesperrt und wich doch nicht im Geringsten von seiner tiefen Hingabe zu seinem geliebten Rāma ab. Daraufhin erweckte Rāma seinen Sohn wieder zum Leben.

Die Leiden, die Gott oder das Schicksal uns schickt, sind verkleidete Segnungen. Sie helfen uns, Lektionen zu lernen und immer mehr loszulassen, *vairāgya* (Nichtanhaften) zu entwickeln und letztlich die enge Ichidentifikation zu überwinden. Auf diese Weise führen sie uns näher zu Gott, zur Verwirklichung.

Ein bekanntes Beispiel ist auch Marpa aus Tibet. Er prüfte seinen Schüler Milarepa* auf zahlreiche Weisen. U. a. ließ er ihn unter schwierigsten Bedingungen auf einem kahlen Berggipfel Hütten errichten und sie immer wieder niederreißen, um seine Geduld und Aufrichtigkeit zu prüfen. Er schickte Milarepa mehrere Male weg, ohne ihm die Einweihung und Unterweisung zu geben. Milarepa kam trotzdem immer wieder zurück. Kaum ein Schüler wird diese wunderbare und außergewöhnliche Geduld und Hingabe zu seinem *guru* haben, die Milarepa besaß. So wurde er zum Lieblingsschüler von Marpa und der größte *yogī*, den Tibet jemals hervorbrachte.

* Jetsün Milarepa (geb. zwischen 950 u. 1052, gest. um 1132) war ein sehr bedeutender tibetischer tantrischer Yogameister und Dichter.

Wenn du ernsthaft auf dem spirituellen Weg bist, wirst auch du auf deine Weise auf deine Aufrichtigkeit und Geduld hin geprüft werden. Die meisten heutigen Aspiranten können nicht einmal ein klares Wort ihres *guru* ertragen. Sie möchten völlig unabhängig sein und wenn sie ihre Grenzen erreichen und Prüfungen kommen, an denen sie weiter wachsen könnten, wechseln sie ihre *guru*-s und ihren Übungsweg bei jeder Gelegenheit. Darum vergeuden sie viel Zeit und kommen nicht wirklich schnell und erfolgreich auf dem spirituellen Weg voran.

Wenn du als spiritueller Aspirant/in diese vier Kardinalprüfungen bestehst, wird Gott alles für dich tun und dir jederzeit zu Diensten sein, denn dann bist du im Einklang mit dem universellen Gesetz.

Man kann nicht genau sagen, wie Gott Seine Anhänger prüft. Bei jedem ist es je nach seiner Lebenssituation, seinen Lernaufgaben und seinem *karma* anders. Habe keine Angst davor und beschäftige dich nicht zu viel damit. Lebe, handle, wirke und atme und richte alles auf das Ziel aus, die Selbstverwirklichung zu erreichen. Tue auf deiner Ebene das Bestmögliche, um das Ziel zu erreichen und bringe Gedanken, Körper und Seele Gott dar. Die ganze Welt ist nur ein Spiel (*līlā*) Gottes. Nur Gott ist real. Fühle Seine Gegenwart in dir immer und überall und erfreue dich der Glückseligkeit des *ātman*.

Kapitel 7
Zwei Anekdoten

Die drei Totenschädel

Einst kam ein *rākṣasa* (Dämon der ind. Mythologie) mit drei Totenschädeln in den Palast eines Fürsten. Er forderte, die *paṇḍita*-s (Gelehrten) des Reichs müssten innerhalb einer Woche entscheiden, welcher von den drei Totenköpfen der beste sei. Andernfalls würde er sie alle töten.

Fürst Vikramāditya rief die *paṇḍita*-s an den Hof und erklärte ihnen die Situation. Alle waren außer sich vor Angst, außer einem, dem *paṇḍita* Rājarām Śāstṛ. Er machte ihnen Mut und versprach, er würde die Frage des *rākṣasa* problemlos beantworten.

Nach sieben Tagen kam der *rākṣasa* wieder in den Palast, um ihre Entscheidung zu hören.

Paṇḍita Rājarām Śāstṛ erklärte vor der ganzen Versammlung: „Der Schädel, in den dieser Eisenstab von einem Ohr bis zum anderen hineingeht, ist der schlechteste und nicht einen Heller wert. Der zweite Schädel, in den der Eisenstab von einem Ohr zum Mund geht, ist der mittelmäßige. Der dritte aber, in dem der Stab von einem Ohr direkt zum Herzen geht, ist der Beste."

Diesen Schädel überreichte er dem *rākṣasa*, der sich tief verbeugte. Der *paṇḍita* wurde vom Fürsten reichlich mit Gold, Gewändern und Kühen beschenkt.

Was ist nun die spirituelle Lehre der Geschichte? Manche Menschen hören spirituelle Unterweisung und Weisheit zwar, aber sie geht zum einen Ohr hinein und zum anderen sofort wieder hinaus, ohne dass sie die Botschaft wirklich verstehen oder sie gar umsetzen. Das ist der am wenigsten reife Aspirant.

Andere hören die Unterweisung und Weisheit mit einem Ohr und sprechen auch zeitweise darüber. Aber sie denken nicht wirklich tief darüber nach, assimilieren sie nicht und es hat keine wirklichen Auswirkungen. Das ist die mittlere Art von Aspiranten.

Diejenigen, die die Belehrungen und Weisheit durch ein Ohr aufnehmen, sie tief in ihr Herz sinken lassen und in ernsthaftem Bemühen und Streben verwirklichen, sind die besten spirituellen Aspiranten.

Daher: Nur Lesen oder Reden über das Thema des Erfolges im Leben und der Selbstverwirklichung genügt nicht. Setze sofort in die Praxis um, was du aus diesem Buch gelernt hast. So wirst du ein großer *yogī* und *jñānī* (Weiser).

Vilvamaṅgal und Cintāmaṇi

Die Tänzerin Cintāmaṇi gab Vilvamaṅgal, der später als Sūrdās bekannt wurde, folgenden Rat: „Vilvamaṅgal, du bist verrückt nach meinem vergänglichen Körper, dem alle Arten von Unreinheiten anhaften. Heute ist der Todestag deines Vaters. Du bist in der Dunkelheit der Nacht über den Fluss zu mir gekommen. Die Sehnsucht nach diesem trügerischen weiblichen Körper gab dir die Kraft, den Fluss zu überqueren. Dieser Körper zieht junge Menschen an, weil noch ein wenig Glanz auf seiner Haut liegt und ein wenig *prāṇa* die Wangen belebt. Alles dies ist *māyā*, Täuschung. Dieser so anziehende Körper besteht einfach nur aus Fleisch, Knochen, Fett, Blut usw. Warum lenkst du stattdessen deine Gedanken nicht auf Gott, die Quelle dieser Schönheit, die Schönheit aller Schönheiten, die Verkörperung nicht vergänglicher Schönheit? Dann wärst du jetzt schon ein großer Heiliger und hättest inneren Frieden und dauerhafte Glückseligkeit. Sei kein Narr!"

Dies öffnete Vilvamaṅgal die Augen. Er lenkte seine Gedanken auf Gott und wurde ein großer Heiliger.

Auch du kannst das. Kṛṣṇa, Gott, das Absolute wartet in diesem Augenblick mit offenen Armen auf dich, um dich willkommen zu heißen und dich zu umarmen. Vergeude diese wunderbare Gelegenheit nicht. Entfache die intensive Sehnsucht nach Befreiung, nach Erkenntnis und Erfahrung der höheren Wirklichkeit – jetzt oder nie.

Anhang

20 spirituelle Instruktionen

Ein spirituell veranlagter Sohn oder eine spirituell veranlagte Tochter sind gemäß den Schriften sehr wertvoll für die ganze Familie. Es heißt, dass ein solches Familienmitglied die Familienangehörigen bis zu 21 Generationen vor und nach ihm läutert und erhebt.

1. Stehe jeden Tag früh auf. Übe *japa* (*mantra*-Wiederholung) und Meditation.
2. Nimm leichte Nahrung zu dir. Überlade den Magen nicht.
3. Setze dich zur Meditation hin, möglichst in einer Stellung mit gekreuzten Beinen (z. B. in den Lotos-, Schneidersitz) oder im Fersensitz.
4. Richte dir wenn möglich einen getrennten Meditationsraum ein. Wenn das nicht geht, reserviere eine Ecke deines Wohnbereichs für Meditation und spirituelle Praxis.
5. Spende regelmäßig für gute Zwecke (empfohlen werden 10 Prozent deines Einkommens) und unterstütze so Menschen, denen es nicht so gut geht.
6. Studiere systematisch die „Bhagavad-gītā“, z. B. täglich ein Kapitel oder wenigstens einen Vers.
7. Bewahre deine vitale Lebenskraft. Schlafe allein.
8. Gib Rauchen, Alkohol, Drogen und rajasige (stark anregende) Nahrung auf.
9. Faste an bestimmten Tagen, z. B. an spirituellen Feiertagen, oder ernähre dich an solchen Tagen nur von Obst und Gemüsesäften.
10. Schweige während der Mahlzeiten und ca. zwei Stunden täglich.
11. Sprich die Wahrheit. Rede wenig und freundlich.
12. Verringere deine Bedürfnisse. Führe ein frohes, zufriedenes Leben.

13. Verletze die Gefühle anderer nicht. Sei freundlich zu allen.
14. Denke an deine Fehler und Schwächen (Selbstanalyse).
15. Hänge nicht von anderen ab. Sei voller Selbstvertrauen.
16. Denke an Gott, sobald du aufwachst und wenn du schlafen gehst.
17. Trage immer einen Rosenkranz bzw. eine *japa-mālā* für die Meditation und *mantra*-Wiederholung um den Hals oder in der Tasche.
18. Lebe nach dem Grundsatz: Einfach leben, erhaben denken.
19. Diene Meistern/Meisterinnen, Armen und Kranken.
20. Führe ein spirituelles Tagebuch. Es verhilft dir zu einer regelmäßigen Übungspraxis.

Spirituelles Tagebuch (siehe Tabelle)

Das spirituelle Tagebuch hilft dir dabei, deine Gedanken auf den spirituellen Weg und auf Gott zu lenken, deine Übungspraxis regelmäßig zu machen und deine Fortschritte und deine Disziplin nachzuverfolgen sowie deine Schwächen zu erkennen. Wenn du es eine Weile lang täglich führst, wirst du Trost, Frieden und schnellen Erfolg gewinnen und es wird zu deinem eigenen *guru* werden.

Tabelle

Woche vom: ______________ bis: __________ Jahr: ___________

Nr.	Fragen	Vorsatz	Mo.	Di.	Mi.	Do.	Fr.	Sa.	So.
1	aufgestanden (wann?)								
2	geschlafen (wie lange?)								
3	*sat-saṅga* (Uhrzeit/en?)								
4	Vortragsteilnahme?								
5	*dhyāna* (wie lange?)								
6	*bhakti-yoga* (wie lange?)								
7	*āsana*-s (wie lange?)								
8	*prāṇāyāma* (wie lange?)								
9	*jñāna-yoga* (wie lange?)								
10	*karma-yoga* (wie lange?)								
11	*mauna* (wie lange?)								
12	*dāna* ausgeübt (wie viel?)								
13	Seminar (Titel?)								
14	Eig. gefördert (welche?)								
15	Wie oft habe ich gelogen?								
16	gefastet (wie lange?)								
17	*likhita-japa* (wie lange?)								
18	Vorsätze (welche?)								
19									
20									
21									

Zum Gebrauch

Die Sanskrit-Wörter sind in wissenschaftlicher Umschrift geschrieben und gemäß der Reihenfolge des westeuropäischen Alphabets angeordnet. In den eckigen Klammern [...] befindet sich die allgemein vereinfachte Schreibweise.

Im Glossar steht bei Substantiven das Genus in Kursivschrift: *m*, *f*, *n* (maskulinum, femininum, neutrum).

Sanskrit-Begriffe sind grundsätzlich klein- und in wissenschaftlicher Umschrift geschrieben, mit Ausnahme von Namen (von Göttern, Personen, Orten, Werken u. a.).

Aussprache

Es lohnt sich, die Sanskrit-Fachbegriffe richtig auszusprechen, da so die Verständlichkeit der Wörter und der schöne Klang des Sanskrit gewahrt bleiben. (Im Deutschen kann man auch nicht einfach Saft und Schaft, versifft und verschifft, Mühlstein und Müllstein, Hüte und Hütte etc. beliebig austauschen.)

Die richtige Aussprache ergibt sich aus der wissenschaftlichen Umschrift wie sie im Glossar an vorderster Stelle steht. Sie gibt Aufschluss darüber, ob ein Vokal lang oder kurz ist und wie ein Konsonant genau artikuliert wird.

Vokale mit Strich darüber (*ā*, *ī*, *ū*) sowie e und o sind immer lang (z. B. *ānanda* wie in Saat und *oṃ* wie in Boot), d. h. sie werden doppelt so lang ausgesprochen wie die kurzen Vokale *a*, *i*, *u*, *ṛ*.

Beispiele: *śastra* bedeutet 'Waffe', *śāstra* 'Lehrtext'; *bala* 'Kraft', *bāla* 'Kind', *Kālī* 'die schwarze Göttin', *kali* 'Zeitalter, in dem wir leben' ...

Bei eingeschliffenen Wörtern wird im Deutschen gern die zweitletzte Silbe betont, sodass fälschlicherweise *kuṇḍalīni*, *yogīni*, *bhramāri*, *anahāṭa*, *cintāna* uvm. für richtig gehalten werden, statt *kuṇḍalinī*, *yoginī*, *bhrāmarī*, *anāhata*, *cintana* etc.

Kurzes *a* wird geschlossen ausgesprochen, d. h. der Mund wird nicht so weit aufgemacht wie beim deutschen a.

Das *ṛ* wird als Vokal aufgefasst und in Nordindien zu ri, in Mahārāṣṭra (ind. Bundesstaat) zu ru.

Bei Konsonanten ist die Unterscheidung zwischen aspirierten und unaspirierten Konsonanten für die Bedeutung der Wörter sehr wichtig, aber für Deutsche nicht einfach:
ka – kha, ga – gha, ca – cha, ja – jha, ṭa – ṭha, ḍa – ḍha, ta – tha, da – dha, pa – pha, ba – bha.

Bei der Aussprache der unaspirierten Konsonanten sollte sich eine vor den Mund gehaltene Kerzenflamme möglichst nicht bewegen, wie bei dem französischen Wort 'table'.

Konsonanten mit Punkt darunter (*ṭ*, *ṭh*, *ḍ*, *ḍh*, *ṇ*, *ṣ*) werden mit (Richtung Gaumen) zurückgebogener Zunge gesprochen.

Das *ḥ* innerhalb von Wörtern, Sätzen, Strophen und am Ende von Wörtern (wenn nicht durch spezielle Regeln verändert): Hauchlaut; am Ende von Sätzen, Strophen: wie h mit kurzer Wiederholung des vorangehenden Vokals:
Śivaḥ → Śivah[a], Viṣṇuḥ → Viṣṇuh[u], Hariḥ → Harih[i] etc.

Das *ṃ* im Glossar kann oft als m ausgesprochen werden bzw. wird dem folgenden Konsonanten angeglichen (was meist dabeisteht).

Der Konsonant *r* ist ein Zungen-r.

Das *ś* entspricht ungefähr dem deutschen sch. Bei *c* liegt die Zunge zwar an derselben Stelle, es wird jedoch tsch ausgesprochen: tschakras (*cakra*-s) sind die Energiezentren im feinstofflichen Körper, Schakra (*Śakra*) dagegen ist ein Beiname des Götterkönigs Indra.

Hindi

Kurzes *a* am Ende von Sanskrit- (und anderen) Wörtern wird nicht ausgesprochen, außer manchmal in Gedichten. D. h. wenn man die End-a-s bei den Wörtern der Liste weglässt, erhält man die Hindi-Aussprache: Das Sanskrit-Wort Girīśa wird zu Girīś, Manohara zu Manohar. Bei den Hindi-Wörtern des Glossars wurden unausgesprochene a-s weggelassen.

Sonstige Veränderungen im Hindi:

Die auf *-in* und *-an* auslautenden Sanskrit-Stämme werden im Hindi zu *-ī* und *-ā* (Sanskrit-Nominative): *adhikārin* wird zu *adhikārī*, *advaitin* zu *advaitī*, *yogin* zu *yogī*, *aṇiman* zu *aṇimā*. Im Glossar ist beides angegeben.

Sanskrit-Glossar

A

abhimāna [Abhimana] *m* Stolz, Hochmut, Arroganz.
abhyāsa [Abhyasa] *m* Übung, Studium.
acintya [Achintya] undenkbar, unfassbar.
ādi śaṅkarācārya s. *śaṅkarācārya.*
advaita-vedānta [Advaita Vedanta] *m* nichtdualistischer *vedānta*, Philosophie des Monismus, eines der sechs philosophischen Systeme.
agni [Agni] *m* Name des Feuer(gottes).
aham brahmāsmi [Aham Brahmasmi] *aham brahma asmi* 'ich bin das brahman'; *mahāvākya* (großer Satz) aus dem Weißen Yajur-veda (Bṛhadāraṇyaka-upaniṣad 1.4.10).
ahaṅ-kāra [Ahamkara] *m* Ich/Selbstgefühl, Ego.
ahiṃsā [Ahimsa] *f* Nichtverletzen, erster *yama* (YS 2.30).
aiśvarya [Aishvarya] *n* Herrschaftlichkeit, Macht, Größe.
ājnā-cakra [Ajna Chakra] *n* 'Befehls-*cakra*', Zentrum zwischen den Augenbrauen, Stirnzentrum, drittes Auge.
anāhata-nāda [Anahata Nada] *m* unangeschlagener Klang, in der Meditation hörbar im Herzen.
antaḥ-karaṇa [Antahkarana] *n* inneres Organ, Sitz von Gedanken und Gefühlen, Denken.
antar, antaḥ [Antar] innen, zwischen, in; r oder ḥ gemäß Sandhi-Regeln, s. *antaḥ-karaṇa, antar-ātman* usw.
antar-yāmī [Antaryami] *m* (Hindi; von Sanskrit *antar-yāmin*) innerer Lenker, Selbst.
apāna [Apana] *m* nach unten gehender Atem: einer der fünf Haupt-*prāṇa*-s (Atemtypen), zuständig für Ausscheidung, Sexualität, Menstruation.
aparigraha [Aparigraha] *m* Nichtumfassen, Nichtgierigsein; fünfter *yama* (YS 2.30., Vyāsabhāṣya: *viṣayānām arjana-rakṣaṇa-kṣayasaṅga-hiṃsā-doṣa-darśanād svīkaraṇam aparigrahaḥ* = 'das nicht in Besitznehmen von Objekten, weil man das Übel des Verletzens durch Erwerben, Bewahren, Schwinden und Anhängen sieht'). Nach Svamī Śivānanda: Nichtannehmen von Geschenken; Unbestechlichkeit.
ārjava [Arjava] aufrichtig; *n* Geradlinigkeit; Aufrichtigkeit.
arjuna [Arjuna] *m* Name eines der fünf Pāṇḍava-s, Freund und Schüler Kṛṣṇa-s, s. Bhagavad-gītā.
āsakti [Asakti] *f* Bindung, Verhaftetsein.
asamprajnāta-samādhi [Asamprajnata Samadhi] *m* meditativer Zustand ohne Objekt (YS 1.17, 18).
āsana [Asana] *n* das sich Hinsetzen, Sitz, Körperstellung.
āśrama [Ashrama] *m*/*n* Aufenthaltsort von Asketen; Lebensstadium, s. *varṇāśrama-dharma.*
aṣṭan [Ashta] acht, in *Komposita aṣṭa/aṣṭā*.
ashtavadhana [Ashtavadhana] die Fähigkeit, acht Handlungen zugleich zu verrichten. Eine der *siddhi*-s, der außergewöhnlichen Fähigkeiten, die in den Yogaschriften beschrieben werden.
aṣṭāṅga-yoga [Ashtanga Yoga] *m* der aus

acht Gliedern bestehende *yoga*: *yama, niyama, āsana, prāṇāyāma, pratyāhāra, dhāraṇā, dhyāna, samādhi* (YS 2.92).

asteya [Asteya] *n* Nichtstehlen, einer der fünf *yama*-s (YS 2.30).

aśubha [Ashubha] unangenehm, unglücksvoll, unerfreulich; schlecht, unheilvoll; übel; unrein.

asura [Asura] *m* Dämon.

āsurika [Asurika] dämonisch.

ātmabhāva [Atmabhava] *m* das Gefühl, dass alles das eigene Selbst ist.

ātmajñāna [Atmajnana] *n* das Wissen vom Selbst und die Erkenntnis des Selbst.

ātmajñāni [Atmajnani] *m* ein Mensch, der das Selbst (*ātman*) erkennen möchte bzw. erkannt hat.

ātman [Atman] *m* das Selbst.

avadhānin/avadhānī [Avadhani] aufmerksam (Apte: adj von avadhāna, Aufmerksamkeit).

avaikalya [Avaikalya] *n* 'Defektlosigkeit'.

avidyā [Avidya] *f* Unwissenheit.

B

bhagavad-gītā [Bhagavad-Gita] *f* 'die vom Ehrwürdigen gesungene (*upaniṣad*, s. Abschlusszeilen der einzelnen Kapitel: *iti bhagavad-gītā sūpaniṣatsu brahmavidyāyāṃ yogaśāstre śrīkṛṣṇārjunasaṃvāde* ...)', Dialog zwischen Kṛṣṇa und Arjuna aus dem Mahābhārata

bhagavan [Bhagavan] *m* der Ehrwürdige; eine Anrede Gottes.

bhāgavata, bhāgavatam [Bhagavata/m] *n* Bhāgavata-purāṇa, wichtiger viṣṇuitischer Text aus dem 9./10. Jh. in 12 Kapiteln, von denen das 10. und das 11. mit der Beschreibung von Kṛṣṇa-s Kindheit und Jugend besonders bekannt sind.

bhakta [Bhakta] *m* Verehrer (z. B. Gottes).

bhakti [Bhakti] *f* Zuteilung, Anteil, Verehrung, Hingabe; neunfach nach Bhāgavata-purāṇa 7.5.23: *śravaṇaṃ kīrtanaṃ viṣṇoḥ 'smaraṇaṃ pādasevanaṃ / arcanaṃ vandanaṃ dāsyaṃ 'sakhyam ātmanivedanam //* Hören (von Geschichten), Preisen (mit Liedern) Viṣṇu-s, Erinnern (seines Namens), seinen Füßen (seiner bildlichen Form) dienen, rituelle Verehrung, Verbeugung, Haltung des Dieners, Freundes, Selbsthingabe.

bhakti-yoga [Bhakti Yoga] *m yoga* der Hingabe.

bhāva [Bhava] *m* Werden, Sein, Zustand, Gefühl; fünf *bhāva*-s: *śānta, dāsya, sakhya, vātsalya, madhura* (friedvolles/ruhiges Gefühl gegenüber Gott, Gefühl sein Diener, Freund, seine Mutter, Geliebte zu sein).

bhūman, bhūmā, bhūma [Bhuma] *m/n* große Quantität, Fülle, die Erde, Gebiet, Geschöpf; im *yoga* auch Erfahrung des Unendlichen.

bodhi [Bodhi] *m/f* höchste Erkenntnis; Erwachen; der Heilige Feigenbaum, Pappelfeige (Ficus religiosa), Weisheitsbaum. Buddha hat unter dem *bodhi*-Baum seine Erleuchtung gefunden.

brahma-bhāva [Brahmabhava] *m* das Eingehen in das Absolute (*brahman*).

brahma-carya [Brahmacharya] *n* Verhalten, das zu *brahman* führt; zölibatäres Leben, s. *varṇāśrama-dharma*.

brahma-jñāna [Brahmajnana] *n* die Kenntnis des heiligen Wissens; Erkenntnis (*jñāna*) des Absoluten (*brahman*).

brahman [Brahman] *n* das Höchste, Absolute.

brahma-nirvāṇa [Brahmanirvana] *n* das

Eingehen in *brahman*.
brahma-sūtra [Brahma Sutra] *n* Name des Grundtextes der Philosophie des *vedānta*.
brahma-vidyā [Brahmavidya] *f* die Wissenschaft über Gott, das heilige Wissen.
brāhmī sthiti [Brahmi Sthiti] *f* 'zum *brahman* gehöriger Zustand'.
buddhi [Buddhi] *f* Wahrnehmung, Intellekt, Unterscheidungskraft.

C

cakra [Chakra] *n* Rad, Energiezentrum im feinstofflichen Körper.
caṇḍī-pāṭha [Chandipat(ha)]Name eines Gedichtes mit 700 Versen, das eine Folge der 'Mārkaṇ-ḍeya-purāṇa' ist, auch 'Devī-māhātmya' genannt.
cintā [Chinta] *f* Gedanke, Nachdenken, Betrachtung; Sorge, Besorgtsein, trübe Gedanken.
citta [Chitta] *n* Gedachtes, Gedanke, Denken (inkl. Gedächtnis, Unterbewusstsein), Denkfähigkeit, Vernunft.

D

daiva [Daiva] göttlich.
dama [Dama] *m* Bezähmung, Selbstbeherrschung.
deha [Deha] *m*/*n* Körper.
devatā [Devata] *f* Gottheit.
devī [Devi] *f* Göttin.
devī-māhātmya [Devimahatmya] *n* 'Lobpreis der Göttin', Name eines Sanskrit-Textes, der zu Navarātri, dem neuntägigen Fest zur Verehrung der Göttlichen Mutter, rezitiert wird.
dhairya [Dhairya] *n* festes, ernstes, ruhiges Wesen; Standhaftigkeit, Mut, Stabilität, Stärke, Ausdauer.
dhāraṇā [Dharana] *f* das Halten, Konzentration, sechstes Glied des achtgliedrigen *yoga* des Patañjali.
dharman [Dharma] *m* 'das, was feststeht' – Gesetz, Pflicht, Recht, Religion, Eigenart; einer der vier *puruṣārtha*-s (Ziele des Menschen).
dharma-megha-samādhi [Dharma Megha Samadhi] *m samādhi* der *dharma*-Wolke: Meditationszustand ohne Wünsche und Gedanken (YS 4.29).
dhṛti [Dhriti] *f* Festhalten, Stillhalten; Festigkeit; fester Wille, Entschlossenheit, Energie, Mut; Zufriedenheit; Freude, Glück.
dhyāna [Dhyana] *n* Meditation, siebtes Glied des achtgliedrigen *yoga* des Patañjali.
durgā saptaśati [Durga Saptashati] Name eines Sanskrit-Werkes zur Verehrung von Devī, der göttlichen Mutter, auch 'Devī-māhātmya' genannt.

E

ekāgratā, eka-agratā [Ekagrata] *f* 'Einzieligkeit/Einpünktigkeit', auf eine Sache gerichtete Konzentration.

G

gāyatrī [Gayatri] *f* Name eines vedischen Versmaßes mit 3 x 8 Silben; Bez. der Strophe *tat savitur vareṇyam, bhargo devasya dhīmahi, dhiyo yo naḥ pracodayāt* (Ṛg-Veda 3.62.10) und ihrer Form als Göttin.
ghṛṇā [Ghrina] *f* u. a. Widerwille, Ekel, Verachtung.
gīta-govinda [Gitagovinda] *m* Name eines die Liebe zu Gott verherrlichenden Wer-

kes aus der *bhakti*-Literatur von Jayadeva.

gorakh-nāth(a) [Gorakhnath] *m* (Hindi; von Sanskrit Gorakṣa-nātha) Name eines großen *yogī* aus ca. dem 11. Jh. n. Chr.

guṇa [Guna] *m* Qualität, Eigenschaft der Natur: 1. *sattva n* (Güte, Reinheit > Leichtigkeit, Licht), 2. *rajas n* (Leidenschaft, Aktivität), 3. *tamas n* (Dunkelheit, Unwissenheit, Dumpfheit).

guru [Guru] schwer(gewichtig); *m* Lehrer, spiritueller Führer; nach tantrischer Interpretation: *gu* Finsternis, *ru* entfernen > der die Finsternis entfernt).

guru-kula [Gurukula] *n* Familie des *guru*, in der auch auswärtige Schüler wohnen und unterrichtet werden (altes Schulsystem).

H

haṭha-yoga [Hatha Yoga] *m yoga*, in dem besonderes Gewicht auf Körperbeherrschung liegt.

I

icchā [Iccha] *f* Wunsch.

icchā-śakti [Iccha Shakti] *f* die Kraft bzw. Energie (*śakti*), die hinter den Wünschen (*icchā*) steht.

indra [Indra] *m* im *veda*: König der Götter; am Ende von Komposita: König, bester, s. *gajendra*.

indriya [Indriya] *m* Sinnesorgan.

īśāvāsyu-upaniṣad [Ishavasya-Upanishad] *f* Name einer der kürzeren klassischen *upaniṣad*-s.

iṣṭa-devatā [Ishta Devata] *f* verehrte Gottheit, s. *iṣṭa*.

īśvara-praṇidhāna [Ishvara Pranidhana] *n* tiefe Meditation, Hingabe an Gott, einer der fünf *niyama*-s (YS 2.32).

J

jaimini [Jaimini] *m* Name eines mythischen Weisen, der den Sāma-veda verbreitete; Name des Begründers des Pūrvamīmāṃsā-Systems.

janaka [Janaka] *m* Name eines mythischen ind. Königs und Heiligen, des Vaters von Sītā.

japa [Japa] *m* Wiederholung von *manra*-s, Namen Gottes usw.

jāti [Jati] *f* Geburt, Familie; Form der Existenz, die durch die Geburt festgelegt ist; Spezies, Klasse, Kaste. Wiedergeburt; Rasse, Abstammung; Art, Geschlecht.

jayadeva [Jayadeva] *m* Name eines Dichters des 12. oder 13. Jh., der das lyrische Werk Gīta-govinda über Kṛṣṇa verfasst hat.

jīva [Jiva] *m* Lebensprinzip, individuelle Seele.

jivan-mukta [Jīvanmukta] *m* lebend (*jīvat*) Befreiter.

jīvātman [Jivatman] *m* im Körper wohnendes individuelles Selbst (manchmal als Seele bezeichnet).

jñāna [Jnana] *n* Wissen.

jñāna-śakti [Jnanashakti] *f* die Kraft bzw. das Vermögen (*śakti*) der Erkenntnis (*jñāna*), Weisheit.

jñāna-yoga [Jnana Yoga] *m yoga* des Wissens.

jnānadeva, jñāndev [Jnanadeva] *m* 'dessen Gott das Wissen ist', 'Gott des Wissens'; Name eines Dichter-Heiligen aus Mahārāṣṭra (Ende 13. Jh.), auch Jñāneśvar genannt.

jñānendriya [Jnanendriya] *n* 'Organ (*indriya*) der Erkenntnis (*jñāna*)'; Erkenntnissinn; Wahrnehmungsvermögen.

jñānī [Jnani] *m* (Hindi; von Sanskrit *jñā-*

nin) Wissender, Weiser.

K

kaivalya [Kaivalya] *n* Isolation, Trennung von Geist und Materie, Befreiung.
kali-yuga [Kali Yuga] *n* 'Zeitalter (*yuga*) von Kali', 'Zeitalter des Streites', das eiserne Zeitalter, das vierte nach der indischen Zeitrechnung; es ist das Zeitalter, in dem wir heute leben.
kāma [Kama] *m* Wunsch, (sinnliche/s) Verlangen, Vergnügen, Liebe; Name des Gottes der Liebe.
kaṃsa [Kamsa] *m* Name eines Königs und Dämons, Onkel Kṛṣṇa-s, der von letzterem getötet wurde.
karma [Karma] *n* (Hindi; von Sanskrit *karman*) Handlung; Ausführung rel. Riten; Schicksal (gemäß dem Gesetz von Ursache und Wirkung).
karmāśraya, karmāśaya [Karmashraya] *m* Behältnis oder Speicher für *sancita-karma* (angehäuftes *karma*).
karmendriya [Karmendriya] *n* ‚Organ (*indriya*) der Handlung' (*karman*); Handlungsorgan, Tatorgan; Handlungsvermögen.
kārya-kāraṇa [Karyakarana] *n* bestimmter, besonderer Grund.
kaṭha-upaniṣad [Katha-Upanishad] *f* Name einer berühmten *upaniṣad*.
kena-upaniṣad [Kena-Upanishad] *f* Name einer zum Sāma-veda gehörigen *upaniṣad*.
kīrtana [Kirtan] *n* Preisen; Programm mit Gesang und Vorträgen über Gott und seine Taten.
kīrti [Kirti] *f* das Gedenken, Ruhm, guter Ruf.
kleśa [Klesha] *m* Schmerz, Leiden, Übel; fünf *kleśa*-s nach YS 2.3: *avidyā* (Unwissenheit), *asmitā* (Ichgefühl), *rāga* (Wut, Leidenschaft), *dveṣa* (Hass), *abhiniveśa* (Anhaftung, insbes. an den Körper).
kriyā-yoga [Kriya Yoga] *m* YS 2.1: *tapas* (Askese), *svādhyāya* (Studium heiliger Texte), *īśvara-praṇidhāna* (Hingabe an Gott); im *kuṇḍalinī-yoga*: Energietechniken, die Körperstellungen, Atem- und Visualisierungstechniken verbinden.
krodha [Krodha] *m* Zorn.
kṛṣṇa [Krishna] *m* Name der achten Inkarnation Viṣṇu-s; belehrte Arjuna in der Bhagavad-gītā.
kṛṣṇaprema [Krishna Prema] *m* 'die Liebe, die Kṛṣṇa ist'; 'derjenige, der Kṛṣṇa liebt'; 'derjenige, der von Kṛṣṇa geliebt wird'.
kṣamā [Kshama] *f* Geduld, Vergebung.
kumbhaka [Kumbhaka] *m* Anhalten des Atems.
kuṇḍalinī [Kundalini] *f* die durch Ringe charakterisierte, aufgerollte; Bez. für die kreative Kraft, die vom unteren Ende der Wirbelsäule bis zum *brahma-randhra* aufsteigen kann.

L

lakṣmaṇa [Lakshmana] *m* Name eines der Brüder Rāma-s.
likhita-japa [Likhita Japa] *m* 'geschriebener japa', Aufschreiben eines *mantra*-s (statt Aufsagen).
līlā [Lila] *f* Spiel.
liṅga-śarīra [Linga Sharira] *n* feinstofflicher Körper (*sūkṣma-śarīra*).
loka [Loka] *m* Welt; sieben Welten: *bhūr-loka, antarikṣa-loka, svar-loka, mahar-loka, jana-loka, tapo-loka, satya-loka* (s. Vyāsa-Kommentar zu YS 3.25).

M

mādhurya [Madhurya] *n* Süße, Lieblichkeit.
mahā-mantra [Mahamantra] *m* 'großartiger/großer mantra'.
mahātmā [Mahatma] *m* (Hindi; von Sanskrit *mahātman*) 'einer, dessen Selbst groß ist', Bez. für große Persönlichkeit auf rel./spirituellem Gebiet.
mālā [Mala] *f* Girlande, Gebetskette.
manana [Manana] bedächtig, sorgsam, erwägend; *n* das Denken, Nachdenken, Betrachten im Geiste, Erwägen.
manas [Manas] *n* Denkorgan, Denken, Geist.
mantra [Mantra] *m* Strophe aus den *veda*-s; Anrufungsformel für Gottheiten; Formel/Silben zur Meditation.
māra [Mara] *m* Name für den Liebesgott, Tod, dämonischen Versucher des Buddha.
maṭha [Math, Matha] *m/n* Hütte eines Asketen, Kloster.
matsyendra(nātha) [Matsyendranath] *m* Name eines legendären *yogī*-s, ca. 9. Jh., gilt als einer der Begründer des *haṭha-yoga*, Lehrer von Gorakh-nāth.
mauna [Mauna] *n* Stille, Schweigen.
maunī [Mauni] *m* (Hindi; von Sanskrit *maunin*) Bez. für einen, der durch Schweigen charakterisiert ist, Asket, Weiser.
māyā [Maya] *f* Täuschung, Zauberkraft, Illusion, durch die man das nicht reale Universum für existent hält und für getrennt von der höchsten Realität (*brahman*).
moha [Moha] *m* Verwirrung, Fehler, Verblendung des Geistes.
mokṣa [Moksha] *m* Befreiung.
mūlādhāra-cakra [Muladhara Chakra] *n cakra*, dessen Stütze /Konzentrationspunkt die Wurzel ist, Wurzel-*cakra* am unteren Ende der Wirbelsäule.
mumukṣutva [Mumukshutva] *n* der Zustand dessen, der Befreiung wünscht; vereinfacht: Wunsch nach Befreiung, ein Element des *sādhana-catuṣṭaya*.

N

nāḍi, nāḍī [Nadi] *f* Ader, feinstofflicher Energiekanal.
nārāyaṇa [Narayana] *m* Name Viṣṇu-s.
nir-vāṇa [Nirvana] *n* Verlöschen, Tod, Befreiung.
nir-vikalpa-samādhi [Nirvikalpa Samadhi] *m samādhi* ohne Unterscheidung, Dualität, höchster überbewusster Zustand.
niṣ-kāma-karma [Nishkama Karma] *n* Handlung ohne Wunsch, selbstloser Dienst ohne Erwartungen.
nivṛtti-mārga [Nivritti Marga] *m* Weg des sich Zurück-/Abwendens (von der Welt); Entsagung.
nivṛtti-nātha [Nivrittinath] *m* großer *yogī* aus Mahārāṣṭra (13. Jh.), Schüler von Gahinī-nāth (Schüler von Gorakh-nāth).
niyama [Niyama] *m* Regel, Gebot, rel. Observanz, z. B.: *śauca, santoṣa, tapas, svādhyāya, īśvara-praṇidhāna* (YS 2.32).

O

ojas [Ojas] *n* Stärke, Energie, Vitalität, Glanz, Licht; spirituelle Energie.
oṃ/auṃ [Om] heilige Silbe; *brahman*; nach der Māṇḍūkya-upaniṣad viergeteilt: *a* – Wachen, *u* – Schlafen, *m* – Tiefschlaf und unsichtbarer vierter Teil (.), der über

aller Dualität steht.

P

padma [Padma] *n* Lotos.
padmāsana [Padmasana] *n* Lotossitz.
parama-gati [Parama Gati] *f* Erreichen des Höchsten.
param dhām [Param Dham] *m* (Hindi; von Sanskrit *parama-dhāman n*) höchste Stätte, bei den Vaiṣṇava-s 'Paradies'.
para-vidyā [Paravidya] *f* höchstes Wissen.
patañjali [Patanjali] *m* Name des Verfassers eines Werks zur Grammatik (ca. 3. Jh. v. Chr.); Name des Verfassers der Yoga-sūtra (ca. 350 n. Chr.).
prakṛti [Prakriti] *f* Natur, Ursprung, Materie.
prāṇa [Prana] *m* Atem, Lebensenergie; fünf Hauptatemarten: *prāṇa, udāna, vyāna, samāna, apāna*; Nebengruppe: *nāga, kūrma, kṛkara, devadatta, dhananjaya.*
prāṇāyāma [Pranayama] *m* Atemkontrolle (*āyāma* Ausdehnung, Kontrolle); acht Arten (HYP 2.44ff): *sūryabhedana, ujjāyin, sītkārin, śītalī, bhastrikā, bhrāmarin, mūrcchā, plāvinī.*
pratipakṣa-bhavana [Pratipaksha-Bhavana] *n* das bewusste Erzeugen gegenteiliger Gefühle.
pratyāhāra [Pratyahara] *m* Zurückziehen (der Sinne), fünftes Glied des achtgliedrigen *yoga* (YS 2.29, 54).
prem [Prem] *m* (Hindi; von Sanskrit *preman*) Liebe, Zuneigung.
preman [Preman] *m/n* (im Vorderglied eines Kompositums *prema*) Liebe, Zuneigung, Freude, Spaß.
prema-bhāva [Premabhava] *m* liebevolle Gemütsstimmung; liebevolle Zuwendung zu Gott.
pūraka [Puraka] *m* 'einfüllender', Einatmung.
puruṣa [Purusha] *m* Mann, Mensch, Selbst, Geist (im Gegensatz zu Materie, *prakṛti*).

R

rāja-yoga [Raja Yoga] *m* 'königlicher *yoga*', *yoga* der Könige.
rājan/rājā [Raj, Raja] *m* (Hindi) König, in Komposita *rāja.*
rajas [Rajas] *n* Staub, Eintrübung, Emotion, Leidenschaft: einer der drei *guṇa*-s; Menstrualblut; weibliche Sexualenergie.
rajasig s. *rajas.*
rākṣasa [Rakshasa] *m* Dämon, böser Geist (männlich).
raṃ [Ram] *bīja-mantra* des *maṇipūra-cakra*, steht für Feuer.
rāma [Rama] *m* Name der achten Inkarnation Viṣṇu-s, Held des Rāmāyaṇa.
rāmadāsa, rāmdās [Ramdas] *m* Name von Rāma-s Diener; Name verschiedener hinduistischer Heiliger.
rāmakṛṣṇa [Ramakrishna] *m* Name eines bengalischen Heiligen (1836-1886), des *guru* von Svāmī Vivekānand.
ramaṇa maharṣi [Ramana Maharishi] *m* Name eines südind. Heiligen (1879-1950).
rāmāyaṇa [Ramayana] *n* ‚das Gehen/der Weg (*ayana*) Rāma-s': Name eines Epos über König Rāma, seine Frau Sītā und deren Wiedergewinnung aus der Gefangenschaft beim Dämonen Rāvaṇa.
rāvaṇa [Ravana] *m* Name eines Dämon, der Rāma-s Frau Sītā entführte.
recaka [Rechaka] *m* Entleeren (der Lunge), Ausatmung.
ṛṣi [Rishi] *m* Weiser, Seher.

rudrākṣa [Rudraksha] *m* Baum (Eleocarpus ganitrus) und Same des Baums, aus dem Gebetsketten *(mālā-*s) hergestellt werden, die Rudra/Śiva heilig sind, und denen Heilkräfte zugeschrieben werden.

S

sac-cid-ānanda [Sachchidananda] *m* Sein, Wissen, Glückseligkeit (*sat, cit, ānanda*): Bez. des *brahman/ātman.*

sādhaka [Sadhaka] *m* einer, der Yogapraktiken o. ä. mit dem Ziel der Erlösung ausführt.

sādhana [Sadhana] *n* Mittel zum Erlangen; *yoga* u. ä. Praktiken.

sādhana-catuṣṭaya [Sadhana Chatushtaya] *n* Gruppe von vier Mitteln zum Erlangen (spirituellen Fortschritts): *vairāgya* Leidenschaftslosigkeit, *viveka* Unterscheidungsvermögen, *ṣaṭ-sampad* sechs Schätze, *mumukṣutva* verkürzt (übersetzt: Wunsch nach Befreiung).

sadṛśatā [Sadrishata] *f* Ähnlichkeit.

saguṇa [Saguna] mit Eigenschaften/Qualitäten.

sākṣī [Sakshi] *m* (Hindi; von Sanskrit *sākṣin*) Zeuge, Beobachter.

śākta [Shakta] *m* zur Śakti gehörig; Bez. ihrer Anhänger.

śakti [Shakti] *f* Kraft, (kosmische) Energie, Bez. für 'die Göttin'.

śama [Shama] *m* (innere) Stille, Ruhe, Frieden, Gleichmut; eine der *ṣaṭ-sampad.*

samādhāna [Samadhana] *n* geistige Ruhe, Zufriedenheit.

samādhi [Samadhi] *m* Sammlung, meditativer Zustand, in dem nur Objekt übrig ist (YS 3.3); ohne Objekt: *nirbīja* (YS 1.41-46, 51).

samatā [Samata] *f* Gleichheit, Gleichmut.

sambandha [Sambandha] *m* Zusammenhang, Verbindung.

sāṃkhya, sāṅkhya [Samkhya, Sankhya] *m/n* dualistisches, dem klassischen *yoga* zugrundeliegendes Philosophiesystem, s. *darśana*; in der Bhagavad-gītā: *jñāna-yoga.*

saṃsāra [Samsara] *m* (Kreis-)Lauf (des Lebens, von Geburt und Tod).

saṃskāra [Samskara] *m* Zubereitung; Eindruck im Gedächtnis/Unterbewusstsein.

saṃyama [Samyama] *m* Kontrolle, Konzentration; Übung von *dhāraṇā, dhyāna, samādhi* zur Erlangung übernatürlicher Kräfte und Erkenntnisse (YS 3.7).

saṅkalpa [Sankalpa] *m* Wille, Absicht, Entschluss, Vorstellung, Gedanke, Idee, Gelübde.

śaṅkarācārya [Shankaracharya] *m* 'der Lehrer Śaṅkara', Name eines berühmten Vertreters des *advaita-vedānta* (zw. 650 und 800 n. Chr.), dem Organisator eines Mönchsordens mit zehn Unterabteilungen.

saṅkīrtana, saṃkīrtana [Sankirtan] *n* Preisen (insbes. Gottes mit Liedern).

sannyāsī [Sannyasi] *m* (Hindi; von Sanskrit *sannyāsin*) charakterisiert durch *sannyāsa*, Mönch.

śānti [Shanti] *f* Beruhigung, Stille, (innerer) Frieden.

santoṣa [Santosha] *m* Zufriedenheit; einer der *niyama*-s.

śāstra [Shastra] *n* Lehrtext.

ṣaṭ-sampad [Shatsampat] *f* Gruppe von sechs Schätzen (Tugenden), eine der vier Voraussetzungen (*sādhana-ca-tuṣṭaya*) für Schülerschaft: *śama* innere Ruhe, *dama* Selbstbeherrschung, *uparati* 'Aufhören' mit Sexualität und anderen Sinnesgenüssen, *titikṣā* Geduld, *śraddhā* Vertrauen/Glauben, *samādhāna* Zufriedenheit.

sat-saṅga [Satsang] *m* Zusammenkommen, -treffen (*saṅga*) von Guten (*sat*), Treffen einer religiösen/spirituellen Gemeinschaft; neuere Interpretation: Zusammenkommen mit der Wahrheit, dem Selbst.

sattva [Sattva] *n* u. a. einer der drei *guṇa*-s: Qualität der Güte, Reinheit.

sāttvika [Sattvik] *m* Qualität der Reinheit zugehörig; 'sattvisch' bzw. 'sattwig'.

sattwig s. *sāttvika, sattva.*

satya [Satya] *n* Wahrheit.

śauca [Shaucha] *n* Reinheit, Sauberkeit; Reinigungsritual.

saundarya [Saundarya] *n* Schönheit, Anmut, Lieblichkeit.

siddhāsana [Siddhasana] *n* Bez. einer Sitzposition, Meditationsstellung.

siddhi [Siddhi] *f* Vollendung, Perfektion, übernatürliche Fähigkeit.

śiva [Shiva] *m* Name einer der Hauptgottheiten des Hinduismus; Name des Gottes der *yogī*-s; reines, kosmisches Bewusstsein.

śivo'ham [Shivoham] 'ich bin Śiva', Affirmation des *advaita.*

smaraṇa [Smarana] *n* Erinnern, z. B. den Namen Gottes (zweites Element der neunfachen *bhakti*, s. *bhakti*).

smṛti [Smriti] *f* Erinnerung; im Gegensatz zu *śruti* diejenigen authoritativen Texte des Hinduismus, die von Menschen verfasst wurden, insbes. Gesetzbücher.

so'ham [Soham] 'ich bin er (das Selbst/der haṃsa)', *mantra*, der automatisch durch Ein- und Ausatmen zustande kommt.

śraddhā [Shraddha] *f* Glaube, Vertrauen.

śrī [Shri] *f* Glanz, Glück; Bez. Lakṣmī-s; wird zum Zeichen der Hochachtung vor Namen gesetzt; heute vor männlichen Eigennamen: Herr.

śrī-durgā-saptaśatī [Shridurgasaptashati] *f* 'Gruppe von 700 [Versen zur Verehrung] von Śrī-durgā', religiöser Text, in welchem die großen Taten der göttlichen Mutter gepriesen werden, auch 'Devīmāhātmya' genannt, s. auch *caṇḍī-pāṭha.*

śubha [Shubha] angenehm, zusagend, erfreulich; gut, recht, wahr.

śubhavāsanā [Shubhavasana] *f* zum Guten führende Charaktertendenz; Verehrung der Weisen; Nächstenliebe, Geduld.

sugamatā [Sugamata] *f* nicht schwer/schwierig, keine große Arbeit/Anstrengung, Freiheit von der Arbeit, Schmerz oder körperliche Belästigung, Ruhe, Komfort; oft Einrichtungen die einen bestimmten Komfort oder angenehmen Service bietet.

śuka-deva [Shukadeva] *m* ‚der Gott, der Śuka ist', Ehrenbez. für Śuka.

sukha-deva [Sukhadeva] *m* 'Gott des Glücks', 'einer, dessen Gott das Glück ist'.

sukhāsana [Sukhasana] *n* 'bequemer Sitz' – Bez. einer Meditationshaltung, ähnlich dem Schneidersitz.

sūrdās [Surdas] *m* Name eines nordind. Dichter-Heiligen (ca. 1478-1581/84).

sūrya-nāḍī [Suryanadi] *f* 'Sonnenader', Bez. für *piṅgalā.*

sūtra-dhāra [Sutradhara] *m* 'Schnurhalter', Zimmermann, Schauspieldirektor.

svādhyāya [Svadhyaya] *m* Rezitation für sich selbst; Studium der hlg. Texte, insbes. des *veda*; einer der *niyama*-s (YS 2.29, 32).

svāmī [Svami, Swami] *m* (Hindi; von Sanskrit *svāmin*) Eigentümer, Herr; gelehrter Brahmane, hervorragender Asket, Anrede für einen solchen; Bez. für ver-

schiedene Gottheiten.
sva-rūpa [Svarupa] *n* eigene Form, Natur.

T

tamas [Tamas] *n* Dunkelheit, Dumpfheit; einer der drei *guṇa*-s.
tamasig s. *tamas.*
tapas [Tapas] *n* Hitze, Feuer; Schmerz; Askese (Ansammlung innerer/spiritueller Hitze).
tattva [Tattva] *n* 'So-sein', u. a. höchste Realität; Element.
titikṣā [Titiksha] *f* Duldsamkeit, Geduld, eine der *ṣaṭ-sampad*, s. *ṣaṭ-sampad.*
trāṭaka [Trataka] *n* Fixierung des Blicks, Augenreinigungsübung, eines der *ṣaṭ-karma*-s.
tri-kuṭī [Trikuti] *f* Punkt zwischen den Augen, drittes Auge.
tulasī [Tul(a)si] (Hindi *tulsī*) *f* heiliges Basilikum (Ocimum tenuiflorum), das zur Verehrung Viṣṇu-s und seiner *avatāra*-s (insbesondere Kṛṣṇa-s) verwendet wird.
turīyā [Turiya] *f* 'vierte', vierter Bewusstseinszustand (neben Wachen, Traum-, Tiefschlaf); Zustand der Befreiung; s. *bhūmikā, turyagā.*

U

upaharaṇa [Upaharana] *n* Darbringung.
uparati [Uparati] *f* Aufhören; Gleichgültigkeit gegenüber Sinnesfreuden und weltlichem Treiben; eine der *ṣaṭ-sampad.*

V

vāk, vāc [Vak] *f* Sprache.
vairāgya [Vairagya] *n* Abwesenheit von Leidenschaft, Asketentum.
vāsanā [Vasana] *f* Eindruck im Unbewussten aus früheren Leben, Wunsch, Neigung, Phantasie.
vastu [Vastu] *n* Gegenstand, Ding; Sache, Angelegenheit; Substanz, Materie; Essenz, natürliche Eigenschaft.
veda [Veda] *m* Wissen; Gruppe der ältesten überlieferten indoeuropäischen Texte – sie gelten als heilig; die vier *veda*-s: *Ṛg-veda* (in Versen bestehender *veda*), *Sāma-veda* (in Melodien bestehender *veda*), *Yajur-veda* (in Opfersprüchen bestehender *veda*), *Atharva-veda* (*veda* der Atharvan-Priester).
vedānta [Vedanta] *m* 'Ende des veda', *upaniṣad*-s; eines der sechs philosophischen Systeme, s. *darśana.*
vicāra [Vichara] *m* Überlegung, Untersuchung, Unterscheidung; stetige Selbstüberprüfung.
vilvamaṅgal s. *sūrdās.*
viparītatā [Viparitata] *f* Gegenteil.
vīrāsana [Virasana] *n* 'Helden-Stellung', Bez. für eine Sitzhaltung für Meditation und *prāṇāyāma.*
viṣṇu [Vishnu] *m* Name eines der Hauptgötter des Hinduismus, eines der 'Gruppe der drei Gestalten', der Erhalter, s. *tri-mūrti.*
viśvā-mitra [Vishvamitra] *m* Name eines *ṛṣi* (Sehers/Weisen), des Verfassers des dritten *maṇḍala* des Ṛg-Veda; im Epos: Name eines königlichen Weisen.
viveka [Viveka] *m* Unterscheidung; Kraft, Realität von Illusion zu unterscheiden.
vivekānanda [Vivekananda] *m* Name eines der Begründer des Neohinduismus (1863-1902), der *advaita-vedānta* im Westen bekannt machte.
vṛndāvana [Vrindavan] *n* Name eines Pilgerorts, der als Stätte von Kṛṣṇa-s Ju-

gend gilt.
vṛtti [Vritti] *f* u. a. Aktion, Bewegung, Modifikation.
vyāsa [Vyasa] *m* Name eines mythischen Weisen, des Großvaters der Kaurava-s und Pāṇḍava-s; ihm wird zugeschrieben: Aufteilung der *veda*-s, Verfasserschaft von Mahābhārata, *purāṇa*-s, Brahma-sūtra-s.

Y

yama [Yama] *m* Kontrollieren; ethische/rel. Pflicht; Name des Todesgottes, usw.
yoga [Yoga] *m* Verbindung, Vereinigung, Anschirren, Joch, Praxis etc.; neuerlich auch interpretiert als Einheit, Harmonie; eines der klassischen Philosophiesysteme; meditativer Zustand ohne Gedanken; Übungen, die dahin führen.
yoga-sūtra(s) [Yoga Sutra(s)] *n* Name eines grundlegenden Textes des *yoga*, verfasst von Patañjali (ca. 350 n. Chr.).
yogavāsiṣṭha [Yoga Vasishtha] *n* Name eines Vālmīki zugeschriebenen Textes über Erlösung und *yoga*.
yogī [Yogi] *m* (Hindi; von Sanskrit *yogin*) Bez. eines Vollendeten im oder Übenden des *yoga*.
yoginī [Yogini] *f* weibliches Gegenstück zu *yogī*.

DAS GROßE YOGA VIDYA HATHA YOGA BUCH

Sukadev Bretz

Ein Begleiter für die eigene Yogapraxis, das Anfängern und erfahrenen Yogis Inspiration bietet. Hier sind die langjährigen Erfahrungen von Sukadev Bretz, Gründer und Leiter von Yoga Vidya, eingeflossen. Auch für Yogaunterrichtende bei der Planung von Yogastunden im Yoga Vidya Stil empfehlenswert.

- die Yoga Vidya Grundreihe (12 Grundstellungen)
- der klassische Sonnengruß und Variationen
- sanfte und fortgeschrittene Varianten
- eine Übersicht der 84 Haupt-Asanas
- Atem-, Entspannungs- und Meditationstechniken
- die Tradition des integralen Yoga nach Swami Sivananda.

Klappenbroschur (21 x 24 cm),
256 Seiten
Über 650 farbige Abbildungen, 19,90€
ISBN 978-3-943376-16-6

Bücher und E-Books, CDs und DVDs, Übungspläne und Postkarten aus dem hauseigenen Yoga Vidya Verlag, Meditationskissen, Yogamatten, Ayurveda-Artikel, hilfreiches Zubehör & vieles mehr findest du im **Yoga Vidya Online Shop**:

https://shop.yoga-vidya.de

DIE BHAGAVAD-GITA FÜR MENSCHEN VON HEUTE

Ein prächtiges Werk mit ...

- Erläuterungen von Sukadev Bretz
- original Sanskritversen in Devanagari
- Transliteration in wissenschaftlicher Umschrift
- Worterklärungen und -übersetzungen sowie Illustrationen

Die „Bhagavad-Gita" (der Gesang Gottes) ist das wohl meistgelesene Buch in Indien. Sie ist quasi die Bibel der Hindus und gilt inzwischen weltweit als eine der wichtigsten klassischen Yogaschriften, weil sie praxisbezogen ist, indem sie Mittel und Wege aufzeigt, Alltag und Spiritualität ohne zusätzlichen Zeitaufwand geschickt miteinander zu verbinden. Die „Bhagavad-Gita" ist ein umfassender Dialog zwischen der Gottinkarnation Shri Krishna und Seinem Schüler Arjuna, einem mächtigen Krieger und Adeligen, der sich kurz vor einer entscheidenden Schlacht demütig an Ihn wendet, da er an einem Scheideweg steht. Bei diesem Gespräch lehrt ihn Shri Krishna alles über praktische und philosophische Fragen des Lebens und darüber, wie man zu Ihm – zum Höchsten – gelangen kann. Yoga spielt hierbei eine wesentliche Rolle, weil sich dadurch alle Aspekte unserer Persönlichkeit entfalten können: Yoga hilft uns, einen harmonischeren Umgang mit uns selbst und der Umwelt zu finden, erweckt in uns schlummernde Fähigkeiten und ist ein ideales Übungssystem, um die Gottverwirklichung zu erreichen.

Hardcover (16,5 x 23,7 cm)
gebunden mit Leseband
616 Seiten, 19,90 €
ISBN 978-3-943376-09-8

SWAMI SIVANANDAS
INSPIRATION & WEISHEIT FÜR MENSCHEN VON HEUTE

In diesem Buch wurden in alphabetischer Reihenfolge Textauszüge aus verschiedenen Werken des Yogameisters zusammengestellt. Eine edle und gut lesbare überarbeitete Ausgabe, die vorzüglich dazu geeignet ist, den Suchenden auf seinem Weg zu unterstützen. Sowohl Anfänger als auch Fortgeschrittene finden hier Inspiration und wertvolle Anleitung. Man kann dieses Buch wie ein Lexikon benutzen und zu allen wichtigen Aspekten des spirituellen Lebens hilfreiche Informationen und Ratschläge erhalten. Es kann als tägliche Anregung dienen und eignet sich auch sehr gut dazu, einfach willkürlich aufgeschlagen zu werden und dem Leser so die Antwort des Meisters auf Fragen oder den passenden Gedanken für den Tag zu geben. Es ist an das populäre englische Werk „Bliss Divine" angelehnt, das im Deutschen unter dem Titel „Göttliche Erkenntnis" erschienen ist.

Hardcover (16,5 x 23,7 cm), gebunden mit Leseband, 464 Seiten, 24,90 €, ISBN 978-3-943376-21-0

AUTOBIOGRAPHIE
Swami Sivananda

In diesem außergewöhnlichen Werk beschreibt der große indische Weise Swami Sivananda wie er vom Normalbewusstsein zum Gottesbewusstsein gekommen ist, einfach und ganz natürlich die Erfahrung der Einheit zu machen. Es ist das Geburtsrecht jedes Menschen, seine wahre Natur zu entdecken und auszudrücken. Diese Natur ist göttlich, so die Erfahrung Swami Sivanandas und der vieler Mystiker verschiedenster Traditionen. In diesem Buch wird Swami Sivananda lebendig und kann dem Leser wertvolle Ratschläge geben und Kraft schenken.

Hardcover (A5), 208 Seiten
16,80 €, ISBN 978-3-943376-18-0

Entspannen
Aufladen
Yoga erfahren

In den rund 100 Yoga Vidya Centern in ganz Deutschland kannst du Yoga systematisch lernen, praktizieren und vertiefen:

www.yoga-vidya.de/center

Seminare, Ausbildungen und Erholung in idyllischer Natur:

Yoga und Meditation • Yogalehreraus- und Weiterbildungen • Yogaferien • Familie und Kinder • Wellness und Erholung • Ayurveda-Ausbildungen • Kundalini-Seminare • Massage-Ausbildungen • Yogatherapie • Heilpraktiker • Kunst • Musik • Spiritualität • diverse Events • themenbezogene Yogakongresse (wie z. B. Kinder, Musik, Business und Ayurveda) uvm.

Yoga Vidya Bad Meinberg

Yoga Vidya, Yogaweg 7, 32805 Horn-Bad Meinberg
Tel. 05234/87-0, Fax -1875
info@yoga-vidya.de, www.yoga-vidya.de

Yoga Vidya Westerwald

Yoga Vidya, Gut Hoffnungstal, 57641 Oberlahr
Tel. 02685/8002-0, Fax -20
westerwald@yoga-vidya.de, www.yoga-vidya.de

Yoga Vidya Nordsee

Yoga Vidya - Wiarder Altendeich 10 - 26434 Horumersiel
Tel. 04426/904161-0, Fax -40
nordsee@yoga-vidya.de, www.yoga-vidya.de

Yoga Vidya Allgäu

Yoga Vidya - Lärchenweg 3 - 87466 Maria Rain
Tel. 08361/92530-0, Fax -29
allgaeu@yoga-vidya.de, www.yoga-vidya.de